"十二五"国家重点图书

39

财政政治学译丛

刘守刚 主编

上海财经大学
公共经济与管理学院

Politics, Taxation, and the Rule of Law
The Power to Tax in Constitutional Perspective

政治、税收和法治
宪法视角下的征税权

唐纳德·P. 瑞切特（Donald P. Racheter）
理查德·E. 瓦格纳（Richard E. Wagner） 编

王逸帅 译

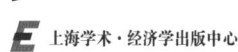

上海财经大学出版社
上海学术·经济出版中心

图书在版编目(CIP)数据

政治、税收和法治:宪法视角下的征税权 /(美)唐纳德·P. 瑞切特(Donald P. Racheter),(美)理查德·E. 瓦格纳(Richard E. Wagner)编;王逸帅译. 上海:上海财经大学出版社,2025.1. --(财政政治学译丛). -- ISBN 978-7-5642-4522-1

Ⅰ. F810.423-53

中国国家版本馆 CIP 数据核字第 2024S80B93 号

图字:09-2024-0783 号
Translation from the English language edition:
Politics, Taxation, and the Rule of Law:
The Power to Tax in Constitutional Perspective
edited by Donald P. Racheter and Richard E. Wagner
Copyright © Springer Science+Business Media Dordrecht 2002
This Springer imprint is published by Springer Nature
The registered company Springer Science+Business Media B. V.
All Rights Reserved

CHINESE SIMPLIFIED language edition published by SHANGHAI UNIVERSITY OF FINANCE AND ECONOMICS PRESS, copyright © 2025.

2025 年中文版专有出版权属上海财经大学出版社

版权所有　翻版必究

□ 责任编辑　刘　兵

□ 封面设计　张克瑶

政治、税收和法治
——宪法视角下的征税权

唐纳德·P. 瑞切特
(Donald P. Racheter) 编
理查德·E. 瓦格纳
(Richard E. Wagner)
王逸帅　　译

上海财经大学出版社出版发行
(上海市中山北一路 369 号　邮编 200083)
网　址:http://www.sufep.com
电子邮箱:webmaster@sufep.com
全国新华书店经销
上海叶大印务发展有限公司印刷装订
2025 年 1 月第 1 版　2025 年 1 月第 1 次印刷

710mm×1000mm　1/16　16.25 印张(插页:2)　249 千字
定价:81.00 元

愿所有读过这本书且追求自由的学者,都努力贯彻有限政府的原则。

总　序

"财政是国家治理的基础和重要支柱",自古以来财政就是治国理政的重要工具,中国也因此诞生了丰富的古典财政思想。不过,近代以来的财政学发展主要借鉴了来自西方世界的经济学分析框架,侧重于财政的效率功能。不仅如此,在此过程中,引进并译介图书,总体上也是中国人开化风气、发展学术的不二法门。本系列"财政政治学译丛",正是想接续近代以来前辈们"无问西东、择取精华"的这一事业。

在中国学术界,"财政政治学"仍未成为一个广泛使用的名称。不过,这个名称的起源其实并不晚,甚至可以说它与现代财政学科同时诞生。至少在19世纪80年代意大利学者那里,就已经把"财政政治学"作为正式名称使用,并与"财政经济学""财政法学"并列为财政学之下的三大分支学科之一。但随着20世纪经济学成为社会科学皇冠上的明珠,财政经济学的发展也在财政学中一枝独大,而财政政治学及其异名而同质的财政社会学,一度处于沉寂状态。直到20世纪70年代,美国学者奥康纳在他的名著《国家的财政危机》中倡导"财政政治学"后,以财政政治学/财政社会学为旗帜的研究才陆续出现,不断集聚,进而成为推动财政学科发展、影响政治社会运行的积极力量。

当前以财政政治学为旗帜的研究,大致可分为两类:一类是从财政出发,探讨财政制度构建与现实运行对于政治制度发展、国家转型的意义;另一类是从政治制度出发,探索不同政治制度对于财政运行与预算绩效的影响。在"财政政治学译丛"的译著中,《发展中国家的税收与国家构建》是前一类著作的典型,而《财政政治学》则属于后一类著作的典型。除了这两类著作外,举凡有利于财政政治学发展的相关著作,如探讨财政本质与财政学的性质、研究财政制度的政治特征、探索财政发展的历史智慧、揭示财政国家的阶段性等作品,都在这套译丛关注与引进的范围内。

自2015年起,在上海财经大学公共政策与治理研究院、公共经济与管理学院支持下,"财政政治学译丛"已经出版了30本,引起了学界的广泛关注。自2023年7月起,我们公共经济与管理学院将独立承担起支持译丛出版工作的任务。

上海财经大学公共经济与管理学院是一个既富有历史积淀,又充满新生活力的多科性学院。其前身财政系始建于1952年,是新中国成立后高校中第一批以财政学为专业方向的教学科研单位。经过70多年的变迁和发展,财政学科不断壮大,已成为教育部和财政部重点学科,为公共经济学的学科发展和人才培养做出了重要贡献。2001年,在财政系基础上,整合投资系与设立公共管理系,组建了公共经济与管理学院,从而形成了以应用经济学和公共管理的"双支柱"基本架构,近年来,学院在服务国家重大战略、顶天立地的科学研究和卓越的人才培养等方面均取得了不错的成绩。

我们深信,"财政政治学译丛"的出版,能够成为促进财政学科发展、培养精英管理人才、服务国家现代化的有益力量。

范子英
2023年7月7日

前　言

1992年开始运作的公共利益研究所(Public Interest Institute)是爱荷华州唯一的州一级的独立研究机构。作为一个公共政策研究组织,我们有四个主要的目标:提供信息和分析资源给所有爱荷华人;为地方、州和国家决策者提供关于具体政策动议的严格、客观和可理解的分析;确定在关键议题上采取行动的实际备选方案;为决策者和个人提供一个可以分享理念和关切的论坛。

研究所提升了一个自由企业经济制度的重要性及其与自由民主社会的关联。在一个基于个体自由的社会里,它力求为有限政府恰当作用的发挥提供支持。受到关注的公民必须更好地了解公共问题,因为想法会产生后果,而参与其中的个人可能会有所作为。

在对如何实现《限制利维坦》中所包含的这些理念进行一般性的论述之后,我们继续了我们的系列书籍,旨在对此处提出的主题进行更深入的研究。在《联邦制政府的原则与实践》一书中,我们发展了诸如在联邦和州之间划分政府权力的方法,以帮助公民维护他们的自由。在这本书中,我们开拓了通过产权以起到同样作用的思路。

如果您对本书有一些建议,并且对我们的其他出版物感兴趣,或想了解更多关于公共利益研究所的工作信息,您可以访问我们的网站www.limitedgovemment.org,通过邮件联系我们(我们的收件地址是600 North Jackson Street,Mt. Pleasant,Iowa 52641—1328,USA),或者发电子邮件到我们的电子邮箱 Public. Interest Institute@limitedgovernment. org,您也可以拨打电话319—385—3462或传真319—385—3799联系我们。

编者感谢每一位作者,正是他们的出色工作和合作精神才使这本合作成果得以呈现。我们也感谢研究所的工作人员玛德琳·斯威勒(Madeline

Swailes)和艾米·弗兰茨(Amy Frantz)在文稿输入、校对和其他管理细节方面提供的帮助,使得12篇独立的论著可以融为一体。最后,我们感谢Kluwer出版社的工作人员,特别是卡罗琳·奥尼尔(Carolyn O'Neil)给予的帮助。

唐纳德·P. 瑞切特(Donald P. Racheter)
理查德·E. 瓦格纳(Richard E. Wagner)

目　录

1. 民主税收的宪法治理框架
    唐纳德·P. 瑞切特(Donald P. Racheter)，理查德·E. 瓦格纳(Richard E. Wagner)/001
2. 自我所有权、税收与民主：一种哲学—宪法主义的视角
    埃里克·麦克(Eric Mack)/008
3. 财产、税收和预算公用品
    理查德·E. 瓦格纳(Richard E. Wagner)/033
4. 纳税人权利和财政宪法
    加里·沃尔弗拉姆(Gary Wolfram)/049
5. 全民公决、再分配和税收豁免：一个直接民主的寻租理论
    加里·M. 安德森(Gary M. Anderson)/081
6. 公共选择与财政手段：将税收作为集体结果的分析
    沃尔特·赫蒂奇(Walter Hettich)，斯坦利·L. 维纳(Stanley L. Winer)/102
7. 消费税与利益集团政治
    兰达尔·G. 霍尔库姆(Randall G. Holcombe)/123
8. 经由诉讼的税收
    罗伯特·A. 利维(Robert A. Levy)/145
9. 论税收复杂性的持续增长
    詹姆斯·L. 佩恩(James L. Payne)/167
10. 地价税与法治

弗雷德·福德怀雷(Fred Foldvary)/187
11. 分区、精明增长和管制性税收
塞缪尔·R. 斯特利(Samuel R. Staley)/208
12. 新兴产权、指令—控制管制及对环境税的漠视
布鲁斯·延德尔(Bruce Yandle)/230

译丛主编后记/248

1 民主税收的宪法治理框架

唐纳德·P.瑞切特　　理查德·E.瓦格纳
(Donald P. Racheter)　(Richard E. Wagner)

这本书中的所有文章都在解释政治、税收与法治之间的关系。民主意识形态的核心原则是,税收是我们选择对自己征收的,而不是由某位统治者强加给我们的。美国宪法治理建设的基本思想是,政府不是我们的人身与财产权利的来源。相反,我们用自己先天的人身与财产的权利建立了政府,并用它来维护和保护我们的权利。

这个维护和保护的任务,需要资金来资助一些人行动起来专门为我们的权利提供维护和保护服务。税收虽然可以因此用于提供这些服务,但是它也可以以某种相反的方式使用。比如读者可以想象一个只有甲、乙和丙3个居民的小镇,甲和乙喜欢打网球,而丙不喜欢。在私有财产和契约自由的市场框架内,镇政府的建立是为了维护和保护居民的人身与财产权利,那么甲和乙便可以很容易地从他们的资金中获取建立网球场的资助。

如果丙在甲和乙的网球场上野营或者野餐,治安官阻止丙则是对该镇治安权力的合法使用。那么,治安官阻止甲和乙为获得修建网球场的费用去抢劫丙,也是对该镇治安权力的合法使用。

这样算是合法使用权力吗?甲和乙构成了投票多数方,而且只要他们宣布提供网球场是本镇的行动,他们便可以更加便宜地去打网球。如果我们使用城镇居民理应平均缴纳城镇税这个简单假设,那丙将支付1/3的网球场费用,即使他并没有受益于网球场。相形之下,甲和乙却受益良多。有了城镇的供给,他们只要支付私人供给所需成本的2/3就能够打网球。一个只履行维护和保护职能的政府,是不会允许甲和乙去强制丙资助他们的网球运动的。然而,多数投票正是在这种情况下实现了这样"强制"的事情。

在民主意识形态和民主实践之间,潜在地有着深刻裂痕。民主意识形态将政府视作人们为促进共同利益而创造的一种共同受益的机制,然而民主实践似乎经常与理想中的意识形态发生冲突,正如甲、乙以及他们的网球场这个简单的例子所阐明的那样。当然,民主实践不仅仅是多数投票决定的问题,在制度体系中它远为复杂。制度的多个层面都会影响民主实践,多种制度的安排使得民主政治不太容易发展掠夺性,但是其他制度无疑在另一个方向发挥了作用,贝特朗·德·朱维纳尔(Bertrand de Jouvenal,1961)用一种特别言简意赅的方式解释了这一点。

虽然编者们有可能明确阐释一些关于良好政府和适当税收的知识性概念,但是实际税收并不会遵循这些知识性概念所提出的那样运行。税收也许是维护和保护人身和财产权利的必要手段,但是它也有可能以各种方式破坏、剥夺和损害这些权利。在美国宪法建立过程中,一以贯之的民主意识形态的中心原则就是:人民对其财产的优先权,限制政府治理的范围(Buchanan and Tullock,1962)。这种意识形态毫不犹豫地拒绝承认政府有任何权力去界定人民财产权范围。尽管两者之间的关系不是简单的一方主导另一方的关系,但是民主实践有可能违背甚至颠覆民主意识形态(Wagner,2002)。

政治和公共财政理论

公共财政理论主要是研究政府税收和支出的活动。从恰当的视角看,在两种活动的研究中一直存在着一个重大缺陷,该缺陷在公共财政理论的发展过程中始终存在,并且自19世纪末两位著名学者阐释公共财政理论以来就是如此。

其中一位著名学者是弗朗西斯·埃奇沃斯(Francis Edgeworth,1897),他将税收建构为统治者为改善人民福祉而做的事情。公共财政涉及统治者和被统治者之间的关系,这种关系之间有一个鸿沟,通常因为朝代(dynastic)的原因使两者关系产生裂缝。埃奇沃斯提出的这个特定表述,关系到在何种程度上一个统治者可以通过重新分配收入来改善这个国家的福利。这种情况下的分析假设是,人们来自收入的效用会将随着他们收入的增加,以一种不断降低的比率递减。根据埃奇沃斯的假设,在诸如收入的边际效用不断递减的情形下,将高收入人群的收入再分配给低收入人群的政策将会促进社会中整体效用的提升。

学界先期对这种税收牺牲理论的兴趣,让位给了后期关于最优税制的表述。尽管使用的特定的分析阐述方法有所变化,但分析的背景仍然相同,这就是国家或者统治者被视为一个推动社会进步的聪明且仁慈的有效工具。正如理查德·瓦格纳(1997)考察过的,原有的财政理论是一个选择理论取向的事业,而不是一个交易理论取向的事业。这一看法认为,原来设定的分析背景尽管可以用在君主政体中,但对于民主政体而言它却是令人难以置信的。

这种难以置信的感受,曾被另一位著名学者克努特·维克塞尔(Knut Wicksell,1896,1958)清楚地表述过。他抱怨说,公共财政理论"一直保留着其初期的假设,即在绝对王权几乎统治整个欧洲的17—18世纪"(1896:82)。维克塞尔对财政进行了交易路径的解释,这种解释有能力产生一种替代性的分析模式,这在詹姆斯·布坎南的著作中有很好的说明(Buchanan,1967)。这种交易型的分析取向或者维克塞尔式的分析方法,并非分析统治者如何以某种方式来推动社会进步,而是分析人们如何参与并通过政府来实现他们各种各样的目的(Wagner,1988)。在一个民主体制中,公共财政不涉及统治者与被统治者的关系,在其中没有贵族的存在,也就没有财政分配的贵族义务。民主关系可能是相互依存的,也有可能是主导-从属的,但是不管在何种情况下,它们也只涉及同等阶级的人相互之间的关系。

民主财政的实践可能涉及每个人的总体收益,也可能涉及某些人以牺牲他人为代价取得收益的情况。公共财政的交易路径将重要的核心放在支配政治和财政关系的制度框架上。我们讨论公共财政的交易路径,并不是为了把公共财政完全纳入自愿交换理论中进行讨论。对公共财政的讨论是将它纳入社会互动理论中,而不是纳入个人选择理论中。在目前的知识体系下,人们很有可能认为,财政过程涉及各种强制性质的手段,而不仅仅是互相同意,但这一主题采用是交易理论而不是选择理论的取向。

财政互动的宪法框架

与某些人通过把损失强加给别人来获取利益的手段相比，为全体民众谋公利的财政互动工作的状况，将在很大程度上受制于支配这些互动的宪法框架。华盛顿特区的国税局总部墙上镌刻着这样一句引文："税收是我们为文明付出的代价。"在某种意义上，霍尔姆斯（Holmes）的这句名言看起来是相当合理的。运行良好的政府是促进和维持和平与安宁的一种幸事，但这种幸事不是免费的，而是昂贵的，税收是我们为获取和平与安宁所需支付的通常代价。

然而，将霍尔姆斯的名言用来论证国家拥有无限税收的权力是错误的。税收其实是浮士德式的协议（Ostrom，1984；Racheter and Wagner，1999），因为它运用了一种恶手段，用某些人对他人的暴力来保全"公共善"，如和平、安宁和公民社会的繁荣。如果没有税收就意味着没有政府管理和社会秩序（civil order），而某种形式的税收无疑就为良好的社会秩序提供了框架的话，那么税收无疑是必需的。从这方面来说，税收确实是我们为文明付出的代价。

然而，这并不意味着任意或者所有形式和水平的税收都可以因为需要维持良好的社会秩序而设立。毕竟，美国社会是基于这样的一个主张而建立的，即税收如果过高，则可能会因此损害它本有意要服务的文明。因此，我们可以承认霍尔姆斯的观点，即适当的税收可能是为了文明而付出的代价，但与此同时，还要和我们的先辈们一起认识到，税收如果太高或者被错误地征收则将是毁灭性的。

后续篇章

本书中的文章从几个角度检视了霍尔姆斯的论断。在第二章中，埃里克·麦克（Eric Mack）探索了民主社会中自我所有权与税收之间的关系。美利坚合众国是建立在我们拥有自然权利的理论基础上的，政府的组建是为了维护和保护那些权利。政府可以保护我们的权利，但它不是那些权利的来源。在这一章中，麦克探究了自我所有权对民主国家征税权的影响。

在最根本的层面上,税收是将私有财产转化为共同财产且由国家担任管制机构的一种形式。理查德·瓦格纳在第三章中考察了这一转化过程的某些方面。税收的作用是在公民之间分配义务,以使其各尽其职以积累而成公共储备。预算过程的拨款维度需要授权为公民使用那些储备,尽管在这一过程中公民个人获准得到的金额有所差异,正如通过税收加在他们的劳动身上的义务不同那样。

任何法治原则都需要一些手段来解决该原则被这样或那样的方式侵害后的索赔要求。在第四章中,加里·沃尔弗拉姆(Gary Wolfram)报告了关于纳税人权利的各种概念,以及这些概念如何可能有助于限制征税权。通过这份报告,该章就以所谓的宪法的视角解释了税收问题。

有许多国家充分地利用公投,甚至将征税措施也纳入公投的范围由人民作出选择。一方面,公投可能看起来是让税收得到某种程度的民众认可的手段。然而公投似乎也提供了一种手段,使得多数人可以通过投票来向其他人征税。在第五章中,加里·安德森(Gary Anderson)研究了公投这种方式,认为它是一种批准或拒绝税收措施的手段。

税收立法是由政治现实主义者而非税收哲学家进行的。在第六章中,沃尔特·赫蒂奇(Walter Hettich)和斯坦利·维纳(Stanley Winer)审视了这一简单认知所带来的一些后果。民主体制下的实际税收模式,反映了不同利益集团通过诸如获取特权和豁免等方式抵制税收的相对能力。民主税制的模式反映了一种潜在的政治和经济逻辑。

类似地,兰达尔·霍尔库姆(Randall Holcombe)在第七章中集中关注了消费税。消费税提供了一个很好的机会来探讨利益集团是如何通过税收立法来影响政治进程的。这里的核心出发点建立在这样一个简单认识上:最好的税总是由别人支付的税,本章就是从这个认识出发探寻各种不同的思路。

从前,统治者常常保留包税人来为他们收税。包税人因他们的努力得到了良好的回报,而且统治者似乎普遍对包税人征到的税收感到相当满意。也许律师正在成为现代形式的包税人。例如,烟草诉讼为政府收取了大量税费,而且在这一过程中提起诉讼的律师们也收到了可观的回报。在第八章中,罗伯特·利维(Robert Levy)研究了诉讼是如何变成税收的另一种形式,并考虑了这种新税收形式的一些可能的增长领域。

我们很难不去抱怨我们税制的复杂性。税法变得越来越长也越来越复杂。越来越多的人让专家为他们从事税务准备工作。时不时地人们会提出关于采用更简单的收税形式的提议，但是那些提议似乎都无果而终。在第九章中，詹姆斯·佩恩(James Payne)揭示了税收与现代民主的价值观和情感不一致的原因所在，并且解释了复杂性是如何从这种不一致性中产生的。

在第十章中，弗雷德·福德怀雷(Fred Foldvary)提出了地价税优于其他形式税收的案例，因为它更高效，而且更公正。单一税与19世纪的亨利·乔治最为密切相关，尽管它也已经在很多地方试验过。事实上，在很多情况下将它作为一种税收是一种误导，因为在很多方面它的运作更像是政府对公共服务及其改善收取费用的一种手段。

在很多领域，城市使用管制作为税收的替代品。在第十一章，塞缪尔·斯特利(Samuel Staley)研究了在城市地区将管制作为税收替代品的一些案例。分区(Zoning)和对所谓的"聪明的增长"(smart growth)日益增长的兴趣，就是其中的例证，由此管制完成了税收可能做到的同样的事情。可以肯定的是，管制的负担常常落在不同的人身上，而非那些缴纳了税款的人身上，这样的负担转移无疑与这些措施的普及有关。

大量的税收建议都是从环境角度做出论证的，碳排放税只是众多例证之一。在很多时候，环境问题的产生是因为产权被严重削弱了。在第十二章，布鲁斯·延德尔(Bruce Yandle)研究了与产权有关的环境税收，并探究了政治和经济过程是如何影响管制和中央控制对于税收和分权选择等行为的显著主导地位的。

参考文献

Buchanan, J. M. (1960). "The Italian Tradition in Fiscal Theory," In *Fiscal Theory and Political Economy*, Chapel Hill, NC.: University of North Carolina Press, pp. 24—74.

Buchanan, 1. M. (1967). *Public Finance in Democratic Process*. Chapel Hill, NC.: University of North Carolina Press.

Buchanan, 1. M. and Tullock, G. (1962), *The Calculus of Consent*, Ann Arbor, MI.: University of Michigan Press.

De louvenal B. (1961), "The Chainnan's Problem,"*American Political Science Review* 55, pp. 368—372.

Edgeworth, F. Y. (1897). "The Pure Theory of Taxation." In R. A. Musgrave and A. T. Peacock, (eds.), *Classics in the Theory of Public Finance*, London, UK.: Macmillan, 1958, pp. 119—136.

Epstein, R. A. (1985). *Takings: Private Property and the Power of Eminent Domain*. Cambridge, MA: Harvard University Press.

Gordon, S. (1999). *Controlling Government*. Cambridge, MA.: Harvard University Press.

Ostrom, V. (1984). "Why Governments Fail: An Inquiry into the Use of Instruments of Evil to do Good." In J. M. Buchanan and R. D. Tollison (eds.), *Theory of Public Choice II*.. Ann Arbor, MI.: University of Michigan Press, pp. 422—435.

Racheter, D. P. and Wagner, R. E. (1999), "Faustian Bargains and Constitutional Governance," In D. P. Racheter and R. E. Wagner (eds.), *Limiting Leviathan*, Northampton, UK.: Elgar, pp. 1—12.

Wagner, Richard E. "Choice, Exchange, and Public Finance," *American Economic Review*, Proceedings, 87, May 1997, pp. 160—163.

Wagner, Richard E. (1988). "The Calculus of Consent: A Wicksellian Retrospective."*Public Choice* 56, pp. 153—166.

Wagner, Richard. E. (2002), "Complexity, Governance, and Constitutional Craftsmanship,"*American Journal of Economics and Sociology* 61, pp. 105—122.

Wicksell, K. (1896). "A New Principle of Just Taxation."*In Classics in the Theory of Public Finance*, R. A. Musgrave and A. T. Peacock (eds.), London, UK.: Macmillan, 1958, pp. 72—118.

2 自我所有权、税收与民主:一种哲学—宪法主义的视角

埃里克·麦克
(Eric Mack)

宪法视角、自然法与约翰·洛克

正如 F. A. 冯·哈耶克(F. A. Von Hayek)在《法律、立法与自由》第一卷的开头所言,"宪法治理意味着有限政府。"从宪法的视角来看,重点是要集中关注那些限制政府权力与行为的一般准则。如果某人持一种宪法的视角,那么当他考虑某一特定的政府行为之时,他首先就会问:"这一行为符合宪法吗?"也就是,"这一行为是否属于构成我国宪法核心的对政府权力与行为的限制?"如果纳入考虑的这项行为违反了宪法的限制,即使它看起来会产生满意的效果,也必须被否决。此种宪法治理的视角预设了国家自身——以及代表国家行事的诸多个体——必须服从于这些宪法治理的约束。宪法主义拒绝接受那些认为没有什么能够构成对国家权力限制的观念;它拒斥那种认为国家拥有无限制主权的观念。

那么,什么能够成为限制国家主权及其行为准许模式的原则的来源呢?一种可能性是无限制的主权确实存在;但是它不属于国家,而是属于人民。正当的国家权力是有限的,仅仅是因为人民并没有完全授权国家实施所有的主权。然而,这种将人民的无限主权作为国家有限权力之来源的学说,对于宪法主义事业既不可信也不恰当。如果被称作"人民"的一些原初集体拥有一种原始的无限制主权,那么它为何应当建立一个被禁止充分执行其意志的国家?

如果国家在某种程度上是主权和人民意志的体现,那么宪法治理对国家行为的限制似乎总是应当在人民的意愿面前让步。另一方面,如果存在着在人民的意愿面前拒不让步的宪法治理原则,那么人民的意愿与主权就不可能是这些原则与界限的来源。

相对于不受限制的国家或人民主权学说,另一个重要的历史性理论是自然法学说;根据自然法学说,所有的自然行动者与人建立的机制都要服从于特定的正义原则或人权原则。自然行动者或人建立的机制不能——甚至国家或人民也不能——做任何他或它想做的任何事且被当作合法的。这是因为,自然法才是行动者行为是否合法与受准许的最终衡量标准,而非任何个人或集体行动者的意志。自然法恰恰是在以下意义上是自然的:它不是任何个人的或任何集体的意志或设计之结果。任何行动主体,包括国家或是更小的单位,都得服从法律——即没有个人的或集体的意志位于法律之上且能决定法律这样一种观念——这种观念的推论是,存在着自然的道德法律制约着人类的互动行为。

然而,自然法学说中也存在着各种各样不同的类型。对于建立美国那种宪法治理秩序起关键性表达和辩护作用的自然法学说类型,聚焦于个人的自然权利。事实上,这种自然权利学说的最伟大哲学代言人是17世纪晚期的哲学家约翰·洛克(John Locke),洛克是在美国革命期间以及革命之后对美国人影响较大的一位知识分子。正是这种洛克式的自然法,支撑着美国的宪法主义。在这篇文章中,我提供一个基本上是洛克式个人权利(包括财产权在内)的描述,并解释对这一权利的哲学理解如何暗示了一种从根本上控制国家及其工作人员行为合法性的宪法视角。然后,我将简要探讨这一哲学衍生的宪法治理观点对税收和民主的影响。

自然权利与自我所有权

在自然法理论中,这一类型自然权利的独特特征是其根本上的道德个人主义。像洛克这样的自然权利理论家认为,每一个人的理性目标就是追求自己的幸福,以及探寻获得这一幸福至关重要的成分和条件——他的自我保护。尽管每个人的幸福与自我保护具备终极的价值,但是每个人对其自身的幸福与自我保护都有特殊的考虑，并且事实上每个人都有责任去获得并维持那种幸福与自我保护。每个人，都会恰当地致力于维持他自身的生命与健康（well being）；没有人必须为了所宣称的任何其他个人或整个社会更高目标而牺牲自己的生命或健康。因此洛克——特别是在他所著的《政府论》下篇中——和自然权利传统的其他捍卫者，都拒绝承认这样一种观念：存在着这样的人，他天然地诚服于某些人、政治权威或者甚至是整个社会。每个人都理应免于从属于他人，每个人都拥有一种自然的道德自由。

像洛克一样的自然权利理论家所面临的问题是：若将个人从某些拥有特权的人物或社会整体所认为的自然奴役中解放出来，是否意味着个人在他与其他人的交往活动中免受所有的自然道德约束？或者说，是否存在着一些自然原则，它可以对个人在追求其幸福与自我保护的过程中，在对待其他人方面发挥限制作用？17世纪中叶伟大的哲学家托马斯·霍布斯（Thomas Hobbes）——尤其是在他的《利维坦》中——提供了答案：不存在自然的约束原则。每个人，本质上都具有无限的自由来做他自认为适合于追求自我保护的事情。每个人都有一种做任何事情的自然权利，只要对他而言做这件事情是自我保护所必要的。

> 自然权利……是每一个人都拥有的自由，亦即依照他自己的意志，来行使自己的权力，以保全他自己的本性，也就是说，他自己的生活；因此，根据他自己的判断和理性，去做在当下他认为是自我保护的最适当手段的任何事情。（Hobbes，1968：189）

对于A这个人来说，如果在B睡觉的时候悄悄靠近她并割掉其喉咙就能自我保护，那么A就在道德层面上完全可以这么做。当然，如果知道A会这么做的话，B会先发制人敲A的脑壳，那她在道义上也完全可以这么做。而明白了这个之后，知道B会这么做，这也可能恰恰成为A如此做的理由，即考虑到杀了B对A的自我保护而言是必要的。我们通过这个问题的细致分析可以看到，这种人类无可厚非的无限自由中包含了所有人之间的战争。这一战争并不是起因于人性或人类理性之中的任何缺陷。相反，霍布斯最为核心的观点是，在一个没有对人们如何增进其自身的欲望与自我保护施加自然的道德约束的世界中，个人无法指望有对他人的约束。结果，每个人都有更多的理由在自己行动之时不受约束。正如霍布斯所强调的,最终便是相较于所有人服从自然约束,人们陷入了一个明显变得更加糟糕的世界;而倘若他们服从自然约束,他们寻求其幸福与自我保护的方式便受到了约束,并能够期待彼此都普遍遵守这些约束。自然状态之所以堕入一种所有人对所有人的战争状态,确切地说是由于自然状态缺少一种"道德宪法";也就是说,它缺乏一套这样的限制条款,这些限制条款规定着行为主体追求目的的方式。

霍布斯对所有人之间的战争的解决方法(在他看来起源于没有任何自然的道德约束)是:绝对的政治权威机制。这样一个绝对的政治主权者会以如下方式对人们的行为创设"人为的约束"(artificial constraints):命令人们放弃彼此互动的某些特定方式——例如一个人割掉对方的喉咙或是往对方头上猛地一击——并且以迅速而令人害怕的惩罚之威慑来执行这一命令。根据霍布斯的说法,通过发布这种命令与威慑,主权者就在 A 对 B 的行为之上创设了约束,从而主权者在 A 身上创设了义务:A 必须停止对 B 做特定行为,并且相应地,为 B 创设了"所谓的权利"来反制 A。举例来说,通过命令 A 不能无缘无故地就将 B 杀死,主权者就在 A 身上创设了一项义务,即 A 不能在没有明确诱因的情况之下就杀死 B。

霍布斯认为,只有当主权者确立他的意志来反对这一杀人行径并可信地威胁要惩罚杀人行为的时候,对 A 而言此时无缘无故地杀死 B 才成为是错误的。只有凭借主权者确立其意志来反对这一杀人行径,B 才拥有了一种所谓恰当的权利来反抗被杀。只有通过主权者公布和执行这种权利,这些权利才得以存在。通过剥夺人们做什么事都可以的无限自然自由,通过在他们身上施加约束,霍布斯式的主权者便有可能使人们和平共存(以及互利地交往)。在霍布斯看来,主权者因此就使得所有服从他的权力的个人,比他们在享有无约束自由的自然状态下要更好。

然而,这种霍布斯式的自然权利观与宪法的视角是不相容的。人们会记得,从宪法的视角来看,其主要内容涉及这样一种观点,即存在着超越和独立于主权者意志的原则,这些原则限制了主权者及其行动者的行动方式。相比之下,霍布斯的观点则认为,除了主权者的意志之外,不存在法律或原则。根据霍布斯的观点,主权者的意志是所有法律,所有所谓的正当权利,以及实际上所有正义的来源。既然主权者的意志是所有法律、权利与正义的来源,所以无论主权者想要如何、做了什么或下何种命令,都是合法的、正当的和正义的。因此,从这一观点来看,原则上对国家的合法权力不可以施加任何约束。通过引入一个可人为地约束他人的政治主权,霍布斯尝试解决在自然意义上每个人都拥有无限自由这一问题。但是这给我们留下了一个问题:(存在着)这样一个主权者,他总揽权力,拥有无限的自由来做任何他想做的事情。洛克说道,以为一个人会接受这种解决方法:"就是认为人们竟是如此愚蠢,以至于他们小心翼翼地想要避免被臭鼬或狐狸的可能搅扰,却甘愿被狮子所贪吞,并且还认为这是安全的。"(Locke,1969:93)

洛克式的自然权利理论与霍布斯式的自然权利理论的共同之处在于,它们都强调每个人都在理性地追求幸福与自我保护,每个人都有不从属于其他行动者的自然意义上的自由。但是洛克式的自然权利理论否认我们的自然自由是无限地自由地做任何事情。事实上,使得任何给定的个人之自然自由对那一个人具有价值的是,其他个人都没有道德上的自由来侵犯那种自由。每个人都拥有一块正当的自由之领域,在其中他可以做他认为合适之事;但是此种领域的存在要求,没有人可以正当地侵犯任何其他人的正当的自由之领域。每一个人所拥有的,不仅仅是一种在其自己的领域做他认为合适之事的不受指责的自然意义上的自由,而且还有一种自然权利(即,一种"真正地所谓"权利),当他在他自己的领域做他认为合适之事的时候,不受到其他人的干涉。因每个人拥有这样一种自然权利所得出的推论就是,每个他人都自然地有义务不去侵犯(或损害或侵占)第一个行动者的领域。正如洛克所言,所有人自然地所处的状态是"一种完全的自由状态,他们在自然法的范围内,按照他们认为合适的办法,决定他们的行动和处理他们的财产与人身,无需得到任何其他人的许可或听命于任何其他人的意志"(Locke,1969:4)。如果我们要问,洛克为何认为,个人拥有一种"完美"自然自由的同时却还要服从于对他们如何行动所施加的特定自然约束?他的回答就是:只有我们都受自然法的约束,而不去侵犯他人的领域之时,我们每个人在我们自己的领域才拥有一种真正的权利(并且,因此是一种完美的自由)去做我们认为合适的事情。

根据洛克式的自然权利理论,每个人都有自然意义上的自由去追求自己

2 自我所有权、税收与民主:一种哲学—宪法主义的视角

所选择的通往幸福与自我保护的道路;但是每个人都必须放弃那些侵犯任何其他主体同类权利的道路。这些权利是自然状态下的道德宪法,承认这种权利也就是采纳了宪法的视角。但是这还并没有让我们将宪法视角用于政府权力。为此我们必须更进一步地关注洛克式自然权利观点及其对在一个正义社会中政府角色的影响。我们必须看到这一道德宪法是如何确定了目标并对政治社会的权力施以限制的。

首先,我们需要进一步地探究自然权利与财产权的信仰基础。在本节下余的内容当中,我想简要地描述一下洛克为提出洛克式自然权利合理性所提供的三种论证。在下一节,我会转向具体阐述财产权。

1. 第一种洛克式论证围绕着这样一个观点: A 这个人对 B 这个人的干涉错误地预设了 B 的存在是为了 A 的目的。设想一下,在没有 B 的自愿准许前提下,为了实现 A 的目的,A 奴役 B,或者从她那里榨取劳动或服务,或者把 B 杀死或把 B 弄残废。A 所实施的任何此种行为都会把 B 当成好像是 A 的天然附庸。然而,所有(正常的)人类都共享一个基本的本性——在我们中间存在着一个"本性之共同体"(community of nature)(Locke,1969:6)——那就是都拥有最基本的理性:相信没有一个人是其他任何人的天然的所有者或主人;没有一个人是其他任何人的天然的奴隶或仆从。我们拥有最基本的理性来相信,并且没有相反的理性不相信这条信念:没有一个人理应为他人的目的而活。因此,奴役、榨取劳动与服务、杀人和致残这些行为的前提(被实施这些行为的主体并没有予以同意)就是错误的,由此所有这些行动也是不正义的。所以我们可以说,每个人都拥有一项自然权利,一项来源于其共同的人性的权利,这项权利使他不屈从于这种对他个人的干涉与侵犯。

2. 第二种洛克式论证以这样一个观念为中心:每个人都理性地宣称自己拥有一项自由的权利,并且因此认识到在所有人的身上都拥有这项权利。每个人都理性地以促进幸福与自我保护为目的,所以每个人都不得不关心与所有其他人相对的社会总体环境,因为社会总体环境将会成为他提升自己的幸福与自我保护的必要条件——无论是通过他自己的单独行动,还是通过他选择的与他人的互动方式。容许此项行为的重要社会环境就是:不受他人的奴役、不会成为免费劳动力、免于被杀害等。因而每一个理性的个人都宣称自己

拥有免于此种干涉与侵犯行为的自由。每一个理性的个人都拥有一项权利：不是由其他任何人，而是由他自己以他认为合适的方式来处置自己的人身、能力、才能与精力。但是，作为拥有共同性的人，没有人天然地优越或低劣于其他人，我们在道德上是平等的。不管我们当中的任何一个人有什么自然权利，所有的这些自然权利都必须受到其他人的认可。因此，如果我们每一个人都理性地宣称自己有一项以我们各自认为合适的方式来处置我们自己的权利，我们每一个人就必须同样认可其他所有人也拥有相同的权利。

3. 第三种洛克式论证以这样一个观念为中心，即存在一种指引每个人取得幸福与自我保护的道德规范，而这种道德规范也必须指引人们遵守那些约束他们追求目标方式的规则——正是因为有这样一种道德宪法对于人们取得他们各自的幸福与自我保护来说是至关重要的。所有自然权利理论的起始点都是一种道德的个人主义，根据这种道德的个人主义，每个人的幸福与生命都具有独特的终极价值。一个合理的道德规范将人们从受他人奴役与周围任何的集体奴役中解放出来；这样一种行为规范支持每个人如此行事，即把精力投入到发掘与追求那些能够提升其幸福与生活的行动（和德行）之中。但是在我们有关霍布斯的探讨中也同样已经看到，如若人们将自己对利益的追求无约束地扩大，结果将会是适得其反的。也就是说，如果人们仅仅受这样一条规则所指引——"做任何能够在当前情况之下为自己取得最大化回报之事"，并且人们还寄希望于其他每个人也都仅受这一规则所指导，那么结果是人们获得的回报比他们不是无约束的极大化者时所获回报更少。在我们有关霍布斯的探讨中还可以知道，如果对人们寻求达成其目的的方式予以约束，并且人们预估其他人也会倾向于遵守那些约束，那么这样一来人人都会受益。战争将会得以避免，和平共存以及互利合作将会成为可能。（我们同样看到，霍布斯对人们行为约束的论述，是指驱使人们服从于一个不受约束的主权者，这种方式无异于以服从于狮子的方式将人们从臭鼬和狐狸处解放出来。）

在看到人类没有约束的互动所带来的后果后，根据洛克式表述，我们并不需要一种全权的霍布斯式的统治者，由这样的统治者通过行使其不受约束的主权意志来创设约束规则。相反，我们从中可以得到的教训是，要建立一种规范理性行为的结构。我们领会到，一项支持每个人追求其自身幸福与自我保护的行为规范(code of conduct),如果该行为规范不想适得其反的的话,就必须也包含对人们追求幸福与自我保护方式的约束。① 对于这样的行为规范来说,包含一项特定的规则(a given rule)是合理的,但是若要这项规范不适得其反,那第一规则必须通过一种第二规则来补充并受其约束,于是对于那项规范来说,包含第二项规则也是合理的。所以,如果说一个人支持"每个人都应该致力于完全实现自己的幸福与人生"这一规则是合理的,那只有当他也支持伴随规则"没有人可以(在未经他人同意的情况下)迫使他人来努力实现自己的幸福与人生"才是合理的,此时支持起约束性作用的第二规则显然同样也是合理的。这样的规范实际上是说,你可以全心全意致力于实现你自己的幸福与人生,但你也不能让他人为你的目的而努力,因为作为平等的权利拥有者,他们可以将自己献身于自身所珍视的目的。尽管每个人都可以恰当地将其自身的幸福与人生作为终极目标来追求,但每个人都受到限制,不能将他人作为牺牲品摆在这一追求的祭坛上;每个人在道德上都不应该把他人当作好像是为了自己的目的而存在那样来对待。下面这个观点起初看起来有些矛盾:你服从于约束你指向他人行为的规范,比起你不服从这些规范,对你来说更为有利。之所以对你而言更有利,乃是因为其他人的行为同样也受到约束,并且相比于将自己与他人都视为在道德上可以做任何事来增进利益的行动者来说,那种将其自己与他人视为得服从于约束性的道德原则的行动者,和平共存和互利交往更有可能在他们中间达成。我们知此便可明白道德宪法主义的基本原理。

洛克式自然权利理论认为:根据每个人的幸福与自我保护之终极价值以及人们之间的自然道德平等,在对人们有理由赞同哪一种规范进行反思后,就揭示出这么一个原理:每个人都有权依自己认为合适的方式来处置自身,这与他认识到其他每个人也拥有如此权利是不矛盾的。在下面的意义上这一权利是一种自然权利:基于对人之本性以及人之善的性质进行哲学反思,而不是基

---

① 不受约束的最大化,可能不会像考虑 A 和 B 之间一次性相遇所暗示的那样立即弄巧成拙。因为即使 A 和 B 都是不受约束的最大化者,如果他们面临着许多无限可能的互利互动的未来,他们每个人都会受到激励,在当前的相遇中表现自己,以保住从未来合作中受益的机会。此外,他们每个人都可以避免目前的攻击,以维持他们在三方中的合作声誉,他们希望与第三方进行有益的互动。简而言之,不受约束的最大化者有理由表现得好像他们是受约束的最大化者,那么问题就变成了,那些把自己根深蒂固地视为不受约束的最大化者的个人,是否会像受约束的最大化者那样,并且表现的一样好。如果答案是否定的——我相信如此——那么要求不受约束最大化者的那个准则仍然是自欺欺人的。

于人们所达成的任何特殊契约或者基于政府的行动或声明,这一权利能够被归结为属于个人。拥有这样一种控制和处置自己的权利,也就对自己拥有了道德所有权,即一种对个人的身体、心灵、能力、才能、劳动、精力的道德所有权。因此,洛克式的自然权利传统经常将我们最基本的权利说成是自我所有权。与某一个行动者(如国王、国家、人民或其他什么)认为是主权者的说法不同,洛克式自然权利理论家坚持认为,每个人是自己生命的主权者。每个人在自己的人生范围内可以做他想做的事情,但是这些权利本身并非是任何享有特权的行动者(privileged agent)之意志的产物。① 相反,这些权利依靠对每个行动者之受准许行为的理性限制而存在。

财产权

关于自我所有权的论述,有相当一部分吸引力在于,它支持了我们的如下信念:人们应当有能力选择他们自己的生活"而无须得到任何人的许可或听命于任何人的意志"(Locke,1969:4)。然而,几乎所有的行动都不仅仅涉及个人的资源,而且还涉及个人以外的资源(extra-personal resources)。尽管是我在写这篇文章,但是我使用了我的笔记本电脑(在一个咖啡馆里,它为我提供桌子和电,以换取我的惠顾)来做这件事的。如果没有那些我个人以外的资源,或者属于他人的并且愿意供我使用的个人以外的资源——通常作为交换,我也愿意传递给他们一些我自己的资源——那么我所能选择做的事情就会少之又少。因此,对人们能够按照自己的选择生活的社会方案的渴望,就会扩展成渴望允许个人获得(和转让)个人以外资源的权利——这些权利与他们自身所拥有的权利是相当的。所以也就不奇怪,洛克式自然权利理论家为个人获取自身以外资源的权利之道德力量提供了各种各样的论证。在这一部分,我将会阐明两种这样的论证——我认为,二者是相辅相成的。

1. 第一种关于财产权的论证以这样一个观念为中心:行动者通过将他们拥有的自我扩展到个人以外的世界来获取财产权。② 在洛克著名的且貌似可

---

① 除此之外,在洛克的一些文本中,人类的权利是上帝意志的产物。
② 麦克(Mack)在《自我所有权和产权》中对私有财产权做了一些不同的解释。

信的论述中,他认为人们经由实施自我所有权而从个人以外的物体中获得个人权利。行使这一权利所采取的形式是,将个人的劳动与自然物质相掺合。这是因为,作为自我所有者,每个人都对其自己的劳动享有权利;当他们将劳动投入到物体中,这些物体又因所投入劳动而产生转化时,他们并没有放弃对自己劳动的权利,于是他们也就取得了对那些因劳动而转化之物的权利(Locke,1969:chapter V)。如果我迫使别人将她的才能与精力都投入到为我清理一块无主之地上,以便我能使用(或迫使别人使用它!)那块空地来种植作物,那么这显然是对他人的自我所有权的一种侵犯。这样一种对他人才能与精力的侵占将会把那个人当作一个为我的目的而服务的道德低下者来对待。但如果当她清理了那块地进而准备将之用于耕种时,我却偷偷地躲在一旁,然后跑进去占领这块改良好的土地,那么我也在那个人身上犯了同样的错误。在劳动过程中占有劳动,与劳动结束后再夺取成果,在道德上没什么两样;如果说第一种掠夺侵犯了他人的自我所有权,那么第二种掠夺同样也侵犯了这种权利。但是,如果我因夺取其他人的劳动成果而侵犯了她的权利的话,那么针对她的劳动成果,她就有一项权利——财产权利。"既然是由他来使这件东西脱离自然所安排给它的一般状态,那么在这上面就由他添加的劳动加上了一些东西,从而使得这些东西成为了他的财产"(Locke,1969:27)。

如果有人通过自己的劳动,使得某物成为他的正当财产之一,那么他就可以按照他认为合适的方式处置那一物体——但他还得一如既往地服从约束:不得利用这一物体来侵犯他人的自我所有权或他人的财产权。一种重要的利用财产的方式就是将其转让给其他一方以换取他人的一些财产,或是换取他人给自己提供一些服务,这些服务是自己不能从她那里掠取的。而且当然,如果他通过对那一物体施加劳动而进一步地改造它,他也就保留甚至是强化了在交易中从他人那里获得的东西所享有的权利。在一个人正当的财产范围内,对物体的另外一种重要利用方式是,将那些物体捐赠给一个自己选定的接受者。因此,尽管洛克的论述几乎全部都集中于由劳动附在自然原料上获得的原初的财产权,洛克式的学说认为,个人同样也拥有道德力量通过交换与捐赠的方式以便将作为成果的财产权转让给他人。并且当然,仅仅是因为我们能够将我们所产出物品的权利转让给他人,并且他们也能够将他们所产出物品的权利转让给我们,我们才有动力参与进去,并因此能够从经济分工中获益。

2.第二种关于财产权的论证集中在下面的观点上:只有基于"历史权利"的超越人身持有(extra-personal holdings)的财产制度,才与尊重自我所有权相一致。罗伯特·诺齐克(Robert Nozick)在他的《无政府主义、国家与乌托邦》中,使用了"分配正义"这一概念,来推进这种关于人的历史权利观,即对超越人身持有(extra-personal holdings)的权利。诺齐克认为分配正义理念中的"目的—状态(end-state)"、"模式化"与"历史性权利"是不同的。在很大程度上,他通过揭示困扰前两个理论的困难,来为第三个理论进行阐释。每一个分配正义的"目标—状态"理论都主张社会应当采用最符合其理论描画的(终生)收入的分配方式。各个目标—状态理论之间,根据所赞成的不同理论描画而区分开来。举例来说,一种严格的平等主义的目标—状态理论认为,在社会(通过其政治机制)所能提供的所有收入分配方式中,应当采用最平等的分配方式。罗尔斯在其《正义论》中所倡导的目标—状态原则,是他所称的"差别原则"(difference principle)。这种原则呼吁社会在可选择的方式中采用能最大化那些低收入群体之(终生)收入的分配方式。在诺齐克对所有的目标—状态理论的主要批判中有一种就是,就他们中的每一个人而言,一个人在经济上的生产性或破坏性,与何为公正的收入分配之间没有什么关系;诺齐克也确定地说,一个人在经济上的生产性或破坏性,必须在决定何种收入分配是公正的这一事情上发挥主要作用。表2.1有助于说明这些观点。

表 2.1

	A 的终生收入	B 的终生收入
分配方案 1	50	10
分配方案 2	25	15
分配方案 3	11	11

仅仅根据表2.1中所示在由A和B组成的社会中可能的分配方式的数据,严格的平等主义者会宣称分配方案3才是公正的分配。现在假设,在此类表格中有一些特定的事实没有(并且无法)包括进来。现在假设不管这个小型社会之中是哪一种分配方案,所有的收入都是由A制造出来的。当A制造了60个

单位的收入,并且出于善良把 10 个单位给了 B,分配方案 1 就出现了。当社会强加了差别原则,并将从 A 向 B 收入的转移率设置为尽可能地使 B 的最终收入最大化时,分配方案 2 就出现了。(在分配方案 2 之下,A 的产出下降,并且/或者再分配的直接耗费上升。)当 A 所产出的一半都通过再分配转移给 B,甚至如果这一转移率使得 B 相比于他以其他方式可能获得的更少之时,分配方案 3 就出现了。(在分配方案 3 之下,A 的产出进一步下降,并且/或者再分配的直接耗费进一步上升。)诺齐克指出,任何合理的经济正义理论,都会把下述信息考虑进来:是谁的生产力使得 B 有了某种物品,与决定三种分配方案哪一种公正相关。举例来说,在有任何合理的理论将方案 1 断定为不公正之前,在要求 A 最终得到少于 50 个单位以便 B 能够获得多于 10 个单位之前,就应当考虑这一事实:在方案 1 之下 B 所拥有的 10 个单位全然得益于 A 的生产力(和善意)。但是,对于任何目标—状态理论家而言,这一信息是不相干的,因为他们认为重要的是表中所呈现的数据。如果有人认为,此种表格中所未呈现的信息,与是否方案 1 应当被断定为不公正的或是否方案 3 比方案 2 更为公正之间不相干,那么他就必须拒绝接受整个目标—状态理论对分配正义的考量。

与目标—状态理论相反,分配正义的模式化理论主张:在一个人能够评述可选择的收入分配方式中哪一种才正义之前,他必须知晓相关个人的某些信息或者他们做了些什么。每个特定的模式化理论家都明确指出一些个人拥有的或已经在行动中表现出来的特性,比如美德或者已为生产所投入的努力,并且宣称,国家应当在社会之内安排收入分配,以便人们获得与其所拥有的财产(possession)或已显示出来的特定特性成比例的收入。(当然,在关于什么特性应当支配收入或所有物(holdings)的分配,模式化理论家们在这件事情上众口不一,正如在关于什么样的收入样态应该来引导国家从事收入分配这件事情上,目标—状态理论家众口不一。)每一个模式化理论家都相信:他已经指明了某种特性(或加权后的一组特性),这些特性能用来解释在社会之内每个人可以索取的总收入中的份额或人身之外(extra-personal)总资源的份额。而且大部分模式化理论家都明确表达下面的论点,至少大部分情况下,国家的代理人能够知晓人们何时拥有这一特性(或加权的一组特性)或者在行动中显示出来的,他们还能知晓人们拥有或显示这一特性的程度。不用说,这些理念是颇成问题的。即使我们看起来在理论上认同这一理念,即德行(或生产性努力或二者某种加权)应当成为衡量社会收入中每个人的正当份额的标准,但在我们判定真实的案例时,我们也很快会发现我们的认同多数时候是幻觉。我们会发现,我们的口头协议让我们难以深入地表达何为真正的道德德性(或生产性努力)上的分歧——这种分歧只有当我们试图对所谓的德行(或生产性努力)之特定案例进行评定时才会显现出来。并且,即使当我们对自己赞成的特性在一个特定案例中是否存在上达成了共识,我们也很快会发现在理性人中就下述问题上会存在重大差异:在那些案例中显示出来该种特性到底达到什么程度?[1] 因此,没有哪一种模式化理论能够如愿以偿地做那些它想做的事,即:在谁应当获得社会收入的多少份额方面给予国家工作人员确定的指示。

我们同样还得注意,模式化理论与目标-状态理论之间共享了一个深层的假定。这个假定就是:人们通过实际上的特定行动制造物体、将之改装和变形、向其注入价值、为其发掘更多有价值的用途、发现更有价值的利用方式,或者根据这些发现来从事交换,在交换时基于所有这些发现本身并没有让人们获得对于这一特定物体的权利(entitlements),不管该物体是被制造出来的、变形出来的还是通过交易取得的。相反,目标-状态理论与模式化理论共同的深层假设是:所有这些行为都对"社会的"收入做出了贡献,然后"社会"——通过其政治机构——通过在个人之间安排适当的分配方式,来行使自己对"社会收入"的权威。这两种理论类型的拥护者都假定:在社会收入这块馅饼产生后,就交由"社会"的权威来决定怎么公平或正当地划分这块社会馅饼。但是诺齐克坚持认为,重要的事实是:这一收入馅饼的特定部分,是由特殊的个人通过运用他们先天的与后天的才能、他们的机敏和判断力、他们的企业家精神,以及他们坚持不懈的努力产生的。对于国家来说,它将由此产生的价值视为社会收入馅饼的一部分,对此拥有合法的权威,并应以符合某种目标-状态或正义模式理论的方式进行分配;对于国家来说,这么做就是向这些特定个人

---

[1] 哈耶克在对"社会正义"的批判中说,我们无法就什么是道德美德或卓有成效的努力(等等)达成一致,也无法知道在特定的个人身上有多少道德美德或生产性努力的观点占据核心位置。人们可以同意哈耶克的这些观点,而不接受他更为大胆的主张,即"社会正义"的概念是毫无意义的。尤其参见哈耶克《法律、立法和自由》第二卷。

的至少一部分才能、判断和努力确认权威。若国家出于对某种目标－状态或模式理论的信奉,采取长期政策对那些它所称的"社会收入"的东西实施控制,那么这个国家就是对那些依靠才能、判断与努力产生"社会收入"的人实施了部分所有权。但是,任何此种对人实施部分所有权的制度,若未经同意就是不公正的。这种不公正恰恰是因为它违反了自我所有权,此种基本权利在根本上与所有形式的局部或完全的奴役制度相悖。① 目标－状态或模式化原则是不公正的,因为它们"涉及一种从古典自由主义者的自我所有观念转到对其他人拥有(部分)所有权的观念"(Nozick,1974:172)。

根据诺齐克的学说,对于分配正义的目标－状态与模式化理论,合理的替代方案会指引我们关注特定的生产行为与特定的转让行为,特定的个人通过这些行为获得了对生产与转让的这些物品的权利。这也是在日常生活当中我们运用的方式,以此断定一个人是否拥有对某些超越人身(extra-personal)的物品的真正财产权。我们探究是否行动者通过他的正当的劳动用他正当地触及(rightful access)的物料生产出这一物品,或者他是否通过某人的自愿转让而获得了这一物品,而此人是通过自己正当的劳动生产出了这一物品,或者她是从一个真正对其有权利的某个第三方那里通过自愿转让获得的。根据历史性权利的观点,表明一个人对 X 拥有真正的财产权,就是表明他拥有 X 的历史过程是由正当的原初取得的行为与/或正当的转让行为所组成的。一种关于持有的正义的历史权利理论阐明有各种各样的方式,通过这些方式,在一个特定的社会之内通过协约(conventions)与相互谅解,社会能够合理地判定,人们通过原初的获取行为和自愿转让行为让他们获得了财产权。②

那么根据历史权利理论,A 拥有、控制和使用 X 的正当性,完全是一个 A 获得 X 的过程的正当性问题。A 拥有该物品的正当性,不是 A 的拥有符合 A 所属的社会成员之间任何预先规定的财产(或收入)的总则(profile)或模式的

---

① 例如,罗尔斯承认,人们的才能和生产意愿是"集体资产"的假设是建立在他的正义理论的结构中的。

② 我对诺齐克的观点进行了高度浓缩和程式化的陈述。参见《无政府主义、国家和乌托邦》第149—178页,了解他自己对历史权利理论和最终国家模式理论的对比,以及第 183—231 页,可以了解他对罗尔斯和差异原则的的压倒性批评。参见麦克《自我所有权、马克思主义和平等》第一部分对于诺齐克反对目标－状态和模式理论的一个重要论点的重新表述,这里没有给出。

问题。对财产(或收入)的总体的正当分配,简单说来就是人们通过正当获得程序,对无论哪些财产集合(或无论哪些收入累积)已然具有了权利。如果 A 通过权利授予(entitlement conferring)或转让程序获得了大量的财产,那么正当的总体分配就会包括 A 对那些财产的占有与控制。但是如果 A 不这样做——如果他投身于在海滩上捡破烂而不是去创办一家有利可图的企业——那么他就不会正当地获得巨额财产,正当的财产的总体分配就不会包括他对那些(或任何)巨额财产的占有与控制。不存在为了财产(或收入)之总体集合成为正当的而必须遵循的预定原则或模式。相反,如果 B 通过不正当的过程取得了对财产的所有权,比如,未经同意而占有他人或他的人劳动,或使用强力或欺骗而取得了他人的财产,那么 B 就无权拥有那些财产的所有权,无论他们多么符合于某种有关财产拥有的颇受褒扬的总体原则或模式。(历史资格学说的第三个组成部分是,在可行的范围之内,此种不正当取得的受惠者要对受害者进行补偿。)

从本质上来说,权利理论认为,在一个社会中,一种正当的财产分配是自由市场经济秩序的无意图的后果。如果你想要经济正义,那么就应该为实现如下环境中而努力:一种允许人们以权利授予和权利转让方式而获得财产的市场秩序;禁止不正当的获取过程、让不正当的获取无效的法律机制。一个人必须支持此种经济正义的观念,因为其他替代性的观点,如目的一状态和模式化学说,都有深深的缺陷。而且它们还共同拥有一个重大的缺陷:采用它们其中的任何一个,都会与自我所有权相违背,以至于会让一些人对另外一些人建立起部分所有权。[1]

政府的作用与税收的地位

权利是特别严格的道德要求。这是因为,如果一个人对 X 有一项权利,

---

[1] 也许没有一个国家是合法的,因为没有一个组织能够在不侵犯那些渴望与之竞争的人的权利的情况下,保持自己作为权利的垄断保护者(作为权利的保护者)。如果权利保护真的是一种类似于其他值得拥有的服务一样,那么国家对这种服务的竞争提供者进行压制难道可以允许吗?我在这里跳过了这个关键问题,但是可参见 Nozick, Sanders and Narveson。

那他就可以正当地要求其他人任由自己对 X 无害地占有、控制与享用。如果一个人对 X 有一项权利,他不仅可以合理地要求其他人不要夺取或破坏或干涉自己对 X 的控制;他还可以使用武力或授权他人使用武力来制止有人企图夺取、破坏或干涉自己控制 X 的行为。此外,从洛克式的视角来看,对武力唯一正当的使用是为了制止对个人权利的侵犯。A 如果保持贞洁而不去乱交,这可能在道德上值得推崇。A 如果是仁慈的而不吝啬,这可能也是道德上推崇的。A 如果蔑视所有政客而不是崇拜他们,在道德上这就可能也是可取的。但是,A 如果乱交、吝啬,甚至是对政客阿谀奉承,那他也没有侵犯到其他任何人的权利(假定他并没有订约要成为贞洁的、仁慈的或蔑视政客的)。实际上,A 以这些道德上不推崇的任何一种方式行事,都是行使对自身或正当取得的财产的权利。在每一个事例中,A 都完全地在其受保护的自由领域内行动。在每一个事例中,对 A 所从事的并非道德上推崇的行为的强力压制,都会被看作是对其权利的一种侵犯。

国家是超过其他一切的强力机关。的确,国家是这样一个机构,在指定领域内,它对何时使用武力有最终话语权,并且在实行话语权时也颇为成功。从洛克式视角来看,国家,或更准确的说,在国家中拥有职位的特定人员,并不享有特殊的、特权的道德地位。国家以及拥有职位的人,受制于同样的基本道德约束——这些约束适用于所有个人。如果国家或其工作人员实施了这样的行为,即如果有某个人对另一个人实施就会被认定为犯罪,那么国家或其工作人员同样的行为也必须被认定为是犯罪行为。"伤害和罪行,不管是出自头戴王冠者还是微贱的平民之手,都是一样的。罪犯的名位和他的党羽的数目,除了加重罪行之外,并不使罪行有何差异"。从洛克式视角来看,国家或其工作人员使用武力的唯一正当方式是将它用来镇压对权利的侵犯。正当的国家是由人民形成的,目的是为了"共同保护生命、自由权与财产(estates),我用更通俗的方法来称呼它们:财产(property)"(Locke,1969:124)。"人们加入社会的重要目的是和平地和安全地享用他们的各种财产……"(Locke,1969:134)

合法的国家,只能为了保护个人的生命、自由、财产等权利才可以使用武力,以便使那些权利免受国内外的威胁。此种国家可以建立一些机构——比如,财产登记处,法院、警察机关——对于这些权利的保护来说,它们是必需的也是合适的。若国家为其他目的——比如为了使人变得贞洁或仁慈或不拍政府官员马屁——而使用强制,就与被强制所压迫的那些人的权利相违背。由此处呈现出的哲学思考出发产生的宪法视角,认为正当的国家权利严格地受到了人们的个人权利的约束。一部有此内容的现实政治宪法是值得尊崇的,它或它的修正案或明或暗地承认这些约束性权利。一部值得尊崇的宪法并不假装由自己来授予这些权利,似乎这些权利从属于国家主权权力的范畴,或是从属于那些制定国家宪法的人,似乎他们拥有承认这些权利的权力。当然,一部实际的政治宪法同样也会设计政府的体制结构。一部值得我们效忠的实际宪法会制定出这样一种结构,它使得国家或国内党派在实践上很难践踏那些宪法或明或暗承认的权利。

  用可允许的和宪法方式保护人的权利,并矫正权利受侵犯的行为,都需要资源;这一对资源的需要,带来了如下困难的问题:国家如何才能够取得资源以便执行自己恰当的职能,又不会侵犯到自己要保护的那些根本性权利?更具体地说,国家如何能够取得资金以便执行宪法交给自己的命令,而不去侵犯自己应当保护的财产权?诸如洛克这样的古典自由主义者的传统回答,会是这样的:我们都已经加入了一项社会契约,在这项契约里我们已经同意缴纳税收,以便为国家的正当活动提供资金。这一传统的回答无法经受得住批判性的审视。一方面,如果我们按照任何像是契约这样的普通观念来行动,那么很明显几乎没有人(如果仍有人的话)在像美国这样的国家,会自愿达成契约来纳税——即使税收仅仅是为了给保护他们权利的行为提供资金。另一方面,假设我们将契约的观念弱化到足够的程度,以至于在美国的每个人(或几乎每个人)都能够被说成是已经就纳税达成了契约。例如,我们可以这样说,只要不离开这个国家就算作是(默认)达成了一项受欢迎的有关纳税的契约。进而我们可以把契约观念弱化到如此程度,以至于没有从这个国家中逃走的每个人(或几乎每个人),都可被算作无论这个国家怎么统治或者国家会对他做些什么,他都已经表示同意。但是,(默示)同意的观念无法完成上述任务。这是因为它会维护任何现存政府的权威(针对的是所有那些尚未从他们的控制中逃脱的人们);因此,它不会允许我们对正当的政府与不正当的政府做出区分。

  然而,看起来此篇文章中所概述的权利学说似乎指向了针对一般社会契约有缺陷观念的替代性选择。那个权利学说可以归结如下：A 在自己享用人身与财产过程中，相对于（against）B（和 C）的权利不受侵扰。如果 B 攻击或绑架 A，B 就侵犯了这些权利；如果 C 加入这一攻击或绑架，C 也是如此。但是如果做这样的假设，即假设 C 有能力用强行制止 B 对 A 的攻击或绑架，却克制自己并没有出面强行制止。C 的这种忽视并不会侵犯到 A 的任何权利，因为 A 并没有权利要求 C 把他从 B 的攻击或绑架中解救出来。在没有与 D 签订普通契约的情况下，A 无权获得这项有价值的服务，就像 A 无权获得 D 为 A 修剪草坪的服务一样。即使 C 并不是一个单独的旁观者而是一群人，这群人组成的是一个专职于制止攻击与绑架的组织（称作"国家"），这样的论点也仍然是正确的。反过来，这又暗示着：对个人权利的保护应当被认为就像人们希望得到的其他相关服务一样，必须期望从市场中获得它。

（我们一直假定）政府会是这一服务的垄断提供者。[①] 但是，既然权利保护作为服务，人们对此没有自然权利，那么就可以允许政府基于自愿以收费来提供服务。既然我们能够假定，几乎所有人都对保护自己权利的各种措施都有大量的需求，我们似乎就能解释，那些服务的供应无须诉诸于一般的社会契约观念也会受到资金支持。从政府那里购买那些保护性服务的人们，会为政府提供资金。如果我们对用服务收费给政府活动提供资金这一解决问题的办法有信心，那我们可以给我们的宪法视角进一步加上一条高度限制性的条款：政府必须完全通过销售其服务给有意愿的消费者，以便为其正当的保护活动提供资金；这样它就不得在任何正常税收术语意义上来征税。

不幸的是，我们不能对自愿的服务收费这一解决方式抱以信心。这是因为，我们不能确信，对个人权利的保护也能像那些在市场上供应良好的受追捧的服务那样数量足够。众所周知的问题是，对人们权利的保护有许多方面具备公共产品的特征。最为明显的是，如果已经形成保护，那就不可能阻止那些未对权利保护付费的人也从这一保护中受惠，或至少阻止的代价高昂。举例来

[①] 谈到充足的资金时体现了一个可疑的论点：在缺乏市场选择的情况下，我们竟有办法确定在某些公共产品上的充分（甚至"最佳"）支出。迄今为止我们可以这样说，那我们就说，任何强制性筹集制度都是为生产公共物品过度筹资。强制性为保护筹资总是会成为一个"保护骗局"。关于怀疑强制是必要的假设的例子，见科恩、福德怀雷、马克（1986）、Sanders, Narveson and Schmidtz。

说,如果国家有一套国家防备外敌威胁的有效系统,要阻止那些没有为受防卫付费的人也从这一防卫系统中获利,将是不可能的或至少也是耗费巨大的。在此,严重的问题不在于有人可能设法免费享用他人为防卫支付的服务资金;而在于,有如此多的人试图利用漏洞免费享用,以至于防卫系统将没法获得资金(或将会明显地资金不足)。于是,没有人会得到满意的防护。依靠自愿的服务付费的方式来为权利保护筹集资金,其结果可能会令人非常不满意:在此种情况下,有许多人会强烈地希望得到防卫服务,并也愿意支付一定数目的金钱,可最终的结果却是,他们手里拿着那笔钱却得不到防卫服务。这样,许多非常有益的交易——那些可以确保人们权利免受暴力侵害并带来特别有益效果的交易——可能根本就不会发生。为了说明税收与民主的宪政含义,让我们做一个悲观的假设,即假设那些确保人们能够自愿给提供权利保护的机构与活动贡献资金这一特别问题不会得以解决。再让我们假设,只有当人们被强制要求为那些权利保护组织贡献资金的时候,保护权利的那套框架才会得到充足的资助。[①]

现在,总体而言,如果一个人认真对待权利,他就会继续尊重人们的权利,即使如此做会导致他提出的正确判断变得不为人待见。权利赋予了人们对其生命与财产无条件的控制权——包括按照次等选择行事的自由。所以认真看待权利的人,不能够也不应当轻易地放弃如下观念:从(1)假设尊重人们自身及其财产的权利会导致不令人满意的结果,转向(2)这些权利不应该受到尊重,相反还可以被允许侵犯的结论。但是,不提供保护性服务的不良后果似乎是一个特例。首先,不良后果的结果存在于人们屈从于权利受侵犯的特定邪恶之中。第二,从幸福和生活的损失角度而言,屈从于这些权利侵犯可能对于人们来说也是灾难性的。第三,对人们来说,就他们自己的实际价值而言(不仅仅是就其他一些人对什么应当被视为有价值的看法而言),可能的结果也许是灾难性的。所以,在这一特殊情形当中,如果人们被要求为保护性服务提供资金,他们在以下两方面意义上都会成为净受益者:相比于不提供资助,他们

---

① 看待个体作为不受约束的霍布斯行动者相互对抗的情况,与个人作为道德自由的行动者相互对抗的情况相似性(道德自由的行动者不为保护性服务提供资金)的一种方式是,每种情况都可以很容易地表现为囚徒困境。在这两种情况下,相关约束的缺乏导致两个行动者不合作的行为,因此对双方来说,获得的回报逊色于双方进行合作的行为所获得的回报。

会遭受更少的权利侵犯;就他们自身而言,相比于不这么做,他们的生活处境会更为令人满意。此外,这种情形还有第四个颇为有趣的特征。回想一下我们做过的悲观假设:如若人们在道德层面可以利用不强制购买权利保护服务的漏洞,那么就会有许多(对其自身利益非常精明)的人试图利用这个漏洞,以至于会产生这样的结果:所有人的权利都得不到保护。如果这一悲观的假设是成立的,人们在道德上有权不为保护性服务付费,结果将是弄巧成拙的,这在很大程度上与下面这种情况颇为一致:道德上拥有无约束的自由来追求自身目的的人,将会是弄巧成拙的。① 在之前(尤其是在第2—3部分)我论证过,如果一项道德规范包含了以下规则:"寻求你个人的幸福与自我保护",那么对那项规范而言就包含了一种次级的约束性规则——防止遵循第一项规则的结果弄巧成拙——就同样也是合理的。我们已经看到,对第一项规则的遵循可能会是弄巧成拙的,即人们在市场上会得到更少的幸福与自我保护,除非人们的行为受到一项第二规则的约束:即"尊重每个人对其自己的人身与正当财产的自由占有与使用"。由此我们得出结论说,一种合理的道德规范会同样地包含这一约束性的次级规则。现在我们所面对的是这样一种情况:无条件地遵循这一约束性的次级规则自身,也会是弄巧成拙的,因为它会(如果那一悲观的假设是正确的)导致人们的权利丧失保护。既然采纳这一约束性的第二规则的基本原则是要防止遵循第一项规则("寻求你自己的幸福与自我保护"规则)变得弄巧成拙的,那么如果有必要就要阻止遵循这一次级规则也变得弄巧成拙,于是对这一约束性的次级规则进行限制似乎也是合理的。这一对次级规则的限制将会成为第三项规则,它的效果是:如果(但是仅有此种情形)人们拥有的不付款的权利会导致权利不受保护,那么他们就不再有不为权利保护付费的权利。如果这个第三项规则是合理的行为规范的一部分,那么一个提供保护性服务的垄断者就可能被准许来强制要求人们为那些保护性服务贡献资金,前提是(但仅有此种情形)那一悲观的假设是正确的。如果(但仅有此种情形)那一假设是正确的,那政府对人们付这些费用的强制要求就会不同于所有对和平个人所实施的其他强制,因为这种强制会使得所有那些人就

---

① 每个人都是净受益者,这实际上是一个太弱的条件。一个适当的更强有力的条件将要求任何个人都不得做出与保护性服务给他带来的利益不成比例的贡献。

其自身处境而言变得更好。

但是我们也得清楚,在这一悲观假设的基础之上,什么已被证明有道理,什么还没有被证明。只有为国家的权利保护行动征集资金的强制性税收,才能被证明是正确的。此外,对于每一个个人而言,税收给他带来的损失必定要小于他所获得的保护性服务带来的利益。只有当每个服从于税收的人都是一个纯受益者时,以强制筹资方式实施的保护性服务,才会带来一项真正的公共善(public good)。① 所以若以非自愿的服务收费方式达到保护性服务的目的为征集资金的辩护,就指向了要对国家的税收权力施加两项严苛的宪法约束。第一项是,只有为了给保护人民的权利提供资金的时候才能征税。第二项是,向任何特定的人征税,给他带来的损失必须要小于那个人从保护性服务中所获得的利益。

当然,对于那些无权拒绝购买服务的人来说,那一服务到底值多少钱,对此仍存在着值得深究的问题。由于这些问题的存在以及任何国家都有一种拿走一切的自然倾向,因此每个人都应当有机会在法庭上质疑服务收费,依据的理由是,该收费等同或超过了对他而言的收益。这样的机会将会被加入到一个合理的宪法治理结构之中。事实上,如果按照理查德·爱泼斯坦(Richard Epstein)在《征收》(Takings)一书里提出的对第五修正案征收条款的强有力的解读,这样一种机会已经被加入到了我们的宪法治理结构之中。实际上,爱泼斯坦认为:在宪法上有正当性的税收,只有那种将资金用于公共目的税收,比如,每个被剥夺了财产的人所享有的公共善的利益足够大,能够为那一剥夺提供正当的(同等的)补偿。在爱泼斯坦的解读中,其他任何税收在宪法上看来都是有缺陷的——正如,以我们在此所说的哲学-宪法的视角来看,所有那些不属于为提供保护性服务所需的强制性筹资方案,在道德上都是不被准许的。②

权利、宪法约束与民主

宪法制度限制国家权力,不管那一权力归属于单个的个人,还是单个的阶

---

① 但是对用于保护性服务的筹资,爱泼斯坦并不限制对自己的正当强制。
② 而且,似乎那些没有贡献资金的人,即那些因为不能贡献资金而免费获得保护服务的人,不应该对哪些特定的权力保护机构和政策能得到资助有发言权。

2 自我所有权、税收与民主:一种哲学—宪法主义的视角

层,或是总体的人民大众。尽管如此,即使政府的权力受到了适当的限制,我们仍然不得不在多种各不相同的一揽子保护性服务的方案中进行选择。这样的决策机制必须存在以供选择,在可考虑的范围内混合有法院、调查机构、防御性武器,还要创设刑事机构并配备科技、人员训练和监督架构。就政府可利用的合法资源应当如何为保护性目的而配置而言,在这一基本决定中谁应当有发言权——无论是直接的还是通过其代表?似乎非常明显的是,为可获资源提供资金的每个人都应当有发言权。[①] 并且我假设这会是呼吁一种一人一票的体系——尽管以资金贡献多少来决定每个人投票权的权重确实也值得考虑。

如果某人在一人一票的体系之中的话,他就得赢得至少是多数的选票,才能确定自己提出的方案是否会通过。这是因为,如果少于多数也足以通过,那么就会出现这种情况:该方案获得足够多的通过选票,与此同时也有足够多的否决选票。但是,似乎并不存在一个一般意义上的理由,可以解释为何赞成一项提案的简单多数投票,就足以采纳并被实行。而且,似乎存在一个很好的一般理由来反对简单多数决。这个理由就是,简单多数太过容易就被鼓动起来,去支持那些并没有使每个人都变好的措施。在保护每个人的权利的幌子下,简单多数人可以轻易地就通过如下的措施:它尤其注重保护每个人享有特定权利,但人们承担保护费负担却不均匀。更糟糕的是,打着在宪法准许的制度与政策间做选择的幌子,简单多数人可以运用必然会侵犯少数人的道德权利与宪法权利的方式,轻易地给多数人联盟成员提供他们并无权利享有的物品与服务。在一种值得尊崇的宪法治理体系之下,这样的措施会被一个恰当警惕与正当思考的司法制度推翻。但是即使是在值得尊崇的宪法治理结构的环境中,要求司法制度在实际上总是保持警惕与正当思考——尤其是如果他需要不断地出面阻止一连串的违宪的(然而却是受欢迎的)政府行动时,这一要求也显得过高。

一个不完全的解决方式是,在宪法上规定针对政府行动的任何提案计划都要求绝对多数。当然,绝对多数内在地具有更难获得大会通过的特征。另

[①] 通过这次讨论,我想到的是美国的联邦政府。但我的观点适用于任何政府。

外,绝对多数所要求的票数越多,任何由绝对多数所支持的提案,给绝对少数所施加的剥夺性负担就会越加集中且更显而易见。比如,如果一项提案需要80%的选票才能得通过,如果它是剥削性的,那么80%那部分人的收益都必须从20%的那部分人身上获取。比起从49%的人身上提取利益给51%的人的措施,这一措施的剥削性(与违宪性)的特征要明显得多。而且,一项措施预期的受害者越集中,受害者就越可能有效地组织起来以反对这项提案。事实上,需要在国会参众两院获得简单多数选票和一份总统背书(或在两院获得2/3的选票)才能通过立法,这样的制度本身实际上就需要一种绝对多数。[1]而且,相比于在一院制议会体系中,这种类型的需要似乎确实潜在地给了被利用的少数群体更多的机会来抵制不正当地榨取利益。不幸的是,当前对有效立法需要的约束性宪法治理条件的理解,仍是天真乐观的。因为它天真地假定,那些当选的官员确实会充分地代表他们的选民,而不是代表他们拥有的或者寻租的特殊利益。所以似乎就值得寻找其他一些更为直接的方式,用来实施绝对多数投票制,以此作为宪政设计来限制政府在实际操作中以一些人及其权利为代价来给他人谋利的程度。

  我建议考虑的办法是,政府的基本税收结构必须通过直接的民众投票来决定,而且获得批准的必要票数必须是绝对大多数,例如80%。这一方案的优势在于,它只需要一种非常简单的税收结构,比如,全国性销售税或单一比例所得税或税级很少的所得税。在这样一种宪法治理规则之下,只有当至少80%的投票人在那个结构之下承担的成本明显低于个人权利受保护带来的收益时,拟议的税收结构才会被采纳。对于80%的选民来说,他们很明显会在这种情况下成为净受益者,在这一结构之下也有可能几乎所有的投票人事实上都会成为净获益者。如果一项提议的结构可以惠及几乎所有人并因此得以采纳,但在很大程度上它却通过剥削一群少数人而提供了其中一些好处,那会怎样呢?这样一种结构的剥削性质至少会非常地明显。这可能会使得人们不再为它投票;而且因为违反了征收条款,它理应会让那一结构被司法否定。这样一个超多数的税收全民公决制度,并不能保证只有满足本章中提出的

---

[1] 不像自愿收费服务制度不同,在这种制度下,如果有足够多的选民支持某项措施,这些选民将约束自己以及那些没有加入的人。

哲学—宪法治理约束的税收才会被采纳和应用。但是,当一个人试图将哲学反思中发现的关于道德权利、财产权和合法政府的限制等洞见运用到现实世界时,它可能会像人们可以合理预期的那样接近于那种"保证"。

参考文献

Barnett, Randy. (ed.) (1989) *The Rights Retained by the People*, volume one. Fairfax, VA: George Mason University Press.

Cowen, Tyler. (ed.) (1988) *The Theory of Market Failure*. Fairfax, VA: George Mason University Press.

Epstein. Richard. (1985) *Takings*. Cambridge, MA: Harvard University Press.

Foldvary, Fred. (1994) *Public Goods and Private Communities*. Brookfield, VT: Edward Elgar Publishing, Limited.

Hayek, F. A. (1973) "Rules and Order." *Law, Legislation, and Liberty*, Volume One, Chicago, IL.: University of Chicago Press.

Hayek, F. A. (1976) "The Mirage of Social Justice." *Law, Legislation, and Liberty*, volume two, Chicago, IL.: University of Chicago Press.

Hobbes, Thomas. (1968) *Leviathan*, C. B. MacPherson (ed.). London, UK.: Pelican Books.

Locke, John. (1969) *Two Treatises on Government*, Peter Laslett (ed.). Cambridge, UK.: Cambridge University Press.

Mack, Eric. (1986) "The Ethics of Taxation: Rights versus Public Goods?" In Dwight Lee (ed.) *Taxation and the Deficit Economy*, San Francisco, CA.: Pacific Research Institute,. pp. 487—514.

Mack, Eric. (1990) "Self-Ownership and the Right of Property" *The Monist*, Vol. 73, No. 4 (October 1990)

Mack, Eric. (2002) "Self-Ownership, Marxism, and Equality: Part I. Challenges to Historical Entitlement." *Politics, Philosophy, and Economics*, London, UK.: Sage Publication, Volume 1, Issue 1.

Mack, Eric. (2002) "Self-Ownership, Marxism, and Equality: Part II. Challenges to the Self Ownership Thesis." *Politics, Philosophy, and Economics*, London, UK.: Sage Publication, Volume 1, Issue 2.

Nozick, Robert. (1974) *Anarchy, State, and Utopia*. New York, NY.: Basic Books.

Rawls, John. (1971) A Theory of Justice. Cambridge, MA: Harvard University Press.

Sanders, John T. and Narveson, Jan (eds). (1996) *For and Against the State*. Lanham, MD: Rowman and Littlefield.

Schmidtz, David. (1991) *The Limits of Government*. Boulder, CO.: Westview Press.

3 财产、税收和预算公用品

理查德·E. 瓦格纳
(Richard E. Wagner)

经济分析的核心问题是解释市场经济如何产生一种有秩序的经济活动模式，即使并不存在创制这一秩序的人或者办公室。我们观察到的这一秩序，似乎是被施加了一只看不见的手。不过，并不存在这样一只手；相反，有许多只手参与了有序经济生活的产生过程。促成我们经济生活协调模式的，是人们在其中能够从事活动的制度规则框架，而这一制度框架以私有财产原则与契约自由原则为特征。经济学的核心问题在于解释，当人们之间的经济关系受私有财产与契约自由原则支配时，富有成效的经济活动模式是如何出现的，以及社会是如何繁荣起来的。

由此产生的一个问题是，政府与这一制度框架是如何关联在一起的。几乎所有的思想学派都认为，政府在保护与维持这一制度框架方面发挥着重要的作用，而这就为军队、警察和法院等作为保护与维持这一制度框架的工具提供了正当理由。但是现代政府所做的远不止这些。通过预算的运作，政府可以提供包括公园、学校、退休养老金、医疗保险和天气预报在内的一系列广泛的服务，而这里提到的只是其中的几个例子。

在这一思想脉络中，詹姆斯·布坎南(James Buchanan, 1975)在保护性国家与生产性国家之间做出了概念性的区分。布坎南所说的保护性国家，是指国家维持人们于其中相互关联的财产和契约框架。将经济生活作为人们所玩的一种游戏是有助益的，在这种游戏中，个人的行为受到诸如财产和契约等方面规则的支配。在市场经济中，个人行为受私有财产与契约自由的约束。在这一情况下，保护性国家是一种旨在确保人们遵守这些规则的裁判员或仲裁员。相比之下，生产性国家则是一个经济活动组织中的参与者。当人们集体地使用其财产与契约的权利以形成国有企业之时，生产性国家就兴起了。根据生产性国家的逻辑，此种国有企业的形成，比如学校和地铁系统，遵循着与诸如餐馆和五金商店这类私有企业同样的原则。因此人们从私人组织的供应商那里购买一些服务，又从公共组织的供应商那里购买另外一些服务。

在大多数情况下，公共财政理论将公共预算仅仅视为市场交易的一种不同类型。税收和支出被看作只是对财产的不同用途和契约的替代品。公共预算反映出人们将其财产投入各不相同的特殊用途之中。人们也许会从一家零售商店购买一双鞋，同时也可能从一座城市买下公园。在他们为其鞋子支付市场价格的地方，他们也可能会为自己的公园纳税。税收改变了供应商的身份，人们从这样的供应商那里购买商品，向他们下生产订单，除此之外再无其他。这只是人们对自己的私有财产的一种特殊使用。不同的税率对应于不同的集体选择，这些选择涉及人们将依旧属于他们私有财产的东西投入到用途中。

本章直接挑战上述关于财产与治理的共同制度假设，而把预算运作视为将私有财产转变成公共财产的工具，从而改变在一个社会之中所运行的治理关系。在最基本的层面上，税收将私有财产转换成公共财产，国家则充当着为生产那些公用品（the commons）提供治理规则的舞台。预算中的税收端是事关将储存公共商店的义务在全体公民之间进行分配的问题，而预算的拨款端，则是公民为获得进入公共商店而展开竞争的领域。这种竞争的结果是，公民个人在获得的准入数量方面有所不同，就如同他们被迫承担的储存公用品的义务也不相同一样。如果说标准的财政分析将税收看作是私有财产规则的一个组成部分，那么此处的税收就可以被视为将财产以及关联的治理模式从私有变为公共的一种手段。

作为一种私有财产使用的税收

一开始我们必须指出，并非所有的预算运作或过程都必然会将私有财产转换成公用品。财政学说史包含了大量的表述，在其中国家预算被认为与私有财产和契约自由的框架是相一致的。诚然,在这些表述中最为著名的就是克努特·维克塞尔(Knut Wicksell,1896)对税收中的正义问题所做的贡献。正如詹姆斯·布坎南和戈登·塔洛克(Gordon Tullock,1962)以及理查德·瓦格纳(Richard Wagner,1988)所阐述的那样,维克塞尔有关税收正义的表述在宪法治理政治经济学中扮演着核心角色。

维克塞尔认为,通过比例代表制选出来的一个议会,其成员有可能广泛地代表把他们选出的社会。如果议会是整个社会的一个微型复制品,议会的成员与社会中的其他所有人一样都受制于相同的法律、责任和权益,那么在议会内实行近似一致同意的规则就相当于在整个社会内实现了大体的一致同意。在这种情况下,私有财产与集体财产之间的冲突将会通过将国家纳入到私有财产秩序之中而消除。政治企业与私有企业将会在平等的条件下竞争。

尽管维克塞尔的表述在财政思想史中最为著名,但公共财政理论的官房学派(the Cameralist)创始者——在大约1650年至1850年期间的整个德意志土地上兴盛——都拥有一种类似的取向(Jürgen Backhaus and Richard Wagner,1987)。对于官房主义财政学派而言,税收是公共财政万不得已才寻求的最后一种方法。国家拥有财产,而官房主义财政学派认为君王应该有能力管理他们的财产,以便产生足够的收入来为整个领地提供公共服务。一个诉诸于税收的君王是一个失败的君王,同时他还会妨碍那些生活在其领地中人的福祉。在官房主义财政学派的定位中,正如在维克塞尔的框架中一样,国家预算被理想地设想为是在财产和契约框架内发生的事情,而不是超越或改变这一框架。

在本书中弗雷德·福德怀雷(Fred Foldvary)所著的那一章探究了地价税,在原则上它可以作为官房主义财政学主题的一个变化体。如果公共服务使位于该政府管辖界域内的地块变得更值得拥有的程度,那该区域的土地价值将会上升。一个从那些土地增值中为其服务筹措资金的政府,实际上是在向人们收取与自己所提供的服务相匹配的费用(类似于市场价格)。在此例中,地价税成为市场价格的一种形式。在这种情况下,政府只是作为经济过程中众多参与者中的一个参与者在行事,而这一经济过程受财产和契约原则的统一控制。

民主与预算公用品

政府是在财产和契约之规则范围内行事，还是通过自己的行动来改变那些规则，是一个处于财政哲学和财政实践汇合点上的棘手的制度性问题。正如我们能够在财产的诸多类型之间做出区分一样，我们同样也能够区分出民主的诸多形式。民主通常被认为是以定期选举来填补政治职位的任何治理体系。这种极简主义的定义方法不会有什么特别的错误，然而它并不比将一群人描述为在"打球"更具信息性。面对这样一种说法，我们可以肯定的是，那些人并不是在玩牌，但是我们无法从这一描述中得到更多信息。

同样地，当我们听到一个政府体系是民主的时候，它告诉我们的仅仅是人们定期被邀请去投票，进而告诉我们他们不受将军或王室的统治。当我们听到人们正在打球或者说正以民主的方式被统治时，我们学到了一些东西，但我们并没有学到很多。如果我们想要对于他们打球有更多的了解，我们就需要对他们所打的球的诸多特定种类有更多的了解。这一愿望将引导我们探讨不同的游戏规则是如何与各种特定的球类运动对应起来的。对于民主治理体系来说也是同样的，正如丹·亚瑟（Dan Usher, 1992）所解释的那样，不同的规则将会生成不同的民主治理模式和不同的政治结果，一部分是由于产生的激励有所不同，一部分是由于不同的治理体系所产生的知识有所不同。

关于民主治理，财产与民主之间的关系是至关重要的，正如查尔斯·罗利（Charles Rowley, 1993）在很多文章中所谈到的那样。根本的分歧在于，是财产优先于民主并对民主施加了限制，还是财产是民主的一种产物。对美国立宪起主导作用的愿景显然是前者：人及其个人权利和财产优先于政府；政府是为了维护和保护这些权利而建立的，政府的权力来源于被统治者的同意。这是一种有限政府的愿景，其限制来自于人们声称其自身的财产具有优越性。在这种限度内，政府被视为另一种形式的自愿联合体。人们可能同意加入一个游泳俱乐部，但是俱乐部的权限仅限于那些人已经同意的内容。俱乐部在任何意义上都不是权利的来源，而仅仅是那些人们使用自己先前的和优先的权利的一种反映。

这一治理原则构成了自由民主。人与人之间的关系受制于由私有财产和契约自由的法律原则所规定的框架,政府本身也是按照这些原则来组建的。这一治理框架产生了构成开放或竞争性市场经济的商业活动模式。在这样一种自由竞争的体系之中,商业活动是经自愿同意而组织起来的。在财产和契约的框架之内,人们拥有自由去做他们所选择之事。如果有人想要创办一家报刊他就能够这样做,没有什么特殊的人或权威部门能够阻止这一项目的推进。出版者需要说服包括作家、广告商以及客户在内的所有人来支持其项目,才能获得成功。但是所有这些选择都是自愿做出的,没有什么特定之人的许可是必需的,这一项目也不会因为少了谁就无法进行。这一自由竞争的经济便是一种自由民主体制在经济上的具体体现,在这一自由民主体制中,政府自身在私有财产和契约自由原则之内行事,并且受到这些原则的限制。

如果私有财产在政治上具体体现为自由民主,公共财产在政治上的具体体现就是社会民主。在这种情况下,财产是共同拥有的,国家充当着一个舞台,公用品的获取渠道在这一舞台中受到约束。被当作财产权的东西,是从国家所组成的舞台上发生的活动之中演变而来。在这种情形之中,被当作财产的东西要么是来自国家的直接授予,要么就是由国家中无利害关系者授予以维护其特权。就拿广播业中的财产权来说,它便来自于国家的授予,尽管它仅仅是无数可能的事例之中的一个。没有联邦通信委员会的许可,没有人能够进行广播。这个例子中的财产权,更多的是关于使用收益权的规则。对于这样的财产权,我们能够做些什么或者必须做些什么,都是由国家所界定的并且受国家的控制,而且还有可能由国家选择去做大幅度的修改。

至少到目前为止,同样存在着许多领域国家不觉得有兴趣、要实施控制。比如,除草行业和保姆行业,仍然是通过在私有财产和契约自由的框架内公开竞争而组织起来的。尽管如此,在社会民主之下,即使在这些领域也不存在原则性的理由来解释为何国家不能对这些事务施以控制。国家无法全然卷入所有事务当中,所以就会存在个人自治的领域。然而,国家行为所达到的限度不过是一种国家利益的计算,而不是某种对国家的行动范围所施加的原则性限制。

一个社会民主体制产生的是一种受管制的或封闭的竞争体制,在这种体制之下，财产和契约的原则退居幕后，而占据主导的是相关的管制法令。其中某些法令的覆盖范围是普遍的，比如管制歧视的无数规则。另外一些法令则针对具体的活动细节，正如显示在对农业中的销售订单或建筑业的特定最低工资所做的要求那样，理查德·爱泼斯坦（Richard Epstein, 1995）对这些涌现出来的要求进行过考察。

任何政治体制中的全部事业与结果都有经济逻辑，政治活动模式全然遵循着经济活动模式所遵循的同样的经济逻辑。正如威廉·米切尔（William Mitchell, 1994）和兰迪·西蒙斯（Randy Simmons, 1994）所解释的那样，从公共选择的学术研究中所得出的这一洞见，如今已然成为政治经济学专业研究们的常识。在这种塑造了一种特定的政治体制的规则之内，存在着一种源自这些政体中参与者之间互动的结果与政策的模式。这一系列塑造了社会民主体制的规则，将会产生一系列在那一政体之中具备生存能力的政策结果。

社会民主和自由民主是民主治理的两极模型，正如私有财产和公有财产是财产权的两极模型一样。美国是作为一种自由民主体制建立起来的，并且已经经历了一种朝向社会民主体制的广泛转型。并不是说这一转型进行得顺利无阻，同样也不是说它已经完成了或是不可逆转的。在美国存在着对这一转型的抵抗，在广泛的地点甚至都存在着某种可能逆转的迹象。尽管如此，认识到有与两种财产权的理想形式相对应的两种理想的民主形式，对于思考国家预算和市场过程之间的关系来说将会是重要的。

财政公用品（The Fiscal Commons）

正如理查德·瓦格纳（1992）所解释的那样，在大多数情况之下，国家预算会将私有财产转变成公用品，尤其是在国家一级的政府层面上。当然，并不是集体性预算都发生在财政公用品领域，有很多这样的预算发生在私有财产的框架之内。除此之外，还有众多俱乐部、公民协会，甚至地方政府，在没有与公用品悲剧相关的现象浮现出来的情况下，却参与到了预算运作中来。在大多数情况下，公共财产预算都是在国家层面上兴起的。

有了财政公用品，公用的产品（the produce from the commons）就不再由自然之母提供，而从税收得来。伴随着税法规定社会中的不同人对财政储备所应承担的责任，财政公用品的储备通过税收而来。例如，以收入的20%作为单一税率，就需要每个人贡献个人生产性努力的20%来为财政公用品储备资源。预算的支出方面反映出人们及其利益群体为竞争这些预算公用品的份额而付出的努力。那些在政治组织上更有效的人将会表现得更好，并且会在这一预算公用品中获得更多的份额。

在某种程度上，公共预算是以财政公用品的形式存在的，我们应当期待能观察到与公用品悲剧关联的各种现象。当财产是属于私人所有之时，财产的所有人就得独自对其行为的后果承担责任。当财产是属于公共所有之时，那些行为后果便分散到整个相关社会之中。加勒特·哈丁（Garrett Hardin, 1968）把这种后果的扩散描述为"公用品悲剧"[①]。尽管哈丁的文章引起了很大的关注，但公共财产的经济结果早在哈丁之前就被研究透彻了，例如弗兰克·赖特（Frank Knight, 1924）和H.斯科特·戈登（H. Scott Gordon, 1954）所做的研究。有了私有财产权，个人所有者就能排除他人在没有获得自己许可的情况下去使用那一财产。而对于公用财产（common property）来说，就没有此种排他权。在某些情况下，公用品的使用机会是向每个人开放的。这一情形是公用财产纯粹而典型的形式。更广泛地来说，公用财产是指集体所有制中的某种形式，财产由某一集合性团体共同持有，其所有权份额并不分别地分配给集体中的个人。因此公用品的管理是经由某种集体决策的过程而进行的（Ostrom, 1999; Yoon, 2000）。

在对公用财产情境进行经济分析的过程中，自然资源状况提供了许多例证。安杰洛（Angello, 1975）和当纳利（Donnelley, 1975）所探讨的牡蛎养殖场，为熟知的公用品悲剧模型提供了一个有趣的实例。美国境内的牡蛎养殖场在某些州是私人所有，而在其他州是公共所有。当牡蛎养殖场是私人所有时，养殖场所有者就有强烈的激励追求牡蛎养殖场的价值最大化。除此之外，它不但要求养殖户避免捕捞尚未成熟的牡蛎，而且还要求他们补充对牡蛎成长至关重要的、随牡蛎一同被打捞起的物品、岩石或贝壳的沉积物。

[①] 哈丁的论文所描述的这种现象，在中文文献中一般译为"公地的悲剧"。考虑到"公地"一词过于具象，用在财政领域显得有些突兀，因此本章将财政领域中的commons译为"公用品"。——译者注

但在共同所有制下,农民几乎没有动力放回未成熟的牡蛎,或补充所需物品。这是因为,由这些行为而大量增加的任何利润,都会让其他捕捞公共牡蛎的人获利。维持公用财产的一些州意识到了这些激励问题,开始对可捕捞的牡蛎的最小尺寸采取限制措施,同时还对所需物品的替代品提出了要求。然而,法律法规从来不能完全替代由私人所有而自然产生的激励的有效性。事实上,安杰洛和当纳利估测到公有牡蛎养殖场向私有的转化将会使牡蛎养殖的产值提高50%。

在存在公用财产预算的情形下,正如一般的公用财产一样,不能指望由自利财政参与者来促进良好财政秩序的生成。当私人牡蛎捕捞者自己拥有养殖场之时,他们不会过早地捕捞牡蛎。而当养殖场公共持有之时,就不再是这个样子了。在这种情况之下,良好经济秩序的推行要求监管机构施加某种辅助性的控制。然而,这样的监管绝不会完美而无代价地发挥作用。监管将会带来它自身的成本,并将会遵循一种与私有财产所需的那种经济计算非常不同的政治计算。

公用财产预算的现象在预算的税收和支出两端都有呈现。税收端是一个政治舞台,在这个舞台上储备财政公用品的责任被强加于人。从个人视角来看,最佳的税收制度总是那种由其他人来缴税的税制。由于人们以及与他们相关的利益群体在政治效能方面存在着广泛的差异,税收责任的分配中所存在的普遍歧视就成为民主过程的特征,正如沃尔特·赫蒂奇(Walter Hettich)和斯坦利·维纳(Stanley Winer)在本书第六章他们所写的文章中所解释的那样。

通过税收,一种由政治生成价格的机制就会取代在私有财产预算之下所兴起的市场价格,这一点最先由马菲奥·潘塔莱奥尼(Maffeo Pantaleoni,1911)所提出,并且在理查德·瓦格纳(1997,1998)那里得到了详尽的阐述。这些政治的价格包含着差别定价,那些受政治支持的人获得了更为低廉的价格。反过来,那些低廉的价格之所以可能,是由于给其他人施加了更高的价格。确切地来说,国家并没有无限的能力来推行财政上的区别对待,这是因为人们能够在不同程度上撤回他们对税基的贡献。然而,国家确实有很大的能力在纳税人之间实施区别对待,这一方式可能会允许私有市场中的套利机会得以出现。

政治上的差别定价扩大了政治中贪赃枉法的范围,政治职务就变成了更值得拥有的对象。政府对税收拥有无限制的征收权力,使得担任政治职务出于两方面的理由而得到了价值提升,即贿赂和勒索,这两个理由是政治的表亲(political cousins)。贿赂在政治上的表亲,被经济学家们称为"寻租"(rent seeking)。如果税收歧视是税收立法可以允许的结果,那么利益群体就会寻求获得更有利的税收待遇。这将以免税、减税或排除在税基之外的形式进行,其结果便是会产生一种应用于更窄税基的更高税率。可以说这将会形成一种税收立法的市场,由此利益群体会就自己特别期望的税收条款从事游说活动。

"勒索"在政治上表亲就是弗里德·麦克切斯尼(Fred McChesney,1997)所探究的"抽租"(rent extraction)。抽租表现为采用税收威胁,如果税收目标的回应就像实施威胁的政治家期望的那样,威胁就被撤销。这些政治家可以将税收条款可能发生的变化公布出来,并安排听证会;在有足够多的反对意见出现时,就可以取消税收的变化,而所谓的反对意见可以用竞选的捐款来显示。在这种情况下,竞选捐款只不过是为了延续现行的税收状态不发生变化的代价。与此相反,人们用于寻租的金钱,则是为了对税收状况做出某种改变。

乍看起来,好像由立法机关承担起草税收立法的责任并不可取。让它在预算的支出端负责拨款而不是从税收方面获得收入,可能会好得多。然而事实却是截然相反的。税收筹集委员会的成员所获得的竞选捐献大约是其他议员的2倍。同样的,税收委员会的成员所获得的酬金和以物代款的优待,也比其他议员要多得多。伴随着财政公用品出现的在财政上区别对待之机会,使得影响税收立法的机会变得特别有价值。公民将为获得可能转化为税收优惠待遇的影响力而掏钱,还会掏钱获得影响力以防止自己成为税收歧视的输家。他们将会采用类似行贿的政治手段来确保税收优待,也会付出与敲诈类似的代价来防止成为税收歧视的输家。

在预算的支出端,依赖财政公用品的生活也将比依靠私有财产需要更高的生产成本。与私有财产管理下的结果相比,政府无论提供什么,在本质上都是一个高成本的提供者。威廉·皮尔斯(William Peirce,1999)曾对这个问题做过中肯而详细的阐述。政府企业的高成本特征是由于公共财产的创设使得选择与责任相分离带来的。在确保财政公用品的效率问题上，不能依赖于普通的私利。例如，政府机构几乎没有动机去抑制自己开支拨款的想法，因为节省的资金不能结转至下一年度使用。此外，未能花费全部拨款甚至可能暗示着过往的拨款是无需那么多的。额外的层层审计、监察和其他形式的官僚控制，都是公共财产治理所必须的，这将会需要超出经济交易的私人秩序的花费。

财产、财政社会学与构造政治学（Tectonic Politics）

凯洛琳·韦伯（Carolyn Webber，1986）和艾伦·威尔达夫斯基（Aaron Wildavsky，1986）认为，预算选择涉及的不仅仅是一个人们会在公共物品商店里（相对于在私人物品商店）花多少钱的选择。从根本上说，它们是人们在面对充满冲突时的选择，这种选择关系到我们打算如何过我们的生活。私有财产与公共财产代表了对人类关系进行不同排列的两种可替代政体的基础，而且这两种政体在重要的方面是相互冲突的。公共支出通过各种构成可识别的政治企业的项目而产生，其中每一个都有其独特的客户与支持者。此外，一个利益集团并没有强烈的动机去削减其预算要求，因为这样的削减只会使得其他利益集团有机会获得更多的钱。

建立于财政公用品基础上的政府企业相对低效带来的一种可能影响是，其存在将会为具有竞争性的私有企业创造潜在的获利机会。等到那些私有企业能够成功地利用获利机会之时，支撑政府企业的基础将受到侵蚀。为了防止这种侵蚀，政府企业就不得不对私有企业的竞争性努力实施辅助性的管控。比如，在许多情形之下政府企业会施行差别定价。通过这种差别化，受青睐的客户的低廉价格得益于向其他消费者收取了更高的价格。反过来，那些高价格经常会为私有企业创造出以低廉价格为那些消费者服务的动机。可以理解的是，政治企业及其拥护者试图排除这种把最肥厚的那部分利润收入囊中的"撇脂策略"（cream skimming），否则会破坏对于政府企业获取支持至关重要的差别定价。无论如何，在财政公用品之内的监管限制结构中将会存在着持续的扰动(churning),以回应财政公用品所创造的持续的猫捉老鼠游戏。

治理机制之间的冲突,可以通过考虑城市地区交通组织的替代方法来说明。例如,交通能够完全通过私人订购系统(private ordering)而组织起来。汽车、公交和火车这类交通工具的混合,有赖于企业家、消费者以及其他市场参与者的选择。当然我们可以想象,有人也许会投资一个公交车队。这一公交事业是否成功,有赖于它给面临其他选择的人们是否提供了一种更具有吸引力的产品的能力;而其他的选择包括开他们自己的车、合伙用车、搬到离他们工作地点更近的地方去住。

假设城市交通已经完全以私人秩序组织起来,而现在又建立起了公共组织的公交服务。在某种程度上后一种公交服务无法与私人企业相竞争,因为公共企业的价格高昂,它无法在与私人企业的竞争之中生存下来。为了使自身变得有竞争力,公共企业将不得不使用政治力量来获得某些竞争优势。有许多种方式来这样做,其中一种方式就是国家给予公共企业补贴。有了这一补贴,公共企业就可以提供比没有补贴时更低价格的服务,由此增强其竞争地位。另一种方式则是,国家对竞争的私人企业施加特殊的障碍。比如对私有公交征税就会增加其运行成本,还可以施加类似私有公交司机成为全职员工这样的管制,这样一来又增加了运行成本,进而增强了政治企业的相关竞争能力。政府还可以对与政治企业相竞争的服务与活动施加障碍。比如,可以对私人车库征税,并对这些车库的大小进行限制。这些税收与限制措施,将会增加使用私有汽车的成本,这样又能增强政治企业的相关竞争地位。一系列几乎无穷尽的税收、补贴和管理限制措施的出现,将弥补政治企业内在竞争地位上的不足。正如桑福德·伊克达(Sanford Ikeda,1997)所言,这是混合制经济活力的一个要素。

缓和财政公用品悲剧

在美国国税局总部的门口上刻着奥利弗·温德尔·霍尔姆斯(Oliver Wendell Holmes)的一句话:"税收是我们为文明所付出的代价。"表面上看来,这似乎暗示我们应当对施加于我们身上的无论何种税收均予以默认,因为其他的选择将会比我们支付税收更加令人痛苦。然而如果深度反思霍尔姆斯的这句话会发现,它揭示出了税收的模糊性。某种税收可能会巩固公民社会,并不意味着任何和所有的税收都会如此。如果税收过重或不适当,它就会侵蚀而非支持公民社会的繁荣。

按文森特·奥斯特罗姆(Vincent Ostrom,1987)的解释,税收确实大多呈现出一种浮士德式交易(Faustian bargain)的形式。税收是一种恶的工具,因为它向理应是和平、自愿的人际关系之中注入了强制力。我们之所以支持这一"恶",乃是因为我们认为其他的选择会是一种更为糟糕的恶。如果税收的替代选择是政府与公民秩序的缺失,那么为提供良好民事秩序(civil order)的框架而征税就是必要的。在这方面,税收确实是我们为文明所付出的代价。然而,有些税收对我们的公共利益起到了作用,并不意味着其他的或所有的税收都是如此。根据霍尔姆斯所言,我们承认恰当的税收也许会是我们为文明所付出的代价;与此同时我们也应与先辈们一样,认识到如果税收过高或错误地征收,它将会是毁灭性的。

仅仅为了确保一种以私有财产为基础的经济秩序,征某种税的确是必要的。如果税收被自愿贡献所取代,那任何人都不能声称国家征用了私有财产。然而与此同时,人们将会有强烈的动机去免费搭便车让其他人去做贡献。这样一来,诸如民事秩序和国家安全这样具有公共价值的服务——它们需要在军队、警察和法院方面花费开支——就有可能资金不足。由此正如理查德·爱泼斯坦(1985)所言的,税收呈现出一种"强迫交易"(forced exchange)。乍看起来这一术语显得有点矛盾,但是它传达了一种重要的真相。政府不仅局限于纯粹的自愿交换,部分原因是由于诸如搭便车等行为带来的缺陷。然而,虽然政府由此拥有了征税的权力,但行使这种权力受到规范性要求的限制,即它必须合理地符合那些本应可以理想进行但却为免费搭车等缺陷所阻止的交易。要不是由于搭便车带来的问题,税收本应当反映的是自愿支付。当然,困难在于,没有办法真正知道那些自愿贡献的模式本来应是什么样的。

强制交易原则(the principle of forced exchange)将税收视为一种要求公民为国家所提供的服务支付费用的手段。这种看待税收的方式来自一种税收哲学家中流传悠久且受尊重的传统,并被称为公共财政的受益原则。这一看待税收的方式是有帮助的,因为它认识到征税的目的是允许人们为自己提供有价值的服务;可如果国家没有征税的权力,那么这些服务就不太可能如此完整地或有效地得以确保。当霍尔姆斯大法官说到税收作为文明的代价之时,他触及了公共财政的受益原则的某些核心特征。

然而,将税收视为价格也有其问题的一面,因为这一明喻很容易被腐蚀(正如 Racheter 和 Wagner 所述)。在某些情况下,税收所导致的强制交易有可能对所有人有益;但在另外一些情况中,税收会被用来作为剥夺和削减财产权的工具。浮士德式交易的黑暗面在于,税收的权力同样能够被用来剥夺财产权,而在真正的自愿贡献的情况中这是绝不会发生的。在三个相互毗邻的邻居之间,其中两个人可能会从第三个人所拥有的土地中偷取芦笋。如果这三个邻居组建一个政府并由大多数表决支持对芦笋征税,那些原本的偷窃就会被转变成征税。毕竟,最佳的税收总是那种由别人来支付的税收,而政府提供了足够的空间来实现这一点。

让政府得以通过税收来削弱财产权的核心手段,其实是实行税收歧视的能力。将一个拥有无限制征税权的国家,与一个征税权受到普遍性宪法条款约束或税收非歧视原则限制的国家相比,我们就可以看出这一点(Hutt,1975)。就对芦笋征税而言,仅有一个人种植还是由三个人都种植,这完全是两码事。在前面的这种情形当中,大多数人会同意对少数人征税;而在后面的这种情形当中,宣称三个人都将会同意对他们自己征税就远不是那么可信。

税收中的普遍性原则自然而然地导向对广税基的支持。尽管广税基不会消除所有可能的税收歧视要求,但它会对实践做出严格的限制,正如詹姆斯·布坎南和罗杰·康格尔顿(Buchanan and Congleton,1998)探究过的那样。按照相同税率对广税基征收所得税,符合税收中合理的普遍性概念。在其中政治地位将不会影响一个人的纳税义务,相同的税率会适用于每一个人,并且每一个人的纳税将仅仅取决于与税率相连的自身的收入或消费,而这种税率是通过政治过程制定出来的。

基础广泛的非歧视性税收阻碍了利用税收来奖励或惩罚某种形式的活动。正是这种非歧视原则要求国家中立地对待所有类型的活动。然而,还是会有大量的税收立法来奖励或惩罚某一具体形式的活动。非歧视原则与利用税收来进行奖惩之间会相互冲突。一旦一个政府养成了奖励或惩罚特殊类型活动的习惯,那么广泛性与非歧视性税收原则很快就被政治热量蒸发殆尽。其结果便是一种无限制的税收权力,在这种情况下对征税者唯一能够实施的限制就是政治压力和投票。

经济学家用囚徒困境来说明存在着可能对几乎所有人都有害的一系列选择,即使对每一个做出选择的单独个体来说,他的选择看起来是明智的。当我们接近税收中的歧视问题时,类似的困境便出现了。非歧视的要求将会是对征税权施加的一种相当严格的限制,而且还会防止累进征税,以及大量的免税、减税等。

毫无疑问,真诚的人能够想出令人信服的理由来解释,为何应当在非歧视原则之外制定一些例外情况。这种所谓善意歧视的支持者,能够在税收哲学家们那里找到一些支撑。然而,税收政策是由政治现实主义者而非税收哲学家来制定的。取消作为宪法原则的非歧视原则,就是邀请政治现实主义者以及税收哲学家考虑以灵巧的税收方式来实施政治和社会管控。一旦用其他原则取代非歧视原则并成为了指导性规范,寻租与抽租就会盛行起来。在被用来支持对其他人征税时,几乎所有的理由都可能会被声称是一个好的理由。

参考文献

Agnello, Richard J. and Donnelley, Lawrence P. (1975)"Property Rights and Efficiency in the Oyster Industry."*Journal of Law and Economics* 18, pp. 521—533.

Backhaus, Jürgen and Wagner, Richard E. (1987) "The Cameralists: A Public Choice Perspective."*Public Choice* 53, pp. 3—20.

Buchanan, James M. (1975)*The Limits of Liberty*. Chicago, IL.: University of Chicago Press.

Buchanan, James M. and Congleton, Roger D. (1998)*Politics by Principle, Not Interest: Toward Nondiscriminatory Democracy*. Cambridge, MA: Cambridge University Press.

Buchanan, James M. and Tullock, Gordon. (1962) *The Calculus of Consent*. Ann Arbor, MI.: University of Michigan Press.

Epstein, Richard. (1985)*Takings: Private Property and the Power of Eminent Do-

main. Cambridge, MA. : Harvard University Press.

Epstein, Richard. (1995) *Simple Rules for a Complex World*. Cambridge, MA. : Harvard University Press.

Gordon, H. Scott (1954) "The Economic Theory of a Common-Property Resource: The Fishery." *Journal of Political Economy* 62, pp. 124—142.

Hardin, Garrett. (1968). "The Tragedy of the Commons." *Science* 162, pp. 1243—1248.

Hutt, William H. (1975)"Unanimity versus Non-discrimination (as Criteria for Constitutional Validity)." In *Individual Freedom: Selected Essays of William H. Hutt*, Svetozar Pejovich and David Klingaman (eds.) Westport, CT. : Greenwood Press, pp. 14—33.

Ikeda, Sanford. (1997)*Dynamics of the Mixed Economy*. London, UK. : Routledge.

Knight, Frank H. (1924). "Some Fallacies in the Interpretation of Social Cost."*Quarterly Journal of Economics* 38, pp. 582—606.

McChensey, Fred. (1997)*Money for Nothing: Polictians, Rent Extraction, and Political Extortion*. Cambridge, MA. : Harvard University Press.

Mitchell, William C. and Simmons, Randy T. (1994)*Beyond Politics: Markets, Welfare, and the Failure of Bureaucracy*. Boulder, CO. : Westview Press.

Ostrom, Elinor(1990). *Governing the Commons*. Cambridge, MA. : Cambridge University Press.

Ostrom, Vincent. (1987) *The Political Theory of a Compound Republic*, 2nd ed. Lincoln, NE. : University of Nebraska Press.

Pantaleoni, Maffeo. (1911)"Considerazioni sulle proprieta di un sistema di prezzi politici." *Giornale degli Economisti* 42, pp. 9—29, 114—133.

Peirce, William S. (1999) "Government: An Expensive Provider."*In Limiting Leviathan*,Donald P. Racheter and Richard E. Wagner (eds.) Northhampton, MA: Edward Elgar, pp. 56—73.

Racheter, Donald P. and Wagner, Richard E. (1999). "Faustian Bargains and Constitutional Governance." In *Limiting Leviathan*, Donald P. Racheter and Richard E. Wagner (eds). Northhampton, MA. : Edward Elgar, pp. 1—9.

Rowley, Charles K. , ed. (1993), *Property Rights and the Limits of Democracy*. Hants, U.K: Edward Elgar.

Usher, Dan. (1992). *The Welfare Economics of Markets, Voting, and Predation*. Ann Arbor, MI.: University of Michigan Press.

Wagner, Richard E. (1988). "The Calculus of Consent: A Wicksellian Retrospective."*Public Choice* 56, pp. 153—166.

Wagner, Richard E. (1992) "Grazing the Budgetary Commons: The Rational Politics of Budgetary Irresponsibility." *Journal of Law and Politics* 9, pp. 105—19.

Wagner, Richard E. (1997)"Parasitical Pricing, Economic Calculation, and the Size of Government: Variations on a Theme by Maffeo Pantaleoni." *Journal of Public Finance and Public Choice* 15, pp. 135—146.

Wagner, Richard E. (1998)"Social Democracy, Societal Tectonics, and Parasitical Pricing."*Constitutional Political Economy* 9, pp. 105—111.

Webber, Carolyn and Wildavsky, Aaron. (1986) *A History of Taxation and Public Expenditure in the Western World*. New York, NY.: Simon and Schuster.

Wicksell, Knut. (1896;1958)"A New Principle of Just Taxation." In *Classics in the Theory of Public Finance*, Richard A. Musgrave and Allan T. Peacock (eds.) London, UK.: Macmillan, pp. 72—118.

Yoon, Jong J. (2000). "Politics as Tragedy: The Logic of Common Access to Social Value."*Journal of Public Finance and Public Choice* 18, pp. 23—34.

4 纳税人权利和财政宪法

加里·沃尔弗拉姆
(Gary Wolfram)

"税收是我们为文明社会所付出的代价。"
——奥利弗·温德尔·霍尔姆斯,写在华盛顿特区国税局署大楼的入口处
"征税的权力关乎摧毁的权力。"
——首席大法官约翰·马歇尔,麦卡洛克诉马里兰州一案

正如莎士比亚所说,"这就是问题所在"。如果我们相信托马斯·霍布斯(Thomas Hobbes)的观察是正确的,即没有政府,人的生活是孤独、贫穷、肮脏、野蛮和短暂的,那么为了把自己从无政府状态的黑暗世界中拯救出来,于是我们组成了政府。资助政府的主要途径之一是税收,这与奥利弗·温德尔·霍尔姆斯所言如出一辙。然而,正如霍布斯和许多其他人所指出的,对于政府而言,其强制权力呈现出一种增长的趋势。税收是政府的强制权力之一,有可能被用来摧毁商业实体、组织或个人的自由。那么,一个根本性的问题来了,我们如何组建一个政府,以保护纳税人脱离掌权者的强制力?

这并不是一个无聊的问题。查尔斯·亚当斯(Charles Adams)在《善与恶:税收在文明进程中的影响》一书中设定税收是社会历史的一个主要解释变量。他以古埃及人为起点,追溯了整个历史上的税收革命来论证:

税收是人民的强大动力,它的能量远远超过政府愿意承认或所意识到的……事实上,似乎不言自明的是,在历史上大多数重大事件的背后——国家的繁荣、起义和革命、自由和奴役,以及最重要的战争——税收都发挥了重要作用,但在重大事件的戏剧中这些作用却很容易被忽略。

亚当斯将历史看作一系列的事件,在这些事件中政府增加的税负超过了纳税人愿意忍受的水平。因此,纳税人的反抗、暴力和社会结构的剧烈变化随之而来。在某种程度上,亚当斯的观点是正确的,如果存在一部有效的财政宪法,那世界历史很可能会完全不同。

任何关于纳税人权利和财政宪法的讨论,都必须从认识政治经济学的根本问题开始:我们很有可能需要政府来最大限度地减少或限制对个人的强制,但一旦我们的政府被授予强制权,我们如何才能限制它?一些人,比如哈耶克认为通过制度结构,如成文宪法来限制政府的强制权;而另一些人则认为可能没有有效的方法来限制政府行使专断权力。正如哈罗德·格罗夫斯(Harold Groves,1974:4)曾经指出的那样:"公共财政植根于政治学,也植根于经济学,有关国家的概念以及它如何做出决策,是与税收关联在一起的。"在本章中,我们将考察政府的适当作用,概述保护纳税人权利的法律的特征和对财政宪法的不同观点,包括州财政宪法的例子,并讨论是否能够构建一部有效限制联邦政府的财政宪法。

政府的作用:自然权利

赫伯特·斯宾塞(Herbert Spencer)在19世纪中叶写道,建立他所谓的适当的政府范围是很重要的:

不需要任何论据来证明有一个界限,超越这个界限,任何立法控制都不应通过——此处个人和社会的要求,可以通过道德激励和自愿执行更好地实现,而不是通过人为的管制——在权力的两个可能极端之间,即政府受托的可以做任何事情和什么也不能做之间,必须有一个点,原则和政策都表明它可以被当作适当限制的点。这个点、这一界限适合由每个人为自己决定……在他冒险对一个政府应该做什么提出另一种意见之前,他自己必须首先解决下面的问题:政府为了什么?(1982:269)

有关政府作用的文献讨论将需要大量的篇幅,而要获得一个好的概述,可以参阅瑞切特及瓦格纳主编的《限制利维坦》和《原则与实践中的联邦主义政府》(Racheter and Wagner,1999,2001)。就文献而言,我们的讨论将会比较有限。在本章中，我们将从斯宾塞的视角出发，即政府在公共政策中的作用需要税收来资助这些作用的发挥，必须建立在政府为了什么的一般原则之上。然而，要想讨论政府为了什么，我们必须先确定个人的权利是什么，然后讨论政府是否有助于保护这些权利。

个人和政府关系的基本原则之一是自然权利理论，该理论由约翰·洛克(John Locke)在《政府论》(下篇)和其他著作中发展而来。洛克的立场是试图"展示人类如何在上帝给予人类共同财产中获得一部分财产，而没有任何明确的所有共有者的契约"(Locke, 1971:21)，洛克的基本假设是，我们拥有关于自己和我们的身体的权利。然后，他将这点延伸到这一思想，即我们拥有的财产权来自我们自己的劳动努力。"所以，只要他使任何东西脱离自然所提供的和那个东西所处的状态，他就已经掺进他的劳动，在这上面掺进他自己所有的某些东西，因而使它成为他的财产"(Locke, 1971:22)。洛克讨论的财产概念是以普通人制造或种植东西，而非生产计算机软件的世界为背景的。然而，从最广泛的意义上来说，我认为洛克会同意这样的说法，假如你为通用汽车工作，他们每年付给你4万美元，那么你就有自然权利得到这4万美元。因此，自然权利理论认为，我们对财产、我们的身体以及我们通过努力所做的任何事情拥有自然权利。

用纳税人权利的术语来说，我们从洛克的理念出发，说纳税人有权获得他们生产的任何东西，因此政府无权通过强制手段夺走他们的财产。这一立场的问题是，在这样的世界上将不会有政府存在。通过支付会费我们可以建立自愿的协会，但它不是我们通常所认为的政府。那么，我们为什么要成立政府呢？

洛克建议我们组建政府，目的是避免完全个人主义的无政府世界面临的问题。他特别写道，"因此，人们联合成国家，并把自己置于政府之下的伟大而主要的目的是，为了保护他们的财产，而在自然状态下有许多东西都是匮乏的"(Locke, 1971:102)。因此，人们组成政府主要是为了保护财产，洛克的意思是，政府的首要考虑应该是保护纳税者的财产。然而，他显然不认为不该有政府存在，而既然政府存在就必须要有资金，这样政府就得向公民征收足以支付政府所提供的保护性服务的税收，这一点必须接受。

正如罗杰·皮隆(Roger Pilon,1993,1999)所指出的那样,美利坚合众国的缔造者们完全遵循了洛克式的自然财产权传统,创建美国的基本文件中已经清楚地说明了这个问题。在《独立宣言》中提到,"自然法和自然之神赋予他们独立和平等的地位"。它宣称,"我们认为以下这些真理是不言而喻的:所有的人生而平等,他们被他们的造物主赋予了一些不可剥夺的权利,其中包括生命、自由和追求幸福的权利——为了确保这些权利,人们建立了政府,统治者的正当权力来自被统治者的同意……"。因此,合众国缔造者们确立了人们的自然权利,然后明确指出,政府的作用就是保护这些权利。

在《联邦党人文集》第一篇,汉密尔顿承诺将在《联邦党人文集》的其余部分中说明,为什么宪法的通过保护了共和政府以及自由和财产?当人们读完《联邦党人文集》时,用新宪法来取代《邦联条款》的首要原因就会显而易见,即《邦联条款》不足以提供足够的对财产和自由保护。尽管现今可能会将洛克看作是一位政治哲学家,其古朴的作品只能引起学者的兴趣,但撰写《独立宣言》和宪法的人们,用他们的工作描绘了一幅蓝图,以显示新共和国应有的面貌。他们尝试着建立一个能保护人的自然权利的政府。汉密尔顿在《联邦党人文集》的第八十四篇,说明了宪法中的许多条款旨在保护个人权利。确实,宪法的序言指出,它的建立是为了"确保我们自己和我们的子孙后代享有自由之福",这是一种洛克式政府概念,旨在保护我们的权利而非要为我们供应些什么。

洛克的自然权利理论与弗雷德里克·巴斯夏(Frederic Bastiat)的著作非常一致,虽然角度有一些不同,但二人都是有限政府的坚定倡导者。洛克的基本观点是,自然法赋予了我们财产权,人们建立政府是为了保护这些自然权利。然后,他从这样一个观点来审视政府及其局限性,人拥有自然权利,他可以自愿将这些权利交给联合体(commonwealth),但联合体的权力仅限于个人所让渡的东西。因为根据自然法,某个人对于另一个人没有强制权。

但自然法则仅仅赋予了个人保护他自己和其他人的能力;这是他能做的或能够让渡给联合体的一切,它由此获得的立法权,不能超过这一点。立法机构权力的最高边界受制于社会的公共善。这是一种除了保护之外没有其他目的的权力,因此,永远不存在一种去摧毁、奴役或故意使臣民贫穷的权利。

(Frederiv Bastiat:111)

对洛克来说,政府受自然法的限制,即必须保护社会个体成员的生命、自由和财产。

巴斯夏得出了同样的结论,但他关心的是一个公正的政府会是什么样子。在1850年的著作《论法律》中,他以这样的假设开始,即每个人都拥有捍卫自己的人身、自由、财产的自然权利。然后,他提出:"如果每个人都有权捍卫——甚至通过武力——他的人身、自由和财产,那么以此类推,一群人就有权组织和支持建立共同的力量不断地保护这些权利",所以人们有创建政府的自然权利。他接着论述了一个公正的政府不能逾越保护生命、自由和财产的界限:

法律是提供合法性保护的自然权利组织。它是用一种共同的力量代替个体的力量。这种共同的力量只有在个人力量拥有如下自然的、合法权利时才能如此:保护人身、自由和财产;维护每一个人的权利,让正义统治我们所有人。

巴斯夏认为,不能用政府从一个人那里拿走东西,然后给另外一个人。他称这样行为为合法掠夺。如果有法律做了这样的事情,巴斯夏的建议是:

那就毫不拖延地废除这部法律,因为它不仅本身是一种邪恶,而且因为冤冤相报,也是进一步邪恶的肥沃源泉。如果这样的一部法律——可能是一个孤立的案例——不立即废除,它将蔓延、繁殖并发展成一个系统。

在巴斯夏看来,一个公正政府的纳税人,只会资助国家的警察职能。

巴斯夏对政府的范围和权力应该是什么这一问题的回答是直截了当的:"我毫不犹豫地回答:法律是被组织起来阻止不公正的一种共同力量。简而言之,法律就是正义。"法律应限于保护生命、自由和财产。不能靠掠夺纳税人来为其他人提供商品和服务。

巴斯夏坚持认为,美国1850年的宪法仍然服务于保护纳税人的权利,这是一个符合正义标准的国家的最好例子。他随之告诫说,在关税和奴隶制度两个事例上,美国政府已经逾越了正义的界限,这一缺陷将会导致政治危机。当然,11年之后发生的事件证明了他是正确的。

上面引用的格罗夫斯(Groves)的观点,即经济和政治之间存在关联,巴斯夏肯定理解。他写道：

> 经济学必须先发展，政治学才能合乎逻辑地形成。说到底，经济学本质上是一门决定人们的利益是和谐还是对立的科学。在形成政治学之前，必须了解这一点，才能确定政府的适当职能。
>
> 如果一个由个人一起行动的社会是和谐的，那么就有可能不再怎么需要政府。另一方面，如果不受政府法令约束的个人，以一种导致世界贫穷和强制的方式行事，那么我们就可能需要一个强有力的政府。

政府的角色：社会和谐与国家财富

在政府缺失的情形下，亚当·斯密在个人和谐行为问题上提出了一个著名的观点。他认为，通过市场过程，每个人根据自己的计划和利益行事，由此将带来一个财富和和谐的社会。在他的《国民财富的性质和原因的研究》一书中，斯密坚决主张政府的范围应当比他那个时代更有限，他用他对市场如何运作的讨论来解释减少贸易约束、限制政府公债等具有的好处。通过自愿性的社会合作产生巨大财富的经济体系所需要的政府，比人类行为自然对立的情况要少。

在美国建国前后，大卫·休谟(David Hume)也写道，他明白政治制度和经济繁荣之间有一种关联："一个国家的伟大和国民的幸福，无论在某些方面国民曾经有多独立，通常他们都被认为与商业密不可分。"(1970：5)

美国开国元勋们强调宪法的目的是保护个体的生命、自由和财产，这不仅是基于自然权利的论述，也是基于认识到有限的政府将带来更大的繁荣和个体间的和平互动。在《联邦党人文集》第十一篇中，汉密尔顿详细讨论了新宪法对联邦"商业繁荣"带来的积极影响。很明显，开国元勋们预见到新宪法将为繁荣的经济奠定基石，并带来足以保护新国家免受攻击的经济、政治和军事力量，进而为联邦内部以及与外国的商业贸易和平的展开提供了可能。

开国元勋们相信有限的政府会带来自由和繁荣的人民，奥地利经济学派解释了为什么这样的看法是正确的。路德维希·冯·米塞斯(Ludwig von Mises)在几部著作中奠定了奥地利学派思想的基础，但最全面体现他思想的作品是《人类行为》。奥地利学派的一个基本原则是，市场是一个自愿交换和社会合作的系统，没有人是被强迫的，因此市场产生了一个积极的正和博弈，在其中各方都会变得更好。正如亚当·斯密所证明的那样，这种自愿交换制度让劳动变得专业化，生产率因此提高。

米塞斯和后来的哈耶克强调，分散信息和市场作为解决方案等问题具有根本性。由于我们每个人都最了解自己的需求和才能，一个中央计划者即使被赋予创造尽可能高的生活水平的责任，他也不可能及时积累足够的信息来知道生产多少、生产什么以及如何生产。对于中央计划者来说，这一信息问题是无法解决的。计划者被迫将他自己的愿望强加于社会，要求提供什么商品和服务，以及如何进行生产和分配。这将导致了极权主义和低下的生活水准。

也许这一思想的最聪明的表达，可见于伦纳德·里德（Leonard Read）1958年出版的《我，铅笔》。里德教授讨论了为了生产一只铅笔而必须发生的极其复杂的一系列交易：木材必须采自俄勒冈州，石墨需要从斯里兰卡开采，橡胶来自马来西亚等。只有通过自愿交换和市场价格制度，这种协调才有可能。

与我们的讨论有关的这一思路的要点是，政府在市场体系中只发挥有限的作用。米塞斯在1927年解释古典自由主义的基础时写道："在自由主义者看来，政府的任务仅在于确保人们的生命、健康、自由和私有财产免受暴力攻击，超越这一点的一切都是邪恶的。"（1985:62）这不是一种无政府主义哲学，它并不提倡没有政府的制度。[①] 正如上面引用的内容所表明的，这更像是洛克和巴斯夏的观点，即个人聚集在一起组成政府来保护自己。超出这一范围的政府会对个人财产和公正造成威胁。然而，在保护诸如市场制度在内的社会合作制度方面，政府是必要的。

对米塞斯来说，重要的不是什么是道德的概念，而是什么是道德的实践。然而，证明市场体系是一种特别的道德秩序相对容易。在市场中没有人被迫违背自己的意愿行事，你不会被迫在你不想工作的地方工作，也不会购买你没有欲望的商品。在市场体系中获得财富的唯一途径是，为社会中其他人提供

[①] 米塞斯在写"自由主义不是无政府主义，也与无政府主义没有任何关系"时将这一点阐释的非常清楚。

服务。如果你不生产别人想要的东西,或者提供他们想要的服务,你就不能强迫他们接受。既然市场体系是创造最大繁荣的体系,与市场体系相一致的政府结构就是最理想的。同样,纳税人只需要负担政府提供的治安职能。

哈耶克在《自由秩序原理》中遵循了大致相同的思路。由于信息是分散的,中央计划者不可能有效地分配资源,市场制度因此发展成为解决这一信息分散化问题的机制。个体的自愿行动相互配合,带来了社会知识和资源最有效的利用。这种市场机制要求个人按照自己的计划自由行动。你必须决定在资源或产品方面你能最好地为社会提供什么,你愿意以不同的相对价格购买什么商品等。非强制性行动是自愿交换制度的基础。

因此,最好地服务于市场体系的政府制度,是一种最大限度减少胁迫总量的政府制度。无政府状态会导致强者对弱者的胁迫,在这一点上哈耶克与米塞斯是一致的。哈耶克将胁迫界定为"一个人的行为是为了服务于另一个人的意愿,不是为了他自己的目的,而是为了另一个人的目的"(Hayek,1972:133)。政府的目的是通过行动创造"一个有保障的自由范围"。哈耶克认为,"个人的权利是承认这样一个私人领域的结果"(Hayek,1972:139)。但问题是,由谁来决定每个人的私人行动范围是什么?

如果人们要最大限度地利用他们的知识、能力和远见,那么可取的是,在决定将什么纳入个人保护范围方面,他们自己就有一些发言权。人们为解决这个问题所找到的办法,依赖于承认有一些一般规则主导着物品或环境成为一个或几个人受保护范围一部分的条件。(Hayek,1972:139)

哈耶克认为,人们治理自己的政治制度必须具有一定的特征。可接受的法律必须是一般性的,也即是说,它们不应该以命令的形式出现。立法机关不应该事先知道法律将适用于谁。法律应当被广泛知晓,也就是公民应该能够知道法律是什么,它们应当是可预测的。如果你要决定生产什么或如何生产,你应该能够对博弈规则有一些信心。这在一个拥有长存的产品生产方法的经济体中尤为重要,比如汽车生产。法律的制定应当使个人能够遵守它们。最后,法律应该平等地适用于所有人。

关键是,如果法律具有这样的特点,那么组建政府的人就很难胁迫公民。值得注意的是,哈耶克关于法律特征的告诫与麦迪逊在《联邦党人文集》第62

篇中所说的非常相似。

如果法律是由人们根据自己的选择而制定的,如果法律浩如烟海以至于无法阅读,或是语无伦次以至于无法理解,那么对人民来说就没有什么用处;如果法律在颁布之前被废除或修改,或经历了持续不断的变化,那么没有人知道今天的法律是什么,谁也猜不到它明天会是什么样子。(Madison, 1982, 317)

按照哈耶克的看法,我们用来确保法律具有这些特征的机制是成文宪法。宪法规定了社会对于行动领域的普遍信念,在这个领域内,个人可以不受政府的胁迫而采取行动。宪法的目的,是将暂时的多数限制在符合这些社会普遍信仰的行动上。宪法是可以修改的,但前提是社会的普遍信仰已经改变。在这一讨论的背景下,财政宪法就是确保纳税者权利的宪法。

适用于纳税人权利的法律特征

纳税人拥有自己财产的权利,无论是出于洛克提出的自然法原因,还是在一定程度上由巴斯夏或者是奥地利学派所说的这一权利带来了社会最高的生活水平。本着麦迪逊精神,哈耶克阐述了如果要保护纳税人的权利,一般法律特别是税法应该是什么样的。[①] 这是财政宪法的基础。

首先,税法应当是一般性的,也就是说,纳税人不应该因为立法机关中的大多数喜欢或不喜欢他们而获得特殊的利益或负担。如果国会在立法之前就知道谁将从中受益,它就不应该通过税收立法。例如,假设 ACME 计算机公司是唯一生产特定类型软件的公司。国会不应该通过对 ACME 征收比其他计算机公司更多税收的立法,也不应该向其征比其他公司更低的税。如果国会通过了一项法律,对所有生产这种特定品牌软件的公司征税,而 ACME 恰好是唯一的公司,那么这项法律就不应该是为了给 ACME 带来好处或增加负担而颁布。这类软件的生产者若要被区别对待,那必须要有一个并非特别对待 ACME 的理由。

---

① 这一点可以在哈耶克《自由秩序原理》第九章中找到的更深入的解释。(中译本可参见邓正来译:《自由秩序原理》,生活·读者·新知三联书店 1997 年版。——译者注)

税法应该让所有纳税人都知道,或者至少能够被所有纳税人所知晓。如果税法不为人知,那么个人或企业可能会在事后制定与法律相冲突的计划和决策。正如哈耶克所说,法律的理念是创造一种让公民个体知晓的情形,个体可以根据这一情形的约束进行决策。如果情形不明,纳税人就很难做出有效利用资源的决策,国家对毫无戒心的纳税人的胁迫将会更为容易。鉴于美国国税局有权扣押财产并将纳税人投入监狱,纳税人无法充分知晓的税法容易导致政府超过必要的强制的水平(该强制的目的是最小化社会整体强制水平)。

税法应当是可预测的。例如,如果你已确定投资需要两年时间才能完成的房地产开发,你需要相当肯定的是,这种投资的税收待遇不会在过渡期间发生剧烈变化。不可预测的税法将导致参与资本投资的意愿降低,因为这种迂回的生产需要时间,并受到国会以不可预测的方式改变税法所带来的额外不确定性的影响。

税法应当是纳税人能够遵从的法律。若要求保留记录的税法过于复杂或昂贵,将使纳税人容易遭到可能出于某些原因不喜欢他们的政府成员的胁迫。如果税法是这样的,纳税人就无法合理地遵守税法的要求,国会就可能使用税法来惩罚那些自己的计划与计划者所希望的不同的人。

最后,税法应该平等地适用于所有人。如果 ACME 电脑生产者和海景度假村在税基方面处于类似的情况,那么它们就应当承担同等的税负。如果不要求税法平等地适用于所有纳税人,那么国家就可以利用税法来阻止某些个人的计划,并诱使其他个人改变他们的计划。从某种意义上说,政府是在说:如果你按照你的计划行事,我们就拿走你的财产;如果你按照我们的计划行事,我们会把别人的财产给你。这种政府行为会导致个人自由的丧失和资源的低效利用。

法律特征:现状

让我们简要地探讨下现行税法是否符合麦迪逊或哈耶克认为的特征,即限制利维坦政府不让它超过维持市场进程或保护生命、自由和财产所必需的强制水平。任何有理由进行税收政策研究的人都可能不得不在某个时候看看《国内税收法》。《国内税收法》最突显的一个方面是篇幅很长,当前《国内税收法》及其条例长达 17 000 多页,这相当于超过 550 万字的文本。此外,有数千页税收法院的判决书和国税局的裁决信函,这是真正了解税法所必需的。很明显,税法是如此的庞大以至于很难读完。那内在连贯性如何呢?

我随机选择了一页国内税收法令来加以引用:

如果任何旧的亏损企业的未实现内部收益净额(the net unrealized built-in gain)或未实现内部损失净额(在不考虑本项的情况下确定)不超过实现(A)(i)(1)段的目的确定的金额的 25%,则未实现的内置收益净额或未实现的内置损失净额应当为零……就第(b)(3)—(A)款而言,在适用第(A)项时,应纳税所得额的计算应不考虑当年第(1)(C)款所述的已确认的固有收益和损失;而在适用(B)项及其中的(B)款时,第 382 条的限制应不考虑当年第(1)(C)款所述的已确认的内部收益和所描述的本年度收益(国税法 26 款第 382 条)。

读了这些,很明显,该法是如此的不连贯以至于不能被理解,至少不能被读者所理解。如果普通人试图通读这些法律条文,不可能弄清楚税法是什么。事实上,专业人士也不知道这些法规意味着什么。《金钱》杂志(Money Magazine)在 1988 年曾对税务专家做过一项调查,由 50 个专家分别来估计一个假设性的纳税人的责任,可这 50 个人中每个人的回答都不相同。当《金钱》杂志第二年重复这项实验时,结果是一样的。在 1990 年《金钱》杂志进行第三次调查时,它收到的 50 个答案中有 48 个是错误的,1991 年的调查中 50 个答案里有 49 个是错误的,1992 年调查中有 50 个错误,1993 年调查中 41 个答案里有 41 个错误。

《国内税收法》如此地不连贯,以至于国税局自身都不知道税收法规是什么。总审计署所做的一项研究发现,打电话给国税局的人,就当时他们纳税情况进行问询收到的错误答案占 47%(Mitchell,2001)。当总审计署派代表到美国国税局办公室问询时,发现得到的错误答案占当时税收疑难问题的 49%。

《国内税收法》很难说是可预测的。如果你研究下《国内税收法》的纸质本，你会发现在每卷的末尾都有一个打包的补丁(the pocket packet)。这是因为法律变化如此频繁，以至于当一本书出版时，所涉及的法律已经改变了。所以每本书的后面都有补丁打包，用于插入法律修改的内容。但是这些补丁打包只是用来更新的，即使你看着补丁打包，你也不能确定法律是什么。

在当今世界，如果你可以上网，你就能找到目前的法律是什么。但是，这并不意味着你理所当然知道明天的法律会是什么样子。由于众议院筹款委员会不受任何可预测性要求的约束，即使你知道今天的法律是什么，你也很难确定6个月后它将会是什么样的。事实上，1986年税法中关于被动损失规定的变化改变了房地产投资的价值，而这反过来又影响了储蓄和贷款机构的投资组合，并影响了个体纳税人的财富。如果纳税人密切关注国会发生的事情，这种变化就有可能是可以预测的；但最有可能的是，这种变化无法在税收变化之前很早就能预测到。

但是，即使是最专注的税务观察者，也很难弄清楚在不久的将来税法可能会是什么样，即使他或她知道今天的法律是什么。仅1997年预算法就增加了820页。1997年，美国国税局在法典中增加了271项新规定。美国研究所(the Research Institute of America)需要用3 123页来解释1997年税法的变化。在1955年到1994年间，税法的主要部分被修订了878次。从1986年《税收改革法案》到1998年4月15日，税法的累计变化超过了5 400次(Mitchell，1998)。

相对清楚的是，法律并不平等地适用于所有人，除非对人的定义相当狭隘。尽管美国宪法有平等保护条款，但不难发现有实例说明两个纳税人会受到不同的待遇。如果你生产或购买某些产品，如香烟，你将比购买或生产另一种产品(如烟草)的人缴纳更多的税。如果你生产石油，你可能有一个不同于生产天然气的资产折旧方法。的确，如果法律被解释为你必须与处于相同情境下的人一样，受到同等的对待，那么就有了平等的保护。但法律的这种特征旨在限制政府的强制力，平等保护的概念就成了如果我为了重新分配你的财富而向你征税，那么我就必须向每个人征税。这就使得在多数人可能从少数人那里窃取利益之处形成联盟更加困难。如果国会有可能通过一项税法，只对船只经销商征税，并把他们的财富重新分配给社会其他人，如果这项税收必须适用于所有零售商,那形成一个多数派联盟来这样做就更容易了。

请注意,如果政府的作用主要或专门是保护生命、自由和财产——警察或国防职能——那么为支持这些政府职能所必须筹集来的收入数额将是有限的。这就为创建哈耶克所谓正当法律条件的税法留下了余地。从美国纳税人那里筹集1亿美元的税收结构可能会偏离理想的制度相当远,但不会严重侵犯纳税人的财产权。另一方面,必须筹集2万亿美元的税收结构更有可能侵犯纳税人的权利,而且必须更用力地坚守哈耶克所提到的特征。

这与巴斯夏特在选举权问题上提出的论点基本相同。他的立场是,如果政府只限于正义,即保护生命、自由和财产,那么谁有投票权就变得无关紧要了。只有当政府可以从一个人手中拿走财产并给予另一个人时,普遍选举权的程度才是非常重要的。[①]

关于财政宪法的不同观点

开国元勋们提出了一个问题:即如何组建一个政府,将我们从霍布斯式的无政府状态中拯救出来,同时又不会使我们陷入如此境况:为了获得安全而把自己的自由交给利维坦政府。理查德·爱泼斯坦(Epstein,1985:16)谈到了他们是如何实现这一目标的,"这个基本的宪法计划试图通过迂回的方式限制政府……每一个转折时期,宪法关注的都是防止权力集中在少数人的手中"。宪法是间接保护纳税人权利的一套程序保障。但是,对《国内税收法》和当今税收水平的审视足以证明,这种方法在保护纳税人权利方面并没有完全成功。

如果采用哈耶克的假设,即成文宪法能够限制暂时的多数人拥有的强制力,那么这部宪法将以何种形式呈现?遵循下述理念,即政府的目的是最小化强制的总量,或者让个人根据自己的计划自由行动的范围最大化,那么宪法要求法律具备以上描述的特征是有意义的。宪法旨在以较高级别的法律的身份对普通法律做出限定(Hayek,1972)。

[①] Bastiat, The Law。同一观点在"最优税收"文献中曾有所表达。在审查哪种税收产生的额外负担最低时,需要记住,不需要增加太多收入的税收制度可以以相当低的成本构建,并且仍然具有较低的超额负担。可征收大量税收的制度即使非常接近"最优"结构,也会造成巨大的超额负担。

一些州宪法制定了相关条款,设法确保法律能满足麦迪逊和哈耶克所提出的条件。例如,密歇根州的宪法要求,听证会之前,一定要在所有议会杂志上公布所有的委员会听证会通知,并清晰阐释每场听证会所涉的全部主题(Ⅳ,16)。它还规定,所有议案都必须在每一个议院至少保留 5 天(Ⅳ,26)。此规定旨在允许个人有机会和时间了解正在通过什么样的法律。还有一项规定要求,只有由两院 2/3 的赞成票通过的法律可以立即生效,其他法律在议会会议结束后的 90 天内都不能生效(Ⅳ,27)。这也是尝试告知人们未来法律将会成为什么样子。还有其他一些规定尝试限制通过某些只针对特定个人和社会有益的法令。第四条第二十九款明确规定:"在一般法案可以适用的情况下,立法机关不得通过任何地方的或特别的法案,一般法案是否可以适用则是一个司法问题。"此外还有,如果没有议会两院 2/3 的赞成票通过和受影响地区公民的多数票,任何地方的或特别的法案均无法生效(Ⅳ,27)。密歇根宪法中还有许多其他条款,以确保人们对立法的注意和理解。还有一些条款试图限制和防止该州借钱帮助某些个人或公司。①

制定联邦财政宪法的一种途径是:确立政府的恰当角色,然后设立通用立法原则将政府限制于其所担任的角色之中。这种方法将侧重于确保法律是普遍的、已知的、可预测的、平等适用于所有人的,也是可以遵守的。这将需要一个宪法修正案,增加类似于上述密歇根州宪法的条款。显然,如果要求国会开放其立法过程,让公众了解并且向他们清楚阐释每条法案,限制国会颁布能立即生效的法令的能力,那看上去并无什么坏处。

当然,众所周知,根据公共选择理论的文献,即使给予应有的告知,普通纳税人依然有理由不了解立法。但是,也没有必要让每个纳税人都非常了解立法。由个人组成的协会可能更容易做到:确定法律以及立法过程中可能发生的事情,然后提醒其成员了解对其特殊利益至关重要的问题。例如,零售商协会可能会发现,由自己跟踪可能的联邦销售税立法相对更容易一些。然后再由该协会告知其成员,这些成员再反过来通知他们在国会内的议员。显然,这是目前正在发生的事情,但追踪立法的交易成本高于其需要,从而限制了一些

---

① 参见 Article Ⅳ Section 24, Article Ⅳ Section 30, and Article Ⅸ Section 18.

能雇佣专业人才追踪立法的协会的有效性。联邦宪法中"应当告知"条款要求,将会降低这些交易成本。因此,地方和地区协会和报刊会发现,通过联邦财政宪法来保护公众免受联邦政府的强制会更加容易一些。

这种方法与布坎南所强调的财政宪法的契约基础是一致的。布坎南认为,只看财政体系中的税收端是有缺陷的,因为这么做含蓄地假设了政府支出端的收益会在政治体内成员中平均分配(Buchanan,1999)。因此,关注"纳税人的权利和财政宪法",就限制了讨论的范围。在没有从政府支出中获得平等利益的假设的情况下,我们应该考虑经济权利和财政宪法。

这一概念与我们迄今为止所秉持的论点相一致。上文所述的洛克—巴斯夏的观点含蓄地表达了对支出和税收的关注。政府的作用是保护生命、自由和财产,正义的法律不会从一个人那里索取而转交给另外一个人。因此,在确定政府合理作用时,财政宪法的支出端是重点考虑到的内容。但与此同时也暗示了税收端的相关原则。如果不能从一个人手中拿走东西然后转交给另一个人,而政府的作用就是保护财产,那么这似乎就意味着税收应该基于国家对个人财产的保护程度而征收。

这就是亚当·斯密在其《国富论》中提出的:

每个国家的臣民都应该尽可能为支持政府做出贡献,尽可能接近于他们各自的能力;就是说,和他们各自在政府保护下所享有的受益相匹配。

这里的意思是,那些更富有的人是通过政府的保护机制获得的这些财富。因此,按比例征税与斯密的思想以及洛克、巴斯夏所暗示的内容相一致。财政宪法将包括财政体系中的税收和支出两端。我们将在下文第七部分讨论按比例征税和累进税。

以上这种考察整个政府体系的方法,也与米塞斯和哈耶克的上述讨论相一致。哈耶克假定的好法律的特征既适用于提供税收的法律,也适用于处理政府拨款和监管的法律。政府的作用仅限于最大限度地减少总体强制,以便最大限度地利用个人的知识和行动,这涉及支出和税收账单。

财政宪法的另一种方法在美国国会最近颁布的《纳税人权利法案》中得到采纳。尽管美其名曰"纳税人权利法案",但该法案并没有对税收征收制度做出任何根本性的改变。它的主要作用是赋予纳税人一些与美国国税局打交道的法律上的工具。例如,在《纳税人权利法案》立法之前,如果纳税人去税务法庭起诉,法庭会假定美国国税局对纳税人缴税能力的判定是正确的,此时纳税人需要举证证明美国国税局的裁定是错误的。现在,在一定的条件限制下,必须由美国国税局出面证明纳税人是错的。还有一些其他规定,诸如:(1)如果纳税人诉讼成功,美国国税局必须支付纳税人法律诉讼费用的最低金额;(2)允许纳税人就国税局越权造成的损害向政府提起诉讼;(3)将委托人与律师之间保密通信的特权扩大到向纳税人提供税务咨询的税务从业人员;(4)将美国国税局扣押纳税人财产的行政程序编成法典;(5)要求国税局向通过分期付款协议支付税收的纳税人提供年度账目报表。从这些例子中可以看出,大多数法律条款都涉及告知和澄清,甚至举证责任规定也是非常有限的。根据新法律,只有当有争议的案件提交税务法院时,美国国税局才具有举证责任。而当纳税人拥有超过 700 万美元的资产时,该条款又不适用。在每年大约 200 万次审计中,只有 29 000 起案件到达税务法院,其中约 75% 的案件会在庭外解决(Dodge,1998)。

《纳税人权利法案》中有一个方面对财政体系产生了一些影响,那就是第 1203 节。这一部分清楚阐释了可能导致美国国税局员工被解雇的相关行为。具体来说,该节有 10 条规定,如:伪造或销毁文件以避免揭露美国国税局雇员涉及纳税人所犯的错误;威胁对纳税人进行审计以获取个人利益。有报告指出,由于新法案的影响,有很多执法人员拒绝收取拖欠美国国税局的税收(Morrison,2000)。新法案中对所有禁止性条款都有明确的规定,除了一个例外,那是针对违反纳税人权利或其他美国国税局员工的公民权,以及违反《国内税收法》、《财政部条例》或国税局旨在报复或骚扰纳税人或其他国税局雇员的相关政策。甚至就这两项规定而言,以下情况也规定得很清楚:国税局人员采取的一定是有意行为。任何违背行为,一定是故意行为。如果说 1203 节具有明显限制美国国税局征税行为的效果,那它也可以作为一个例子来证明《国内税收法》的确需要做出修改。

将《纳税人权利法案》作为财政宪法发挥作用是很有限的,这有好几个原因。仅从立法的任何条款都可以由国会简单多数废除或修改的意义上来说,该法案就并非一项真正的权利法案。宪法的目的在于限制暂时的大多数。正

4 纳税人权利和财政宪法

如哈耶克指出的那样,宪法提出了社会如何得以治理的基本原则,要求立法机关在为其行动辩护时陈述这些一般原则可能是有益的。

但如果只有另一机构有权修改这些基本原则,那显然会更加有效,特别是如果这一机构的修改程序比较长,从而留出时间考虑那些引发修改要求的特定重要目标的重要性,这样看起来符合恰当比例(Hayek,1972:180)。

换句话说,立法性质的纳税人权利法案并非真正的权利法案,因为一旦获得暂时的大多数的选票就可以修改一般原则的话,权利法案就很难成为限制暂时的大多数的一个原则。诚然,纳税人可能会因法案中某些条款的存在而感到些许安慰,这是因为通过立法总是比阻止立法更难。如果国会想恢复美国国税局的权力,那么它将需要采取行动赢得议院两院的多数票和总统的签署。然而,真正的《纳税人权利法案》将是一套原则,要修正的话就需要长时间的审议和社会基本准则发生变化才能办到。

《纳税人权利法案》并不全面,因为它既没有确立政府的职能,也没有限制联邦政府使用税收来强制我们的能力。它只是规定了国税局在审计纳税人和收取税费时必须遵从的一些程序。尽管这些程序在限制个别国税局代理人(也许还有作为机构的国税局)的强制行动方面可能很重要,但它只是稍稍保护了个别纳税人的权利。

另一个方法是采用这样的理念,即把限制税收要求或控制政府增加税收能力当作对纳税人财产权的最有力保护。如上所述,如果筹集来资助政府行为的税收不多的话,那么在满足保护个人自由行动范围的法律特性方面就有容许出错的余地。在20世纪70年代,人们在这方面做了大量的努力。其中一个具体例子就是下面第六部分将要讨论的密歇根州宪法的海德利修正案(the Headlee amendment)。

布坎南和瓦格纳用另一种方法得出了财政宪法必要性的类似结论。在《赤字中的民主》一书中,他们提出,在凯恩斯革命前,美国有一部不成文的财政宪法在发挥作用。在这部不成文宪法是,公共债务要受到限制。正如大卫·休谟在1752年所言:"为什么公众与个人之间的情况差异如此之大,以至于需要我们为二者建立不同的行为准则?"(Hume,1970:91)或者如亚当·斯密更为著名的言论:"对每个私人家庭而言的谨慎行为,对于一个伟大王国而言也几乎不可能是蠢行。"随着凯恩斯主义宏观经济学的出现,社会持有的下述普遍准则被推翻:政府应该平衡其预算,在繁荣时期就要做好储备,应对战争等紧急状态发生时必要的支出。在代议制民主的背景下,对政府平衡预算必要性信念的丧失,导致公众在政府的真正成本问题上被误导,竞选公职的的政治家会向选民提出无需征税的支出方案。

这样的方案的问题在于,如果政府服务的真正支出不是依靠税收支持而是用借款来掩盖,那么联邦政府将会花费比它应该支出的更多。这样一来,联邦政府就会债台高筑,给利率带来压力。为了应对利率压力,美联储将债务货币化,这就会引发通货膨胀和随之而来的与流通手段价值下跌等相关问题。因此,政府扩张、大量债务不断增加、价格膨胀的循环,恰恰是不成文宪法崩溃的结果。

对于布坎南和瓦格纳来说,通货膨胀导致了人们所说的契约性宪法(a contractarian constitution)的崩塌。此时,筹集税收无需立法机关投票表决。发生这样的事情是因为,随着纳税人名义收入的增加,他们被推入了更高的纳税等级。随着流通手段价值的降低,储蓄事实上被征税。布坎南和瓦格纳的建议是对宪法进行修改,要求平衡预算。实现这一点需要总统和国会在决定支出时使用平衡预算。如果由于预测误差产生实际的预算赤字,支出就自动下调,以在三个月内恢复预算平衡;如果有盈余,它将被用来减少国债。如果国会两院中有 2/3 的议员宣布国家进入紧急状态,并得到总统批准,那么原预算拨款法案就可以被搁置。

请注意,布坎南和瓦格纳未必关心限制政府规模的财政宪法,而是希望限制赤字。这是因为,赤字模糊了政府的代价,导致了通货膨胀;如果纳税人对此有更多的理解,就不会同意赤字政策。布坎南和瓦格纳在《赤字中的民主》一书中所表达的立场,不是要用一部财政宪法来限制利维坦政府,而是说明一个不断膨胀的政府是凯恩斯经济学改变要求平衡预算的不成文宪法的结果。布坎南和瓦格纳的修正,仅仅是为了确保纳税人了解政府的真实成本。

布坎南和瓦格纳在 1977 年撰文,当时美国政府已经连续八年赤字,从 1966-1977 年间仅有一次平衡的预算。在布坎南和瓦格纳写作之后的 20 年里,美国赤字持续存在并不断增加。然而,到 1992 年,不成文的财政宪法却发生了变化。美国总统独立候选人罗斯·佩罗展开了一场有效的竞选运动,他认为美国经济面临的最大威胁之一就是联邦赤字。最终,佩罗花了数百万美元在竞选广告上宣传这一主题后,两大党派也采纳了这一观点。实际上,是佩罗先生重新制定了关于预算赤字的不成文财政宪法。结果,到1998年联邦政府获得了自1969年以来的第一次预算盈余,并计划在未来几年在经常性盈余基础上运行,除非出现全国性危机。

在《资本主义与自由》一书中,米尔顿·弗里德曼以类似的方式指出,采用凯恩斯主义经济学理论中的"启动泵"(priming the pump)以防止经济大萧条的重演,会导致联邦支出的系统性扩张且无法减少税收负担(Friedman,1962:76)。弗里德曼暗示,政治家们会运用财政平衡的支出端而非通过减少税收来保持总需求,这是因为政府扩张能满足政治家的最高个人利益。这一点现已成为可能,

因为存在着导致政府支出上涨的其他因素;特别是,知识分子普遍认为政府应该在经济和私人事务中发挥更大的作用。这就是福利国家哲学的胜利。(Friedman,1962:77)

言外之意是,到1962年,人们已经确立对政府职能的普遍看法,它远远超越了巴斯夏在1850年所提出的职能观点。

在《资本主义与自由》一书中,弗里德曼并未对其所谓的财政政策中的"平衡之轮"问题提供解决方案。但到了1979年,他和罗斯·弗里德曼在《自由选择》一书中,提供了宪法修正案以限制联邦支出。这项修正案由"全国税收限制委员会"的"联邦修正案起草委员会"起草。在《自由选择》一书中,弗里德曼扩充了他对政治制度的讨论,认为民主政治制度本身会产生扩张的政府。出现这种情况的主要原因是,政府创造的收益可以是有针对性的,而政府项目的成本却由范围广泛的人承担。因此,要为每个成员争取大量利益的特殊利益集团,将会在政治过程中占据主导地位;而在此政治过程中,每个特定项目的成本承担在纳税人中分布如此之广,以至于没有一个纳税人有动机基于任何特定项目的成本来反对一个政治家(Friedman,1980:292)。弗里德曼建议我们按照哈耶克所言行事,即用宪法来为博弈确定广泛的规则,这些规则可能会否定我们小小的特殊利益,但从长远来看却会为我们节省更多,因为这个过程

也会否定其他人的特殊利益。"我们不应该根据每个案件的是非曲直来考虑，而应该制定广泛适用的规则来限制政府的可能行为。"(Friedman,1980:299)

弗里德曼夫妇呼吁制定一项经济方面的《权利法案》，以扭转政府不断扩张的趋势。此处所提修正案可以与其他事物一起，限制联邦支出增长，从而提高国内生产总值(GDP)。它同时也要求，如果收入超过支出，超额部分必须用来削减国债。这一观念意在限制因现代民主政治过程而对增长持有内在偏爱的政府，要求相对于经济规模来说政府不再增加。修正案并没有指明政府职能，只是说那个长期以来决定政府支出和税收的过程有缺陷。

马丁·安德森(Martin Anderson)认为，政治家的时间偏好造成了对政府增长的偏爱。尽管安德森主要关注联邦赤字，但他提出了和弗里德曼夫妇相同的宪法修正案。安德森说，政治家会发现选民想要的是社会项目、国防以及低税收。联邦政府出现巨额赤字的原因是，削减支出的政治成本在当下承受，而赤字的代价却远在将来。正如安德森所言："政治决策者的时间偏好就是如此，所以他们几乎总是将未来发生的事情大打折扣。当未来被定义为他们下一次选举之后的某时，那么折扣率几乎为100%。"(Friedman,1980:1984)

安德森对限制政府带来的当前成本和未来收益而发表的观点是有意义的。虽然限制政府的增长将在未来带来更高的生活水平，但在24个月之内，即国会议员选举间隔的时间长度内，这种增长是不可察觉的。从另一方面而言，在那个时期，项目的减少却很容易被察觉到。因此，一个政治家必须有相当把握能安全地获得一个席位，才会愿意对政府的税收和支出政策做出大的变化。

沃尔特·威廉姆斯(Walter Williams)在美利坚学院的弗兰克·M.恩格尔(Frank M. Engle)讲座中指出："尽管美国宪法无与伦比，但它有一个明显的缺陷，那就是我们的宪法很少保护我们的经济权利。"威廉姆斯和弗里德曼夫妇、安德森一道，呼吁制定全国税收限制委员会推动的宪法修正案。

在弗里德曼夫妇、安德森和威廉姆斯撰文支持这一宪法性限制之际，这一提案也获得了相当大的动力。一度曾有32个州通过决议，呼吁召开制宪会议，寻求制定某种形式的宪法修正案来限制政府的支出和税收政策。1981年罗纳德·里根当选总统后，宪法修正案大量涌现。这也许是因为保守党维持国内项目为条件,换取所得税减免和国防开支增加。里根政府产生了高额赤字(接下来乔治·布什政府也是如此),于是保守势力不愿强行提出限制赤字和支出的议题,因为担心这会阻碍他们在国防和税收方面所取得的进步。尽管国会已经提出了一些决议,特别是亚利桑那州的凯勒和密歇根州的尼克·史密斯提出的决议,但没有一个委员会举行过听证会,也几乎没有机会就这个问题召开制宪会议进行讨论。不过,在1978年,密歇根州的确通过了一项类似全国税收限制委员会提出来的限制法案。

密歇根州税收限制修正案

1978年11月,密歇根州人民通过了一项州宪法修正案,即限制州政府增长的海德里修正案。① 虽然修正案涵盖了宪法的几个部分,但我们将概述其基本条款。为了与联邦政府进行类比,最重要的条款当属第九条第26款。该条款为密歇根州"任一财政年度立法机关可能施加在纳税人身上的税收总额设定了限额"。这一限额是州税收收入与州个人收入的百分比,该比率被设定为1978－1979财政年度的州总税收收入除以1977年密歇根州个人收入的份额。选举期间,这一数字还不知道,但已选定了州基本税额的固定值,它与选举期间税额占个人收入的比重相同。第28条将州政府任一财政年度的支出额限定为税收限额加联邦援助以及上一年度的盈余。因此,海德里修正案对州支出和收入都做出了限制。税收收入与个人收入的比率略低于9.5%。

海德里修正案也说明了一种可能性,即州立法机关可以通过对不同地方政府施加支出的要求来设法规避修正案,这样就可以既维持政府项目又增加纳税人的税负,以此来回应限制州税负的要求。第9条第30条款要求州转移给地方政府单位的支出总额,在比例上不应该低于1978－1979财政年度的实际比例。第29条禁止该州减少对地方政府现有活动或服务的必要成本中由州资助的比例,还要求州足额拨款支持因需要地方政府配合开展新活动而带来的成本。任何对联邦政府的支出或税收所提出的限制,都需要规定类似的

---

① 1978年11月7日批准,1978年12月23日生效。

条款,以确保联邦政府不会为了规避对自己征税或支出权限的限制,而要求州政府实施本应由联邦层面完成的项目。

海德里修正案限制了相对于个人收入的州政府支出的增长。一个异常现象是,使用1978—1979财政年度的州税收除以1977年个人收入这一公式进行计算,带来了一个非同寻常的高比率:1977年个人收入较低,但次年的税收额却因为密歇根州摆脱了20世纪70年代初到70年代中期的衰退而攀升。不过,上述限制条款已经开始有约束力,或者在未来几年近乎要产生约束力,因为立法机关在制定预算时开始意识到这一限制了。

自1979—1980财政年度开始的实施税收限制的第一个二十年内,限额曾被超出过2次,一次是1994—1995财政年度,另一次是1998—1999财政年度(请参照表4.1)。从计算公式得出的税收限额达到个人收入的9.49%。在第一年,即1979—1980财政年度,根据限额征收的税收为68.6亿美元,而税收限额远远高于它,为74亿美元。到1982—1983财政年度,根据限额征收的税收为81亿美元,比限额低13亿美元。因此,尽管三年内税收增长了18%,但税收限额却增长了27%。这样一来,限额并没有发挥制约作用。不过到1984—1985年,收入差点超出了限额。事实上,当时的法律诉讼导致对限额实行了更为谨慎的检查,最终宣布的收入结果为98.6亿美元,比限额低610万美元。

表4.1　　　　　　　　　　　密歇根州宪法税收限额

财政年度	受限额制约的实际税收（百万美元）	税收限额（百万美元）	低于限额的数字（百万美元）
1979—1980	6 870.1	7 396.9	526.7
1980—1981	7 043.0	8 215.7	1 172.7
1981—1982	7 348.9	8 763.0	1 414.1
1982—1983	8 103.5	9 424.9	1 321.4
1983—1984	9 243.5	9 488.1	244.6
1985—1986	10 483.8	10 857.3	373.5
1986—1987	10 891.9	11 736.6	844.7
1987—1988	11 472.3	12 822.2	1349.9
1988—1989	12 087.9	13 439.5	1 351.6

续表

财政年度	受限额制约的实际税收（百万美元）	税收限额（百万美元）	低于限额的数字（百万美元）
1989—1990	12 363.1	14 513.4	2 150.3
1990—1991	12 311.9	15 351.4	3 039.5
1991—1992	12 540.2	16 288.2	3 748
1992—1993	13 453.5	16 583.8	3 130.3
1993—1994	15 473.2	17 624.2	2 151.0
1994—1995	18 585.4	18 475.8	(109.6)
1995—1996	19 798.8	19 982.0	183.2
1996—1997	20 694.3	21 672.2	977.9
1997—1998	22 072.3	22 712.4	640.1
1998—1999	23 208.5	23 186.8	(21.7)

来源：参议院财政机构，密歇根州，2000统计报告，第9页。

1994—1995财政年度和1998—1999财政年度的第三组数字（括号里面）指的是高于限额的数额。——译者注

从1984财政年度到1991—1992财政年度，限额的数字快速增长，结果到1991—1992财政年度时，税收达到125.4亿美元，比限额低了36亿美元。在1994年题为A提案的宪法修正案中，出现了教育经费从地方财产税（不受限额限制）向州销售税（受限额限制）的重大转变。然而，在1994—1995年税收变化的第一年，该限制开始发挥其约束力，当时税额为185.86亿美元，超出限额1.096亿美元。不过限额的约束力仍然相当有限，在1998—1999财政年度，税额为232亿美元，超出限额2 170万美元。

海德里修正案实施20年后，州的税收额增长了237%，税收限额增长了213%。税收额的增长，部分的是因为密歇根州中小学教育资金来源从地方财产税向州销售税的重大变化。由于提案A，限额变得更有约束力，使州政府支出增长的速度比没有提案A的情况下，速度可能慢了一些。如果没有这一从地方税向州税收的转变，税收限额的约束力将永远不会发挥作用。但是，限额也可能会改变预算建议，从而对州支出产生下行的压力。不论如何，很显然如果税收限额一旦设定，限额就应该用来产生实际效果而不是只作为象征符号。

如果这一修正案被纳入美国宪法,那么选择一个相对于国内生产总值和国民收入总值相关的税收比率,或者选择任何与所衡量经济规模相关的比率,将更有意义。它与最近的历史相一致,该比率被设定为一个硬数字,而不是任由让该比率成为某一特定经济条件下的结果。

累进税、效率及过程

有些作者只关注税收结构的特定方面,而没有对财政宪法进行更为全面的考察。他们关注的一个重要问题是,是否可以采取累进税?哈耶克在《自由宪法》一书中较为详尽地讨论了累进税。他的主要观点是,税收制度的整体发展与自由社会是不相容的;特定的税收,比如所得税,如果能够抵消其他税收(如人头税)的累退本质,可以是累进的(progressive);但是从整体上看,如果社会要保持自由状态,税收结构就不可能是累进的。

累进税是为了对收入进行二次分配。卡尔·马克思和弗雷德里希·恩格斯指出,为了让无产阶级将所有的生产工具集中在国家手中,国家必须征收高额的累进所得税(Marx and Engels, 1987:33)。哈耶克认为,任一程度累进的论点都可以使更高程度的累进合理化,这将最终实现马克思和恩格斯的目标,即国家接管所有的生产方式,消灭提供个人自由条件的自由行动领域。他这样写道:"累进税不会像按比例征税那样,能够提供相关准则,告诉我们不同人的相对税负应该是多少。"(Hayek, 1972:313)。

哈耶克主张按比例征税,理由如下:

按比例征税的最大好处在于,它提供了一种规则,这种规则很可能使那些纳税绝对数额多和绝对数额少的两个群体达成一致;它一旦被接受,就不会产生只适用于少数人的单独规则(separate rule)的问题。(Hayek, 1972:314)

按比例征税可作为一项治理社会的普遍准则。依照定义,它平等地适用于所有人——这也是前面第三部分讨论过的税法的一个重要特征。

如果政府为个人提供保护的价值与他们的财富成正比,那么按比例征税将完全符合亚当·斯密的量能课税原则。富人也比穷人缴税更多。但按照哈耶克的说法,这么做一般原则将被确立,为人所知,并可预测。密歇根州宪法中有一项规定,排除了"对税率或税基进行分级"的所得税。从技术角度而言,由于存在免税情况,可以出现一定程度的累进,但对国家可以强加给纳税人的累进程度必须明确限制。在这一条款下,整个税收结构可能是累进的,但既然所得税和消费税一起占州税收总额的 2/3,就不会整体上呈累进状况了;二者带来的净影响,可能是成比例的或略有递减的。①

对财政宪法分析的重要性,布伦南和布坎南(Brennan and Buchanan, 1980)进行了全面的讨论。他们认为,对税收的恰当分析必须包括政府的实际行为或可以预测的行为的讨论。他们指出,大多数关于税收的经济学文献都假定有一个仁慈政府的模式,这样的政府会遵照经济学家关于建立最有效或最公平的税收制度的建议。他们的分析从利维坦政府的假设开始,然后证明了在这个假设下,有多少经济学家关于有效税收的建议被推翻了。

他们没有试图为最优的宪法约束提供一个模型,而是探讨在无知的面纱下哪种宪法结构能够让公民同意———一种财政宪法的契约性方法。他们提出了两个要点。一个是财政问题上的约束可以被一个决心要将其权力最大化的政府逾越,最明显的就是利用监管权力进行调整;第二是经济学家应该讨论通过决策过程来限制政府,比如像哈耶克建议的那样,用绝对多数投票程序来表决新税收、举行关于税收的特别会议,而不是只专注于对政府行为的直接限制。

财政宪法能保护纳税人的权利吗?

我们在第七部分中提到,密歇根州的纳税人能够在其宪法中规定税收和支出限额,而且密歇根州经验表明,政府的增长与该州个人收入的增长是一致的。据我所知,没有一项研究调查过海德里修正案对密歇根州的增长发挥了多大作用。正如第七部分所言,上述限额已经具有约束力,立法机关在审批该州预算时会考虑该限额。

迪恩·斯坦塞尔(Dean Stansel)考察了州政府税收及支出限额在抑制州

---

① 1998—1999 财政年度,州税收总额为 220.17 亿美元。消费税为 79.25 亿美元,所得税为 73.94 亿美元。资料来源:参议院财政机构 2000 统计报告,第 6 页。

政府扩张方面的有效性。斯坦塞尔给出了证据,证明合理设计的限额能够也的确限制了州税收和支出的增长。在颁布实施税收和支出限额的州,人均州支出增长率从实施前五年高于美国平均水平的0.8个百分点,下降到了实施后五年低于美国平均水平2.9个百分点。(Stansel,1994)

斯坦塞尔的主要论点是,有效的税收和支出限额必须具备如下特征:

1. 在可能的情况下,由选民而非立法机关发起并得到选民的批准。

2. 是宪法性的,而不是法定性的。

3. 对100%的预算实行限额,而不是只对某些类别实行限额。

4. 限制支出而非税收。

5. 将支出增长的限额定在人口增长加上通货膨胀,而不是个人收入的增长。

6. 需要选民批准那些可以规避限额的条款。

7. 既可以运用到州政府,也可以运用到地方政府,并允许将责任移交给地方政府但同时需要适当调整每个辖区内的限制。

8. 立法机关无需采取额外行动来执行。

9. 给予纳税人起诉的权利,以执行限额的规定,同时需要禁令救济措施,以便在诉讼未决期禁止任何非法税收和支出。

自上而下看一遍列表,你可以看到上述特征和哈耶克的观点完全一致。哈耶克认为,对政府的限制应该反映民众的普遍信仰,因此这是符合立宪主义的。斯坦塞尔也曾在别处指出,正如前面所言,立法者没有什么动力去制定一个对自己实施约束力的限制条款。其他的特征则削弱了州通过要求地方政府机构增加服务来继续扩大政府规模的能力。

密歇根州宪法修正案拥有许多上述特征。它源于选民,符合立宪主义,对支出和税收都有限制,适用于不受联邦美元资助的全部预算,不允许将责任转嫁给地方政府,并赋予纳税人为执行修正案而提起诉讼的权利。海德里修正案的缺陷在于,它不符合斯坦塞尔标准的两个方面。一个方面,它确实需要立法机关采取一些额外行动来执行,尽管总的来说这不是一个问题。另一方面,如上所述,它确实将支出的增长限制在个人收入增长而非人口增长的比率上。如第七部分所言,这就限制了在中小学教育资助改变前修正案条款的有效性。

斯坦塞尔发现,税收和支出限制在几个不同的州,依照其不同的组织结构,发挥着不同的效力。但假如一个人能构建一个有效的宪法限制,那就需要提出两个问题:第一,这样的修正案能否通过？第二,这样的修正案能否长期有效？

正如哈耶克所指出的,宪法是对社会所采用的一般治理原则的陈述。修改宪法的过程艰难而缓慢,因为一项修正案意味着社会基本原则的改变。因此,对税收和支出的宪法限制不应该轻易获得。虽然在政治问题上永远不能说永不,但让限制国会的宪法修正案得以通过是相当不可能的。

限制立法者的权力既不符合立法者的利益,也不符合总统的利益。如果选民希望限制他们政府的增长,那么某些众议员和参议员提出这样的修正案可能会有好处。国会的领导层甚至可以让大多数议员支持这一修正案,但想象一下,众议院和参议院 2/3 的议员投票将这样的修正案提交各州批准,肯定是近乎荒谬的。

如果这种不太可能发生的情况终究发生了,并且国会向各州提出这样的修正案以供批准,那么很可能不会有 3/4 的州立法机关通过。人们很容易认为,这种限制会减少分配到各州的联邦收入,导致州税收增加或州服务减少,州立法者将为此受到指责。有些人可能担心联邦政府会想方设法要求各州无偿提供新的服务。很多州议员可能认为自己是未来的国会议员,不希望让自己为选民谋取好处的能力施加限制。

即使财政宪法得以构建、采纳,这样的宪法能长期保护纳税人的权利吗？约翰·C.卡尔霍恩(John C. Calhoun)认为,法庭是政府的一部分,如果对政府的任何限制都留给法庭来处理,可以被理解为是增加政府权力的一种机制(Calhoun,1953)。穆瑞·罗斯巴德完全同意这一观点。罗斯巴德教授在《为了新的自由》一书中写道：

> 所有美国人都非常熟悉约翰·C.卡尔霍恩预言性分析得到证实的过程；在过去一个半世纪里,州自身的垄断性司法制度已经无情地扩大了州的权力结构……如果说一项断言"违宪"的司法判决是对政府权力的有机抗衡,那么一项"符合宪法"的判决也是促进公众接受不断增强的政府权力的有力武器。(Rothbard,1978:65)

一个人是否相信对政府开支和税收施加宪法限制有效,在一定程度上取决于他对不同的政府机构之间真的存在分权的信念。显然,卡尔霍恩和罗斯巴德都不赞同亚历山大·汉密尔顿的观点。汉密尔顿在《联邦党人文集》第78篇中提出:

> 任何认真思考不同权力部门的人都必须认识到,政府内部是各自独立的,司法部门,从其功能的本质而言,将总是能最安全地享有宪法中的政治权利,因为宪法最难以激怒或伤害他们……(Hamilton,1982:393)

他们认为,分权对于限制政府没有任何效果,并且相信司法部门和其他部门结合起来会使政府扩张正当化。在卡尔霍恩看来,限制中央政府的唯一有效途径就是分离(secession),而罗斯巴德则认为应该完全消除政府。

在1990年发表的文章"影响宪法规则生存的条件"中,尼斯卡宁(Niskanen)对宪法限制的效果进行了有趣的探讨。尼斯卡宁在该文中主张:

> 事实证明由宪法授权的政府结构已经保持了200年的绝对稳定,但是并没有证明该结构足以避免有效宪法的巨大改变,特别是在涉及政府经济权力的时候。

尼斯卡宁认为,需要对宪法契约的维护进行进一步的研究,以发现为什么一些特定的宪法条款随着时间的推移依然有效,而其他条款却不是如此。在这方面,他提出三条基本原则:(1)只有在符合一系列占主导地位的联盟的利益时,特定的宪法规则才能会得到维护;(2)当占优势的联盟对外部其他联盟的依赖性发生改变时,有效的宪法必将随之而变;(3)万一占优势的联盟的成员被替换,有效宪法也将随之改变。

在这一领域的一个问题是,保护纳税人权利的有效宪法限制是否能够制定和实施? 有人可能会和卡尔霍恩、罗斯巴德或尼斯卡宁采取统一立场,也有人可能会发现他们的立场有点危言耸听。然而,不可否认的是,联邦政府自创建以来,特别是在过去的六十年里,在经济方面的作用已经大幅增强了。有大量文献记载并试图解释这一现象,但2001年的总统经济报告对此问题给出了一个数量上的说明。1940年,联邦收入为65亿美元;到2000年时,联邦收入超过了2万亿美元。就其占国内生产总值的百分比而言,1940年,联邦收入的比重不足8%,而2000年超过了20.6%。那些认为财政宪法是保护纳税人权利的有效保护机制的人,当然有举证责任。

我们能做什么？

面对利维坦政府，的确只有一个方法可以保护纳税人的权利，那就是改变全社会对于政府恰当角色的普遍信念。毫无疑问，一项效仿密歇根州海德里修正案所做的联邦宪法修正案将有助于限制政府对纳税人权利的侵犯。然而，如果不从根本上改变不成文财政宪法，这样的修正案是不可能通过的。罗斯·佩罗证明了这种变化是可能发生的，但这一改变必须先于任何拟议的修正案。

真正的问题是如何改变人们对政府角色的信念。哈耶克指出，那些相信个人基本权利的人必须重视这些问题的讨论。米塞斯则写道，古典自由主义者必须投身于思想的战斗中去，并在《自由主义》一书中宣称，思想才会决定我们如何被治理。那些了解市场过程的人必须让社会上的其他人相信，基于自愿交换和社会合作的社会秩序优于基于中央计划和强制的社会秩序。他们还必须解释为什么限制政府对维护市场过程至关重要。一旦这些任务完成，一部保护纳税人权利的有效财政宪法就会得以实现。

参考文献

Adams, Charles. (1993) *For Good and Evil: The Impact of Taxes on the Course of Civilization*. Lanham, MD.: Madison Books.

Anderson, Martin. (1984) "An Economic Bill of Rights." Reprinted from To Economic Prosperity: *US Domestic Policy in the Mid—J980s*. Stanford, CA.: Hoover Institution.

Anrig, Greg. (1988) "Even Seasoned Pros Are Confused This Year," *Money*: March.

Anrig, Greg (1989) "The Pros Flunk Our New Tax-Return Test," *Money*: March.

Bastiat, Frederic. (1998, 1850) *The Law*, 2nd ed. Irvington-on-Hudson, NY.: Foundation for Economic Education.

Brennan, Geoffrey and Buchanan, James (1980) *The Power to Tax: Analytical Foundations of a Fiscal Constitution*. Cambridge, MA.: Cambridge University Press.

Buchanan, James and Wagner, Richard. (1977) *Democracy in Deficit*. London,

UK．；Academic Press．

Buchanan，James．（1999）"The Pure Theory of Government Finance．" *The Collected Works of James Buchanan*．Indianapolis，IN．；Liberty Fund．

Calhoun，John．（1953）*A Disquisition on Government*．New York，NY．；Liberal Arts Press．

Citizens of the State of Michigan．（1963）*The Constitution of the State of Michigan*．Lansing．MI．

Dodge，Robert．（1998）"A Taxing Proposition，" *Dallas Morning News*；August 4th．

Epstein，Richard（1985）*Takings：Private Property and the Power of Eminent Domain*．Cambridge，MA．；Harvard University Press．

Friedman，Milton．（1962）*Capitalism and Freedom*．Chicago，IL．；University of Chicago Press．

Friedman，Milton and Rose．（1980）*Free to Choose*．New York，NY．；Harcourt Brace Jovanovich．

Groves，Harold．（1974）*Tax Philosophers*．Madison，WI．；University of Wisconsin Press．

Hamilton，Alexander．（1982，1788）"Federalist Numbers I，II，84 and 85．" *The Federalist Papers*．New York，NY．；Bantam Books．

Hayek，Friedrich．（1972，1960）*The Constitution of Liberty*．South Bend，IN．；Gateway Publishing．

Hume，David．（1970，1752）*David Hume's Writings on Economics*．Rotwein，Eugene，ed．Madison，WI．；University of Wisconsin Press．

Locke，John．（1971，1689）*Second Treatise of Civil Government*，8th edition．Chicago，IL．；Henry Regnery Company．

Madison，James．（1982，1788）"Federalist No．62．" *The Federalist Papers*．New York，NY．；Bantam Books．

Marx，Karl and Engels，Frederick．（1987，1848）*The Communist Manifesto*．New York，NY．；Pathfinder Press．

Mises，Ludwig．（1963）*Human Action*，3rd ed．Chicago，IL．；Contemporary Books．

Mises，Ludwig．（1985）*Liberalism*，3rd ed．Fairfax，VA．；Institute for Humane Studies．

Mitchell, Daniel. (1998)"737,734,941,858 Reasons ... And Still Counting: Why a Flat Tax is Needed to Reform the IRS,"*Heritage Foundation Backgrounder* 1170.

Mitchell, Daniel. (2001)"Tax Day Nightmare Gets Worse," *The Heritage Foundation*: April, 11th.

Morrison, Sylvia. (2000)*IRS Restructuring and Tax Law Compliance*, CRS Report for Congress RL 30536. Library of Congress

Niskanen, William. (1990) "Conditions Affecting the Survival of Constitutional Rules."*Constitutional Political Economy* Vol. 1, Number 2: 53—62.

Pilon, Roger. (1993)"Freedom, Responsibility, and the Constitution: On Recovering Our Founding Principles." In Boaz, David and Crane, Edward (eds). *Market Liberalism: A Paradigm for the 21st Century*. Washington, D. C. : Cato Institute, pp. 1—52.

Pilon, Roger, (1999), "The Purpose and Limits of Government," Racheter, D. P. and Wagner, R. E. (eds.), *Limiting Leviathan*, Cheltenham, UK. : Edward Elgar.

Racheter, Donald P. and Wagner, Richard E. (eds.) (1999), *Limiting Leviathan*, Cheltenham, U. K. , Edward Elgar.

Racheter, Donald P. and Wagner Richard E. , (eds.) (2001),*Federalist Government in Principle and* Practice, Norwell, MA. : Kluwer Academic Publishers.

Read, Leonard. (1958)"I Pencil."*The Freeman*, December: 32—37.

Rothbard, Murray. (1978)*For a New Liberty: The Libertarian Manifesto*. San Francisco, CA. : Fox and Wilkes.

Smith, Adam. (1981, 1776)*An Inquiry into the Nature and Causes of the Wealth of Nations*, Indianapolis, IN. : Liberty Fund.

Spencer, Herbert. (1982, 1843)*The Man Versus the State*. Indianapolis, IN. : Liberty Classics.

Stansel, Dean. (1994)"Taming Leviathan: Are Tax and Spending Limits the Answer?"*Cato Policy Analysis* 213: July 25th.

Topolinicki, Denise. (1990)"The Pros Flub Our Third Annual Tax-Return Test," *Money*:March.

Tritch, Teresa, and Deborah Lohse. (1991)"The Pros Flub Our Tax Test (Again)," *Money*: March.

Tritch, Teresa, and Deborah Lohse. (1992)"Tax Payers, Start Worrying," *Money*: March.

Tritch, Teresa. (1993)"Keep an Eye on Your Tax Pro.." *Money*: March.

United States Federal Government. Internal Revenue Service. (2001) *Internal Revenue Code*. Washington D. C.

Williams, Walter. (1993) "The Legitimate Role of Government in a Free Economy." Bryn Mawr, P A.: The American College, (Video).

5 全民公决、再分配和税收豁免：一个直接民主的寻租理论

加里·M. 安德森
(Gary M. Anderson)

导　论

公共部门财政行为研究的中心焦点，一直是与政府活动相关的收益和成本的分配。当然，对这种慷慨赠予模式(pattern of largesse)的传统解释是，政府是一个一贯(尽管有些神秘)寻求社会福利最大化并据此组织其财政活动的机构。因此，公共支出和对私人生产征税是这样组织的，在自由市场"不能"最佳地提供各种各样的"公共产品和服务"的倾向中，不减少社会福利。政府的这种"公共利益"模式意味着，国家实际上是支持市场经济的"后盾"，提供那些具有"公共性"特征的商品和服务(即非竞争性和非排他性的消费)，而私人营利性企业理应不能或者不愿意向消费者提供这些商品和服务。政府因此被视为经济上的解围者(deus ex machina)，通过消除搭便车的恶劣现象来提高效率和增加社会福利。

这个提高效率的政府行为的精彩故事只有一个问题，那就是它完全没有动机，因此它几乎完全没有说服力。在过去的30年里，公共选择运动(主要是)对"公共利益模式"进行了集中(和全面)的攻击，这几乎摧毁了"公共利益模式"，至少在经济学家中是如此。

一篇又一篇的研究，一篇又一篇的文章和一篇又一篇的论文，无情地摧毁了这个观念：政府是无私的社会福祉的最大化者，并且从事着我们因追求"搭

便车"而袖手旁观的活动。政府决策者像其他人一样是卑鄙的经济人(grubby economizers),他们去做我们不做的事情仅仅是因为这些事情承诺的报酬可以让他们实现自利的财富最大化。公共部门为了解决搭便车问题而进行了堂皇而无私的干预,如此美好的景像已被证明只是一种幻想,一个统制论者(statist)的童话。国家并不是一个高贵且便利地介入纠正被认定的自由市场缺陷的机构,而是一个巨大的寻租机器,它强制性地将财富转移给最高出价者(尽管是在一个比较有效的市场内)。

到现在为止,这种对政府活动模式的公共选择理论解释已经被财政学者们普遍接受。这一模式少一些浪漫,但更为现实,现在几乎没有活着的公共部门的分析者再继续坚持传统的庇古税方案选择。然而,在另一方面"公共利益模式"的本质依然存活并保持良好。虽然人们已广泛承认,政府支出的增长是有组织的压力集团游说的结果,但对这种支出的各种不同的所谓"限制"的捍卫者们仍然声称,他们支持的机制(比如平衡预算的宪法修正案,总统或州长的单项否决权以及对新支出和/或税收的绝大多数限制)与其他相比是真正无私的,并且在公共政策方面努力实现社会福利的最大化。其中一种所谓的无私机制是一种创制权(和全民公决)制度,它有时候被人称为"直接民主"。

创制权(the initiative)制度为普通选民提供了制定规则、条例和法律的直接能力,而全民公决制度赋予选民有效否决以前由立法机关中的当选代表制定的规则、条例与法律。政治家("民选代表")在远离了代表角色时,通常不能准确地代表他们的选民的真实偏好,反而在边缘(at the margin)追求他们的个人议程,或者只是推卸责任。直接民主为选民提供了弥补这种"不能代表"的能力,而且避免了中间人介入(可以这么说)。

换句话说,以创制权/公民投票形式出现的直接民主制度实际上相当于对政府决策者行为的一种宪法制约。这些制度的可行性使得政客们的寻租行为(至少在某些形式上)不那么有利可图,因为那些充斥着大量"肉桶政治"的立法(pork-laden piece of legislation)将变得不那么有保证,对特殊的利益集团来说价值更低。不管一个利益集团在游说(比如说)法定的进入壁垒上取得多么明显的成功,如果选民仅仅用全民公决的方式就能改变并否决该措施,那么所谓的成功就转瞬即逝。

5 全民公决、再分配和税收豁免：一个直接民主的寻租理论

当然，这样的预测是基于如下的假设：正确表达选民"真实"的偏好，将会导致一个受到限制的和较小的政府再分配机制。可如果说民选代表的寻租行为只是采取更大的推卸责任的形式，而中间选民又迫切需要更大、更广泛的政府，那么实行直接民主很有可能会导致政府活动的规模和范围扩大。（对任何一个有意缩小政府规模的人而言，政治家的推卸责任将是一个理想的结果。）然而，似乎很明显的是，将注意力集中在创制/公投上的大多数学者都认为这些手段是对政府的限制，政府机构会倾向于减少"垄断强制力"的增长的趋势，而不管中间选民的偏好如何。

不过，一个严重的问题仍然存在，那就是人们往往会失去对"直接民主"的热情（无论是支持者还是反对者）：仔细研究倡议和全民公决对政府预算行为，会发现似乎没有什么影响。创制权和全民公决显然没有产生戏剧性的效果，从表面上，激烈的争论本质上是被误导的和毫无意义的。

这些研究还表明，创制权和全民公决的实施对政府的规模和范围并没有始终如一的影响。有时候，利用直接民主似乎限制了国家的增长；但在其他时候，这些制度似乎有完全相反的效果。那些支持或反对这些机制的人都基于这样一种假设：这两个机制的运行可以有效约束政府。可悲哀的是，他们错了。

无论这些选举制度对政府绩效的可衡量尺度有什么影响，仍然存在的一个问题是：采用创制权和全民投票是否会有利于那些承担税收负担并从实行直接民主所产生的支出中受益的那些人，他们的财富状况会有什么样的变化？

每当政府对社会征收强制性捐税（税收）时，无论是为了追求收入，还是为了阻止某些行为方式（如吸烟），都会产生税收负担（可能包括无谓损失），这些税负将会在生产者和消费者之间分配。私人利益集团很容易进入这种分配过程，他们可以投入资源来实现对他们有利的税负分配。

事实证明，经过仔细研究，创制权和全民投票在重新分配由税收或政府支出带来的财富负担上经常发挥作用。直接民主为特殊利益集团提供了以免税形式出现的财富转移，这种财富转移比起立法机关可能提供的转移更具持久性与安全性。

本章的目的是提供一个有关"直接民主"现象的概述，集中关注美国，并论

证创制权/全民公决过程(无论它的其他影响或含义)作为一种重新安排税收负担的手段发挥作用,让特殊利益集团受益而损害其他人,换句话说就是强制的财富转移。

本章分为六个部分。第二部分概述美国州层面上的创制和全民公决的基本情况。第三部分讨论了这两个机制的拥护者和批评者之间的辩论,探讨了它们限制政府以便遵循选民真实偏好这一功能背后的经济学原理,并回顾了"直接民主"对公共财政实际影响的经验证据。第四部分讨论了创制/全民公决的作用,它们是作为向政府提供强制转移财富的另一个手段。第五部分总结了与税收相关的创制和全民公决的近期历史,并考虑它们如何影响财富的分配。第六部分对全文进行总结。

直接民主的实践:美国经验

征税权属于州和地方的政治机构……(并)受投票箱的政治检验。税收的政治责任特别强,因为关于税收的决定非常明显和敏感。因此,征税的权力,也许比政府任何其他权力更大,最终掌握在选民手中。(La Pierre,1993:30)

在现代代议制民主中,中间选民的偏好并非直接表达的,而通常通过政治家(也就是当选官员)来"过滤"。但这不是实践民主的唯一方式,在很多国家,存在着允许选民直接做出各种公共政策决定的制度。这些制度就是"创制"和"全民公决"。

一项创制允许选民通过请愿收集足够多的签名来制定法律,然后在公民投票中让措施生效(Schmidt,1989:3)。在全民公决中,投票是在立法机构实际颁布法律之后进行的。美国有 24 个州提供了法定的、宪法的或者两者兼而有之的创制途径(Council of State Governments,1992:29)。[①] 在几乎所有的州(唯一的例外是佛蒙特州),公民都有机会通过创制或者全民公决对宪法的任何变动进行投票 (1992:329—343)。在美国的许多城市、县和其他地方管辖区,选民都可以通过这样一种或者两种方式审查法律。此外,直接民主构成

---

① 22 个州中有 16 个允许宪法性的投票创制。

5 全民公决、再分配和税收豁免：一个直接民主的寻租理论

整个立法的一个相当重要的部分。事实上，这些"直接民主"的手段极其普遍，而且使用相当频繁。举个例子，在1998年的选举中，在16个州的投票中提出了200多项创制和拟议的宪法修正案(Verhovek,1998)。

这种创制权和全民公决制允许选民通过投票决定成文法和宪法修正案，或者通过否决立法机关制定的法律，直接确定政治议程。在美国，这些工具仅在州和地方层面可用；但是在一些其他国家的联邦政府体系（例如瑞士）中，它们是中央政府一级可用。

利用创制权，公民个人实际上可以制定法规，然后这些法规随后将会被提交给选民，前提是要收集到足够多的(有效的)请愿签名。创制发起者——在提供这两种手段的州——通常会将他们的提议作为（宪法）创制提交，因为这些措施具有"更安全"的法律地位。宪法创制通常只能由全体选民随后投票改变，尽管在大多数州法律创制随后可以由立法机关来修订。满足签名要求的创制要么直接提交给选民，要么被列入州立法机构的议程；如果该机构未能在规定时间内实施这些创制，则创制者们可以选择收集更多的签名，并将自己提议交给公民投票。有五个州允许两种类型的创制，而创制发起者通常更愿意直接向选民提出他们的问题。[①]

相比之下，全民公决允许选民对以前由国家或地方立法机构颁布的法律进行裁决。此外，通常需要预定数量的有效的请愿书签名。一个例子是1964年通过公民投票推翻加利福尼亚的"公平住房"法(Wolfinger and Greenstein, 1968)。全民公决也可以由立法机关来呼吁召集。例如，所有的州（特拉华州除外）都要求宪法要变动的话必须付诸全民公决，许多州的立法机构为了获得选民的同意都对公民投票提供可行措施。[②]

这些措施主要是20世纪的前二十年（即所谓的"进步时代"）在美国西部采取的——美国最初的两次全州范围的创制是在俄勒冈州进行投票表决的(Piper,2000:1)，其他地方要到1975年以后才出现。西部政治中讨论的主要问题都来自进步运动的议程（例如所得税、美国参议员的直接选举、妇女选举

[①] 这五个州是密歇根州、内华达州、俄亥俄州、犹他州和华盛顿州。
[②] Magleby(1984)。美国州立法机构进行的全民公决类似于欧洲国家的临时公投。参见Bog-dano(1982)。

085

权等),进步主义者主导了这些州的政府(Price,1975)。在密西西比河以东,只有几个州(8)有创制和/或全民公决;而密西西比河以西,只有几个州(6)缺乏任何形式的此类工具(Magleby,1994)。[密西西比河东部的一些州,只有整个一揽子计划的一部分。例如,肯塔基州和马里兰州只使用全民公决制,而佛罗里达州和密西西比州只有创制权(1994:220)]。

到20世纪70年代末,一些尚未建立创制权和/或全民公决制的州看到了提供这些措施的重大尝试(有时成功,有时失败)。新泽西州,夏威夷州,得克萨斯州和明尼苏达州都曾经尝试采取这些措施。那些已经为选民提供这些手段的州,则兴起了高涨的活动。①

目前在国家层面上美国尚没有创制或全民公决,但是最近一直在努力推动这样的手段实施。但世界上很多其他联邦制国家都有这些机制,美国也有一场提倡建立与其他国家同等制度的运动。

好,坏,还是无关紧要? 直接民主的影响评估

围绕着创制权和全民公决制有大量争议。很多学者似乎相信这些手段在公共政策的制定和实施中发挥着至关重要的作用,但直接民主的反对者通常不会质疑这些制度性机制具有重要影响的基本主张,但坚持认为这些影响几乎都是消极的。最大的反对意见可能来自非财政方面的影响。例如,考虑一下米勒(Miller,1999)针对创制过程提出的抨击。她坚持认为,直接投票的创制针对的是诸如平权行动项目、同性恋者的权利以及阻止"性别歧视"等这样的事情,因此它们构成了"立法的危险示例"(Miller,1999:2)。像很多这些措施的反对者一样,她的反对基于两个主要"问题"。首先,一项创制运动的权力被认为集中在一小群对大众并不负责的人身上。换句话说,"直接民主"根本上就是不民主的。其次,拥有更多财富的政党可能期望取得更多的媒体曝光率,而且它有更大的能力"扭转"这些问题,使其有利于自身。也就是说,在实践中,创制反映了财富分配的不平等,尽管显然没有任何证据表明"直接民主"

---

① 参见 National Center for Initiative Review (1982)。

5 全民公决、再分配和税收豁免:一个直接民主的寻租理论

加剧了这种不平等,但据称与这一事实是相关的。"当一些资金雄厚的人有权发起一场运动来消除这些项目时,平等代表权和多数人统治的基本民主原则就会受到损害"(Miller,1999:2)。

创制权和全民公决制的支持者认为,使用这些手段会给政治决策带来更大的合法性,至少在普通公民看来是这样。他们认为,虽然民选官员可能会受到特殊利益集团(可能不包括直接贿赂市长)的请愿影响,并做出与"公共利益"相反的决定,但创制和全民公决在很大程度上不受腐败的影响。这基本上就是"好政府",进步时代对直接民主就是这么辩护的。

然而,大多数支持者依靠"经济"合理化的变化来运用这些机制。这种方法为直接民主提供了一个更可信和更令人满意的另一个视角。就是说,这些手段的一个重要的潜在好处是,它们允许选民有可能避免有组织的利益集团"捕获"立法机构的倾向,即在立法机构中,利益集团可能有效地将立法过程导向有利于其成员的方向,但该方向(在许多情况下)与相关辖区内公民选民的总体利益不一致。

人们普遍承认,有组织的利益集团主导了创制过程的运行(Eagleby,1984;Tots,1990)。虽然创制过程表面上是为了向"公民立法者"开放民主进程,但"直接民主"的实践显然对可能从实际使用这些手段中获益的个人或团体设置了进入障碍。在收集到必要的有效签名之后,投票措施的发起者必须开启筹集资源的任务(经常难以完成),以便成功地推动上述有关创制的运动。由此所需的巨额费用,很可能会阻止普通公民运用这一进程。

对直接民主进行经济分析的关键要素是代理理论的应用。只要有一个人负责做出影响其他个人财富状况的决策,就存在委托—代理关系。"代理问题"涉及代理人的实际行为和委托人的利益之间的分歧。在政治背景下,"代理问题"表现为政治家/代理人自私地追求他们个人的议程(或简单地推卸责任),而不是致力于推进其选民/委托人的目标——即从事他们被雇来干的工作。政治代理问题的一个主要表现是,民选官员倾向于为经济压力集团的利益服务,而不是在利益冲突的情况下,为大多数选民的利益服务。

交易成本推动了代理理论的应用。与政治参与相关的交易成本往往是巨大的,代理人(在这种情况下是政治家)的行动将无法简单地反映委托人(选民)的偏好,要么出于他们的个人信念,要么出于他们个人财富最大化的动机,

民选官员倾向于追求他们自己的议程。这种追求受到的限制是，他们需要获得足够的选民支持以获得连任。然而，在实际操作中，由于人们所熟悉的利益集中的现象（与此相反成本则扩散），这种约束被削弱了。

定期选举为这个代理问题提供了一个约束，因为理论上选民将有机会换掉那些被视为推卸责任的民选官员。由于政治参与的成本往往相对较高，而寻求的利益往往集中，在政治家－代理人的机会主义实践约束下，多候选人的选举可能会被证明有些效率低下。

现代民主制度的一个共同特征是，非选举官员、监管机构成员和其他公务员（即官僚）在公共决策中发挥着显著的作用。这些人控制着许多公共资源的使用，而且他们名义上担任民选官员的代理人。不过在理论上，这些"官僚"和政治家面临着相同的选举约束。然而，在实践中，这种公共官僚的活动相当程度上独立于民选官员（他们的委托人）。

这些个人议程反映了公共官僚各自的最大化职能。他们始终意味着追求更多的预算（假设金钱报酬和/或福利与组织的预算分配密切相关），或者该官僚机构可能被有关官员用来追求他个人喜欢的某种意识形态议程。

进入创制/全民公决来看。美国各州选民运用创制权是在进步时期开始的，并被那些支持政府扩大干预经济的人作为实现这种扩大的有效手段。所谓的州立法机构的腐败据说挫败了公众对政府加强监管和对资源实行总体控制的支持，还许可了贪婪的特殊商业利益集团实现他们自私的个人目的（根据需要贿赂政府官员）。

因此，以创制/全民公决形式出现的直接民主可以说是起到了一种"防火墙"的作用，用来保护选民的利益，防止被那些由他们选举产生担任公职的政治家的潜在机会主义所损害。我们来考虑一下约束民选官员行为的因素。官僚（即非选举产生的常任的政府决策者）以及法院在相当程度上限制了政治家的寻租行为，尽管这种限制并不完美。原因有几个：一个问题是，这些行为者本身受到宪法的制约，不能干预政治家的寻租行为，至少在很大程度是这样。这种"权力分立"限制了政府不同部门之间相互竞争的程度，也就是说，限制了各个部门忙于"窃取"其他部门的管辖权的程度。（当然，这些宪法规则是可以修改的,但是通常需要付出政治家任期内安全的巨大代价。)①此外,官僚和法学家通常由于有效地服务于那些和他们有着持续战略关系的政治家的利益而受到奖赏,因此往往只有微弱的动机去有效地反对这些立法者。全民公决避免了这一激励问题,并允许选民直接表达他们对政府活动的偏好,从而对那些追逐自我利益又渎职的民选官员提供了一个更加有效的约束(Frey,1994)。

因此,创制基本上是独立于立法机构的立法,这一手段赋予了普通选民对公共政策议程的控制权。例如,民选官员薪金的确定。立法机构通常会做出相当大的努力来掩饰或隐藏他们企图增加政治家的薪金、养老金和一般特权,这使得政治家的寻租行为难被追踪,因此,也很难去反对。但创制/全民公决有效地避免了这个问题。

当然,政治家的寻租不一定涉及金钱方面的考虑,反而可能是追求非现金的额外好处,有可能是从行使自由裁量权带来的好处。这些额外的好处有可能包括诸如慷慨的病假、分配到的任务没有严格的绩效要求、简单地推卸责任等。全民公决可能提供一种有效的制度手段,让那些意图提取租金的政治家们在获得此类好处时受挫。

民选官员的渎职行为,可能表现为追求与选民偏好不符的意识形态议程。如果政府的增长速度超过了选民认为的合适中间值(也许取决于理性的无知或财政幻觉),创制权和全民公决制就可能会对这一趋势进行遏制,因为这些选民能够预先阻止政府活动和/或支出的低效扩张。

对于所有关于创制和全民公决的争论,人们很自然地会认为这些工具在以其为特色的政治制度的运行中发挥了关键作用。但是在现实中,这种作用极其薄弱。事实上,它们对"直接民主"没有发挥多少作用,至少在控制政府的支出或总体增长方面没有太大影响,这一观点得到了大量实证研究的支持。

大量的实证研究检验了创制过程的可获得性如何影响政府政策的形成,其中主要致力于探索创制对政府支出的影响。实证结果基本上都是冲击性的(a wash)。首先,一些研究发现,创制过程导致更高的支出(Zax,1989)。然而,其他研究声称,它们发现政府支出将会系统地(虽然只是轻微地)小于缺乏

---

① 投入政治资本尝试修改或推翻事实上具有约束当选官员不当行为效果的规则,可能会被选民解读为这些政治家寻租动机的表现。

这些制度时的支出(Matsusaka,2000),不过仍然有一些人报告说倡议的可获得性几乎没有任何影响(Farnham,1990)。①

马图斯卡(Matsusaka,2000)仔细研究了美国直接民主的历史,这段历史是非常重要和具有启发性的。他非常清楚地表明,这些举措在美国的历史与一些人的说法不一致,那些人总是倾向于限制政府的增长;而创制和全民公决的真正目的显然经常是为了便利和加速这种增长。

马图斯卡考量了加利福尼亚州、北达科他州和俄勒冈州这3个州的创制历史,之所以选择这3个州是因为它们是创制举措的主要使用者,且主要集中在1900—1950年期间。他发现,虽然在这些州的创制举措并非总是用来增加支出,但在大多数情况下事实上就是如此。加利福尼亚州的九项成功推动的创制举措中有7项增加了政府支出、税收或者借款(4项用于教育,1项用于退伍军人,1项用于老年人和盲人,一项用于高速公路)。北达科他州的11个成功创制举措中,有3个增加了支出(用于养老金、陷入财政困境的学校和高速公路),2个增加了税收,还有2个使得借款更加容易。在俄勒冈州通过的14项创制举措中,有3项增加了支出(1项用于州立学校,1项用于养老金,1项用于农村信贷),3项增加了税收,还有1项使得借款更加容易。就这3个州总体而言,批准了21项增加支出、税收或借款的创制举措,相比之下,批准了11项削减支出、税收或贷款的创制举措。

他还指出,失败的创制清单比通过的清单要长得多。大多数提出的创制要么无法在投票中获得一席之地(也许是因为他们没有获得足够有效的签名),要么启动了投票但是争取总投票数上失败了。特别是,几次限制税收和支出的尝试都失败了。加利福尼亚州的选民在1918年拒绝了一项限制学校税收增长的创制举措,并且拒绝了在1936年和1939年消除所得税的创制举措。北达科他州在1924年拒绝了对财产税限制的创制举措,1934年拒绝了对学校税限制的创制举措,并于1944年拒绝废除州所得税的创制举措。俄勒冈州的选民在1926年拒绝降低机动车许可证费用的创制举措,在1932年拒绝了税收和债务的限额,在1934年和1936年拒绝限制财产税和学校税。有

---

① 然而,可能还有其他可以说是重要的影响。例如,Frey, Kucher and Stutze(1999)报告说,当这些制度存在时,公共雇员的薪水稍低。

趣的是,马图斯卡解释说,大多数失败的创制举措都会增加州的开支或税收。

创制/全民公决通常采取财政法律法令的形式,而且这种举措必然会对政府活动的相关成本和收益分配产生重要影响。我们现在转向对这些关系进行仔细的考察。

征用,再分配和漏洞:财富转移与直接民主

在美国,利用创制过程来分配税收负担是极为普遍的。自从加利福尼亚州第 13 号提案通过以来(这是接下来 20 年税收创制举措洪流的开端),各州共有 130 项此类创制措施在投票中通过。

在过去的四十年里,政府行为的利益集团理论已经显示,它本身是一个富有经验和功能强大的解释工具。该理论的应用范围非常广泛,包括:环境法规(Malone and McConnick, 1982;Pashigian, 1984);联邦运输条例(Moore, 1978);州立法机构的产出(McConnick and Tollison, 1981);国会的组织(Kroszner and Stratmann, 1998);诸如解释"重商主义"的历史问题(Ekelund and Tollison, 1997);联邦政府最近的扩张(Holcombe;1999)以及许多其他应用。

利益集团理论认为,政府追求支出、税收以及其他很多政策,代表的是政治市场上寻租利益集团为最大化其成员利益、最小化其成员成本而相互竞争的结果。根据这个模型,实际政策结果代表的是政治市场(如立法机构)的均衡,财富转移是由这种转移的"生产者"——政治决策者——提供给利益集团的。这大概是一个有效的市场,在这个市场中,其中由转移产生的无谓损失成本(deadweight costs)得以最小化。

这意味着立法机关可以通过选择性免税(即税收漏洞)来消除特定个人和/或群体对增加特定税收的反对——办法是让他们不受拟议的税收增加的影响。也就是说,通过从战略性分散税收漏洞,立法机构可以"买通"那些增税的反对者,否则他们可能会有效地阻止税法中的特定变化。

当立法机构"买通"那些组织良好的特殊利益集团时,税收的总体水平就会上升,因为此时对高税收的唯一反对者来自政治上无组织的群体。当然,在

个人愿意承担组织有效的政治行动的费用之前,税收增加的水平是有限度的。

有组织的利益集团倾向于主导游说过程,这有几个原因。例如,他们有一个实质性的优势,因为他们通常能够更好地承担与创制过程相关的成本。此外,一些理论文献表明,小利益集团可能能够支持大多数潜在选民所赞成的政策,特别是当投票提案复杂且信息非常有限、成本高昂的情况下(Lupia,1994)。人们还可能预测,在利益集团之间冲突相对较少的国家,"狭隘"的利益将更有可能利用创制机制,并取得更大的成功。相比之下,如果有对立团体组成的对抗网络,那么同样的"狭隘"利益可能取得成功就较小。[①]

通过立法实现财富转移在防止修改或废除方面有所不同。例如,通过法规方式进行财富转移比通过宪法修正进行财富转移,更容易受到不断变化的立法联盟的影响。在同等条件下,一份更持久的财富转移"契约"更有价值。但是要获得更大的持久性代价是高昂的,而且在其他事情上并不平等,因此我们预期可以看到(事实上,确实观察到)财富转移催生了以持久性为名的诸多法律。通过创制过程颁布的法律(例如,税法的参数)相对来说是高度持久的,因为一个有前景的创制要想成功,必须克服巨大的障碍。

换句话说,对于寻求由政府来创造财富转移的利益集团来说,这一创制过程是另一种可供选择的办法,这种办法往往比制定法律具有更高的持久性。对从立法机关获取财富转移的成本和困难感到沮丧的特殊利益集团,可能会在选民中获得更大的成功。

人们对宪法作为制约政府因素的作用很感兴趣。州宪法提供了规范特定州内政府活动的基本结构,并保护公民个体的(一些)权利免受这些政府的剥夺。但是州宪法也是向利益集团提供财富转移的替代手段。州立法机构颁布的法律关系到大多数财富转移的组织方式,但有一个严重的限制:只有在利益集团平衡不受干扰的情况下,这些法律才能维持。在下一次选举之后,政治联盟可能完全被推翻了,财富转移的计划可能会因此而发生重大改变。新的立法者可能不会采取行动,以确保前任立法者与相关利益集团之间契约保持持续的完整性。

---

① Gray and Lowery(1993,1994)的论文强烈暗示了这种关系。

5 全民公决、再分配和税收豁免:一个直接民主的寻租理论

原则上,创制过程可用来重新分配税收负担或支出收益。然而,在美国各州,创制显然倾向于主要用来重新安排税务负担;很少有创制(或全民公决)被用来制定支出计划。("直接民主"更常用于支持现有的支出项目——即加强他们的根基——通过一项宪法条款来要求州立法机构资助这些计划)。①

因此,在使用与创制/全民公决进程和公共财政方面,有两个关键点必须预先考虑。首先,这些"直接民主"的制度可能不会对政府的规模和增长产生任何特定的净效应;其次,这些手段可以用来尽力增税,也可以服务于减税的目的。

尽管通过创制实现的税制修正对州收入的净影响可能是双向的,但我们必须承认,实行直接民主有时候可能会导致税收的降低。大多数对税收直接民主结果的关注都集中在税收的净影响上,但是直接民主措施还有另一个不太明显的效果;那就是,与特定税收相关的负担被重新分配。

但是投票创制并不仅仅限于增加或削减特定税率,许多创制被设计出来,旨在用来转移需求方和供应方之间的税收负担。例如,一项创制可能会削减一项税收,而同时增加另一种税收(例如,减少穷人的税收,同时增加富人的税收)。俄勒冈州的选民在 1986 年通过了这样一个"洗牌"措施,在降低财产税的同时开始征收一项新的州销售税。然而,这些创制很少能通过。自 1978 年以来举行投票的 15 项创制措施中,只有 1 项(爱达荷州的家内装饰免征州从价税)成功通过。

政府的作为和不作为,一切都会影响收入分配。在基本的功能意义上,政府的直接支出和税收补贴在经济上是等价的。1 美元就是实实在在的 1 美元;来自政府财富转移的租金可以采取两者中的任一形式。只要允许纳税人保留他们应当付给政府的价值,那就意味着发生了补贴。这种"税收补贴"可能采取三种不同的形式:豁免(exclusions)、抵扣(deductions)和抵免(credits)。豁免放弃的税收是对受益人的补贴,它在数值上等于用纳税人的边际税率适用于被免征税的收入。(例如,从申报的总收入中排除部长收到的住房津贴,以及从员工收入中扣除雇主提供的健康保险费。)在运行时,抵扣类似于补贴,它等于受益人的边际税率乘以被扣除的收入额。(例如,美国联邦税法中的住房抵押贷款利息扣除。)抵免相当于提供了抵免全额的补贴。虽然这些机

---

① 在很大程度上这可能是州政府的责任组织的特征带来的;在大多数州,资金拨款是立法机构受宪法保护的职权范围!

制的运作方式不同,但这三种都降低了受益人的纳税义务,在全部的意图和目的上都等同于简单的现金转移。

从某种意义上说,每当政府拒绝对一种商品或服务征税时,它就像在直接补贴上花钱,也事实上在一点一点地消耗资源。因此,这种个体生产者保留的任何价值都代表了一种"财富转移",因为它保留的事实证明了一种旨在影响政府不要征税的卓有成效的努力!(这一点千万不能和政府是所有财富的最终来源这一荒谬的命题相混淆。)

学者们似乎已经得出结论,在其他条件相同的情况下,税法中可用漏洞程度的变化会对税收收入的水平产生负面影响。萨里和麦克丹尼尔(Surrey and McDaniel,1985)认为,税收支出只是政府支出的一种替代形式,通过这种方式,特定的个人和/或团体以牺牲政府收入为代价得到补贴。换句话说,一美元的税收支出相当于政府损失了一美元的潜在收入。显然,一个人在其他条件不变时,对于一美元的政府补助和一美元的税收减免这两者之间都是漠不关心的。此外,税收支出增加一美元,将对税收净收入产生负面影响(尽管可能远远少于一美元的损失),这看起来是有道理的。

"单一比例税(flat tax)"改革的倡导者认为,存在漏洞的特定所得税率结构较之没有漏洞的相同税率结构,将会产生更少的净收入。[①] 换句话说,在同等条件下,免税减少了税收收入。从表面上看,这似乎是基本的常识:随着漏洞的激增,政府将可利用的资源从税制中"漏"出去,在保持其他一切不变时,总体税收收入必然低于原来的水平。

不幸的是,其他的东西并不平等。税收制度产生收入是一个动态的过程,而不是静态的过程。对"税式支出"导致的收入损失的估计通常假设,在修改漏洞后,纳税人的行为将保持不变。有效的税率只是被简单地假定为对选择没有影响。

安德森、马丁和托利森(Anderson,Martin and Tollison,1987)从经验层

[①] 布坎南(Buchanan,1983)评论过有提议但从未颁布的霍尔-拉布什卡单一比例税(如果不是全部,也是大部分)的影响时,得出了同样的结论,尽管基于完全不同的推理。他认为,正是因为税法中的漏洞可能降低所得税作为收入来源的效率,所以漏税的存在是一个重要的制约政府增长的因素。因此,鉴于税收漏洞限制了"利维坦"国家的收入最大化,布坎南的论点意味着可获得漏洞的增加会对所征收的净收入产生负面影响。

面上对这个问题进行了研究,他们使用税法的实测长度作为各州税收漏洞程度的替代指标,由此发现增加漏洞数量明显增加税收的证据。他们认为,漏洞的扩散可能会有效地化解来自那些相对有凝聚力且组织良好的利益集团对增税的反对,因为这些人不愿意投入资源来通过游说进行抵制。

通过直接民主重新分配税负

创制常常被用来改变州一级的税收结构。例如,美国 1998 年对 6 个州(阿肯色州、加利福尼亚州、科罗拉多州、佐治亚州、蒙大拿州和弗吉尼亚州)的税收措施进行了投票表决。在这些投票的措施中有 3 项增加税收(阿肯色州、加利福尼亚州和佐治亚州的措施);其余的限制增税或者实际上降低税收。在那些增税创制中只有一项最终获得通过,那就是加利福尼亚州的烟草税创制。显然,这一创制过程实际上是作为增税和减税的手段被使用的。(州和地方政府施加的税收负担上下各有增减。)

事实上,州一级的创制大多数表面上都是为了限制政府征税和支出的增长。也就是说,与创制过程相关的利益集团投入资源严重地倾向于防御性寻租(或规避租金),这些努力往往涉及限制政府没收私人财产的企图。显然,支持创制的论点强调了创制可能对政府过度增长的限制,这也与(最近的)历史纪录一致。

首先考虑创制措施的目的是限制(通常)州政府征税权——类似于加利福尼亚州的第 13 号提案,比如规定所得税限额、一般税收限制,以及由超多数/选民批准的要求。

加利福尼亚州第 13 号提案是直接民主历史上的一个重要分水岭,因为它明确显示直接民主能够对政治家的财政行为施加有意义的约束。目前对该创制过程所涉及的税收问题的大部分兴趣始于这项措施的通过。由于这个原因,我们将使用 1978 年作为讨论最近税收创制/全民公决记录的基准。

首先考虑的是类似第 13 号提案的创制措施,因为他们通常会降低现有的财产税税率,同时对年度增税实施严格的时间限制。自 1978 年以来,在 11 个州的投票中有 23 项此类的措施,只有 9 项变成了法律。

第二种创制措施是旨在通过税收没收来限制政府税收,那就是限制个人所得税。然而,自1978年以来,这种类型的创制措施只有1项,而且失败了。

更常见的创制措施目的限制税收负担,通常采用一组固定的公式来限制税收、财政收入或支出的总体增长。自1978年以来,已有12项此类措施付诸投票,其中7项已通过并成为法律。

超多数票要求和反豁免的免税额

超多数票要求并没有明确地限制征税的权力,而是以实际上增加制定增税法令难度的形式提供一种隐性约束。这些规则使再分配税收负担的成本更高,而且在某种程度上,这些规则实际上"冻结"了现有总体税负的模式。通过限制立法机构提高特定税率的能力,税收-中性的交易(可能导致税收负担的重新分配)机会也会受到限制。举例来说,如果立法机构想要提高财产税税率,以换取降低个人所得税税率(同时保持政府税收收入不变),那么超多数票的要求可能会阻止任何此类交易的发生。

超多数票规则基本上分为三种不同的类型。一种是有些州限制旨在增加收入的立法。例如,加利福尼亚州为那些增加财政收入的法案施加超多数票的要求。[1] 俄克拉何马州的宪法授权提到了"财政收入法案",俄克拉何马州最高法院解释这些法案的目的是为了筹集财政收入。[2] 其他一些州已经看到了法案的影响。特拉华州对新税或增加旧税的有效税率实行超多数票的规则。[3] 内华达州对任何"创造、产生或增加任何形式的公共收入"的法案都要求超多数票通过。[4] 超多数票要求是州一级限制地方政府征税的常用手段。[5]

---

[1] 加州宪法,第13A条,第10款。
[2] 俄克拉何马州宪法,第5条,第33款。
[3] 特拉华州宪法,第8条,第10款。
[4] 内华达宪法,第4条,第18款。
[5] 有几个州已经出台了超多数票限制措施,限制地方政府的财产税税率。在圣路易斯和堪萨斯城学区,州宪法——经公众倡议修改为这样——将税率限制在每100美元评估价值缴纳1.25美元,但它也规定,如果获得多数票,税率可提高到3.74美元,如果获得2/3多数票,税率可提高到3.75美元以上。州宪法还限制财产税的税率额,选民们(再次以主动方式)对"授权"税率下学区可获得的收入总额施加了法定和宪法限制。

5 全民公决、再分配和税收豁免：一个直接民主的寻租理论

假设超多数选票要求旨在限制政府规模，无财源支持的法定支出（unfunded mandates）显然也必须被纳入到限制之内，因为否则政府活动可能会简单地转移到"预算外"，或者转移到联邦体系中的另一层级的身上。州政府可以简单地将税负转移到地方政府身上上，迫使他们增加税收。①

自 1978 年以来，一共有 24 项此类要求出现在各州的选票上，其中 8 项因此成为法律。12 个州目前都有超多数规则来限制政府征税权，而这些都是通过创制过程建立的。②

有些创制寻求完全废除某些税收（例如，取消州销售税）。自 1978 年以来，已经对 7 项这类举措进行了投票表决。其他举措旨在削减现有税收。这些措施没有对未来的增税或总体税收与支出水平设置任何限制。自 1978 年以来，已经有 11 项这类举措的投票，其中 5 项实际上已经通过。还有另一种类型的创制旨在免除特定商品或服务的特定税（如免除食品或服装的销售税）。自 1978 年以来，10 项此类创制已向选民提出，其中 5 项已通过。自 1978 年以来，只有 3 项将纳税人可支配收入与通货膨胀挂钩的举措被提交给选民，但是这 3 项举措都已通过。在 1986 年，俄勒冈州的选民否决了一项法案，该法案禁止该州征收销售税（除非通过创制过程）。1988 年，内华达州的选民批准了一项禁止征收州所得税的创制。

有些获得投票地位的创制（有一些但并非全部，最终通过）实际上增加了税收。这相当于创制权历史上的"肮脏的小秘密"，因为有时候创制权被错误地描述为一贯地反对政府的扩张。③

这些增加税收的创制，目的是通过提高特定税收的税率，提高特定产品的税率（例如，对香烟或汽油征税），或者消除特定的税收减免（例如，宗教组织的

---

① 亚利桑那州是唯一一个拥有超多数选票条款的州，该条款专门规定了州和地方之间的互动。它将其超多数选票的要求应用于"亚利桑那州的州、乡村或城市之间的地理位置的变化，以及交易特权、离职、航空燃料和使用、租赁占用或其他税收"。（亚利桑那州《宪法》，第 9 条，第 22 节 B 款）。
② 各州（以及通过创制来制定超多数规则的日期）如下：亚利桑那州（1992 年）、加利福尼亚州（1978 年和 1979 年）、科罗拉多州（1992 年）、佛罗里达州（1994 年和 1996 年）、夏威夷（1978 年）、马萨诸塞州（1986 年）、密歇根州（1978 年）、密苏里州（1980 年和 1996 年）、内华达州（1996 年）、俄克拉何马州（1992 年）、南达科他州（1978 年）和华盛顿州（1993 年）。
③ 美国最早的两项全州范围的创制都是增加税收的措施——一项是对美国电话和电报公司征收"毛收入税"，另一项是对睡眠、冰箱、石油公司、汽车公司征这些税（Piper, 1999:1）。

财产免税)来增加财政收入。自1978年以来,已经有25项此类创制措施进行投票表决,其中8项已通过成为法律。

自1978年以来最受欢迎的增税创制是向烟草征税。各种烟草制品的税收已经在6个州中提出了8次创制,通过了5次。下一个最受欢迎的增税对象是"自然资源"类别(包括石油、汽油、矿产品等),在5个州进行了6次投票表决,但只有1次通过。第三个是增加销售税,这在三个州的选票上出现了4次,尽管只有1次通过成为法律。

事实上增加税收的下一个最好(或最坏的)的办法是延长(所谓的)临时征税的期限,使其延至到期日之后。最近,在密苏里州,只有两项这样的创制措施,该州选民在1988年和1996年通过了延长该州"销售和使用"税的创制。

结　论

直接民主制度——创制和全民公决——经常被视为对政府规模、范围和增长的有效限制。反对者和支持者基本上都同意,创制是一种重要的机制,尽管在它们能否产生理想的结果问题上存在分歧。但研究似乎表明,这些机制对观察者通常关注的变量(例如政府的增长),没有或几乎没有影响。

大多数与创制/全民公决有关的学术,注意力都集中在对这些机制作为提高政府绩效和限制政府扩张的规范性评估上。这些文献中的大部分都可以被归类为"主张政治改良的人"("好政府")的幻想,或者是伪善的样板,并没有多少可信度和有用性。

我们认为,可以根据在民主国家发挥的实际功能来评估创制/全民投票的机制。从经济的角度看,某些类型的创制(至少)提供了一种手段,可以将相关政治家所推动的强制的财富转移"打包在一起",这是比通过立法机构实施相同的减税或免税更安全和持久的方案。创制也为政府提供了重新分配税收负担的机会。解释和理解创制/全民公决进程并不需要采用奇怪的和动机不明的公共利益模型(在该模型中,政府会无缘无故地采取行动使社会福利最大化),而只需要假设创制博弈过程中的参与者是从事普通寻租的理性经济人的即可。

5 全民公决、再分配和税收豁免：一个直接民主的寻租理论

参考文献

Anderson, Gary M., Martin, Dolores T., and Tollison, Robert D. (1987), "Do Loopholes Decrease or Increase Tax Revenue?" *Journal of Public Finance and Public Choice* 2 (Fall): pp. 83—95.

Bogdanor, Vernon (1994), "Western Europe," in Burtler, David and Ranney, Austin (eds.) Council of State Governments, *Book of the States*, 1992—93, Lexington, KY.: Council of State Governments.

Dougan, William R. and O'Hara, Erin A. (1998), "Redistribution through Discriminatory Taxes: A Contractarian Explanation of the Role of the Courts," *George Mason Law Review* 6 (Summer): pp. 869—902.

Ekelund, Robert B. and Tollison, Robert D. (1997), *Politicized Economics: Monarchy, Monopoly, and Mercantilism*, College Station, TX.: Texas A&M University Press.

Farnham, Paul G. (1990), "The Impact of Citizen Influence on Local Government Expenditures," *Public Choice* 64: pp. 201—211.

Figlio, David N. and O'Sullivan, Arthur (2001), "The Local Response to Tax Limitation Measures: Do Local Governments Manipulate Voters to Increase Revenue?", *Journal of Law and Economics* 44 (April): pp. 233—251.

Frey, Bruno S. (1994), "Direct Democracy: Politico-Economic Lessons from Swiss Experience," *American Economic Review* 81 (May): pp. 338—342.

Frey, Bruno S., Kucher, Marcel, and Stutzer, Alois (1999), "Outcome, Process, and Power in Direct Democracy: New Econometric Results," Institute for Empirical Research in Economics, University of Zurich, Working Paper #25 (November).

Gray, Virginia, and Lowery, David (1993), "Stability and Change in State Interest-Group Systems, 1975—1990," *State and Local Government Review* 25: pp. 87—96.

Hahn, Harlan and Kamienjecki, Sheldon (1987), *Referendum Voting: Social Status and Policy Performances*, New York, NY.: Greenwood Press.

Holcombe, Randall G. (1999), "Veterans' Interests and the Transition to Government Growth: 1870—1915," *Public Choice* 99 (June): pp. 311—326.

Jost, Kenneth (1990), "Initiatives: True Democracy or Bad Lawmaking?" Editorial Research Reports 17 (August): pp. 462—475.

Kroszner, Randall S. and Stratmann, Thomas (1998), "Interest-Group Competition and the Organization of Congress: Theory and Evidence from Financial Services Action Committees," *American Economic Review* 88 (December): pp. 1163—1187.

LaPierre, D. Bruce (1993), "Enforcement of Judgements Against States and Local Government: Judicial Control Over the Power to Tax",: *George Washington Law Review* 61 (January): pp. 301—350.

Lupia, Arthur (1994), "The Effect of Information on Voting Behavior and Electoral Outcomes: An Experimental Study of Direct Legislation," *Public Choice* 78: pp. 65—86.

McCormick, Robert E. and Tollison, Robert D. (1981), *Politicians, Legislation, and the Economy: An Inquiry into the Interest-Group Theory of Government*, Boston, MA.: M. Nijhoff.

Magleby, David B. (1984), "Direct Legislation in the American States," in Butler, David and Ranney, Austin (eds.), *Referendums Around the World: the Growing Use of Direct Democracy*, Washington, D. C.: AEI Press.

Malone, Michael T. and McCormick, Robert E. (1982), "A Positive Theory of Environmental Quality Regulation," *Journal of Law and Economics* 25 (April): pp. 99—123.

Matsusaka, John G. (2000), "Fiscal Effects of the Voter Initiative in the First Half of the Twentieth Century," *Journal of Law and Economics* 43 (October): pp. 619—638.

Miller, Jody (1999), "Democracy in Free Fall: the Use of Ballot Initiatives to Dismantle State-sponsored Affirmative Action Programs," *New York University School of Law Annual Survey of American Law*: pp. 1—23.

Minzner, Mark (1999), "Entrenching Interests: State Supermajority Requirements to Raise Taxes," *Akron Tax Journal* 14: pp. 43—88.

Moore, Thomas G. (1978), "The Beneficiaries of Trucking Regulation," *Journal of Law and Economics* 21 (October): pp. 327—343.

Pashigian, B. Peter (1984), "The Effect of Environmental Regulation on Optimal Plant Sizes and Factor Shares," *Journal of Law and Economics* 27 (April): pp. 1—28.

Piper, William (1999), *A Brief Analysis of Voter Behavior Regarding Tax Initiatives from 1978 to 1999*, Memphis, TN.: National Council for Initiatives and Referenda.

Price, Charles M. (1975), "The Initiative: A Phenomenon," *Western Political Quarterly* 28.

Schmidt, David D. (1989), *Citizen Lawmakers: the Ballot Initiative Revolution*,

Philadelphia, PA.: Temple University.

Stanley, Harold W. and Niemi, Richard G. (1994), *Vital Statistics on American Politics*, Washington, D. C.: CQ Press.

Surrey, Stanley S. and McDaniel, Paul R. (1985), *Tax Expenditures*, Cambridge, MA.; Harvard University Press.

Verhovek, Sam Howe (1998), "From Same-Sex Marriage to Gambling, Voters Speak," *New York Times*, November 5: p. Bl.

Wagner, Richard E. (1997), "Choice, Exchange, and Public Finance," *American Economic Review* 87: pp. 160—163.

Wolfinger, Raymond E., and Greenstein, Fred I. (1968), "The Repeal of Fair Housing in California: An Analysis of Referendum Voting," *American Political Science Review* 62.

Zax, Jeffrey S. (1989), "Initiatives and Government Expenditures," *Public Choice* 63: pp. 267—277.

6 公共选择与财政手段:将税收作为集体结果的分析

沃尔特·赫蒂奇　　　斯坦利·L.维纳
(Walter Hettich)　(Stanley L. Winer)

序　言

　　熊彼特(Schumpeter,1981)曾指出,一个民族的精神都记录在它的财政史中,财政史"剥夺了所有的修饰词"。毋庸置疑,财政史/税收史对于一个民族的发展及其发展中的政治、经济生活都是至关重要的。熊彼特致力于对实际财政状况的研究,而不是围绕税收政策的充满恭维和修饰的政治讨论上,这无疑是正确的。财政史为我们提供了大量的信息,包括由民主社会做出的实际而具体的选择,以及这些选择对经济和国内不同群体的影响。

　　当然,无论是图表里的数据还是历史上的系列数字,本身并不能解释其自身。为了理解"财政精神",我们有必要从一个适当的框架入手,并使用公认的统计研究方法来检验适当的假设。

　　在本章中,我们将展示这两个要素是如何应用于税收研究的。首先,我们审视了两个在税收实证分析中成功使用的集体选择模型,并讨论这两个模型和一些相关模型对理解税收的主要影响。

　　在理论部分之后,文章将集中关注以集体选择为出发点的统计分析实证研究。在讨论中,我们关注一系列已经被现有文献提到的、或者可以在日后研究中进一步展开研究的问题,同时也回顾了相关研究过程中出现的重要方法问题。最后,我们以简短的综述结束讨论。

作为一种集体决策结果的税收

为了履行其职能,政府需要从私营部门汲取资源。在现代民主社会中,税收是实现这一目的最常见的方式。

经济学家经常被问到,能否建构一套与私人经济价格体系相类似的税收制度?换言之,能否根据每个社会成员所消费的公共服务的真实成本进行征税?能够实现这种目的的税收通常被称为"用户使用费"(user charge),但在现有的公共预算融资过程中,它们发挥的作用很有限。

在多数情况下,类似用户使用费的税收种类并不是一种切实可行的政策工具,原因在于由政府部门提供的绝大多数产品和服务的性质。大多数此类产品或服务在某种程度上是"公共的",比如,一个人对某一公共产品的使用并不影响另一个人对该产品的使用。国防是众所周知的关于公共性(publicness)的实例。正如人们经常指出的那样,有效的导弹防御能够保护某一特定领土范围内的所有人,在这背后,每一个人都平等地享受了增强了的安全性。尽管这是一个"纯粹"公共性的例子,但是政府所提供的其他产品中,只在一部分产品具有非排他性。尽管如此,对这部分具有非排他性的产品征收用户使用费也是异常困难的。

公共性导致了偏好显示的问题。使用公共产品的个体无法产生通过行动来显示偏好的动机,而在自由市场中显示偏好则是非常常见的。当产品具有公共性的一面,就会出现搭便车的问题,个体会认为,即使他/她(不能被排除在消费之外)没有承担他/她应该承担的份额,社会中的其他人也会为该产品的供给买单。大多数社会会采用强制性税收来实现其财政预算的大部分份额。[1]

政府部门不同于私人经济的第二个原因在于所追求的分配目标。大多数

---

[1] 维克塞尔(Wicksell,1896)首先以系统性的方式提出了在政府提供的产品具有公共性的条件下,如何将一种集体选择研究路径应用于预算双方的问题。林达尔(Lindahl,1919)进一步发展了该分析,还可参见林达尔(Lindhal,1959),由此可以看到他后来的一些观点。唐斯(Downs,1957)提出了针对政党分析的经典处理方法,以便分析公共部门议题的集体行动机制,尽管他并没有讨论税收和支出结构。

民主社会通过公共服务的供给来实现收入的多种形式再分配。因此,再分配目标的实现又为政府税收和政府支出的分离提供了第二种解释。

市场在私人经济中发挥着核心作用,因为它为稀有资源的配置提供了一套机制。需求和供给的相互作用决定了某一特定产品的生产需要多大的投入,该产品将被如何生产,以及其中有多少将以什么价格能获得可用。

尽管政府部门无法依靠市场机制,但是它们还是要做出必要的分配决策。在民主社会中,投票机制在公共部门所发挥的功能与私人经济中市场发挥的功能相类似。从根本上,这些机制决定了在多大程度上、以何种生产方式生产某一特定产品,在多大程度上这一产品可获得。

有人可能会提出反对意见,认为决策过程是一个复杂的过程,除了公民个人——纳税人的投票选择之外,还可能包括官僚的选择和立法的决策影响。毫无疑问,这一观点是正确的;然而,它并没有否定投票机制的核心功能。私人部门的资源生产和分配过程同样是高度复杂的,经济分析尝试透过实际环境中无数力量的角力现象,分析其潜在的相互作用。对于私人经济而言,这是通过针对市场机构及其参与者的高度程式化的描述来实现的。

在相似的分析框架内,针对公共部门的分析必须侧重于投票机制的主要组成部分(Winer and Hettich,1998)。对这种机制的示意性描述、相关研究和参与者决策的正式建模,能够做出很好的解释。在下一部分中,我们将集中讨论在文献中广泛使用的两个投票模型,由此来解释民主社会中税收的性质和水平。

均衡税率,预算规模和收入构成

为了了解税收的基本性质,有必要关注三种关键类型的变量。首先,我们需要解释在政治均衡状态内产生的税率,在这种状态中投票与财政问题相关。其次,我们需要确定作为模型输出结果的预算规模。最后,我们还需要特别注意从不同来源获得的税收在总收入中所占的份额以及这种收入份额的变化。

6 公共选择与财政手段:将税收作为集体结果的分析

两种模型的比较

我们的阐述主要基于图表比较以及由若干简单化假设构成的财政框架。我们的分析将限于以下条件:公共部门提供一种单一的公共产品,决策者以比例税率的形式向两个税基征税,为预算提供资金。选民对于公共产品有个人偏好,对于私人生产的产品同样具有个人偏好。这种设置的好处在于,基于我们所分析的模型,我们能够在图表中将选民效用与施加在一个或两个税基之上的税率进行关联分析。而且,这种类型的图表能够提供有帮助的直观解释。通过图表,我们也能够分析在不同财政背景中基于一系列税率而做出选择的选民间接效用函数。[1]

当经济学家刚开始借助投票机制探索财政问题时,他们在很大程度上依赖于邓肯·布莱特(Duncan Black,1958)提出的中间选民模型。这种分析指向直接民主的案例,比如关于学校债券的全民公决投票。在最一般的情况中,任何一个选民都可以提出修改意见,而且投票人根据他们的真实偏好行事。也就是说,他们并不会刻意策略性地提出提案或投票。[2]

假设现在有一个群体必须依据劳动收入或者资本收入选择一种比例税率。每一个选民都被充分告知每一种税率对他/她可能造成的影响,同时提供针对所有税率的明确的、单峰偏好排序。选民将对两两一组的被提议税率进行投票,直到选出一种税率能够在之后的成对投票中也具有绝对获胜优势。最终选出的这一税率与群体中拥有中间偏好的选民最偏好的那个税率相等,因此这个框架被称为中间选民模型。

中间选民模型可以由图6.1进行说明。3个选民,纵向坐标表示其偏好排列,横向坐标表示不同的税率。[3] 税率 t_M^* 是"中间"选民最偏好的,作为均衡税率脱颖而出。

---

[1] 关于集体选择模型更多的详细分析,参见 Hettich and Winer (1999),第二章。
[2] 穆勒(Mueller,1989)对中间选民模型做出了精彩的概述。
[3] 参见 Hettich and Winer (1999:14)。

105

偏好排列

t_P^*　t_M^*　　t_R^*　税率

t_i^*=选民i最偏好或最"理想"的税率

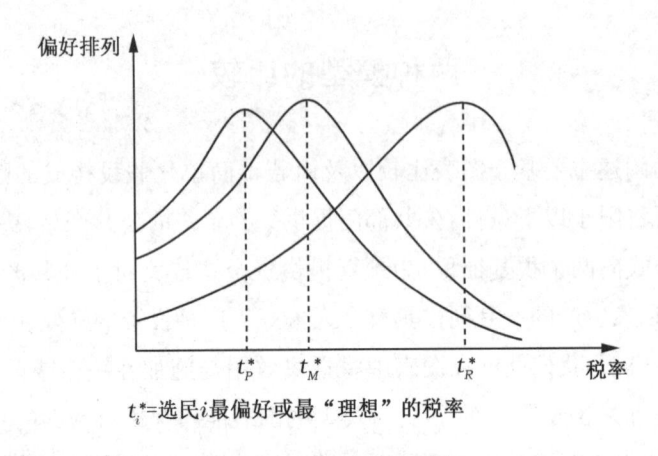

图6.1　中间选民模型

尽管这个模型胜在简单,但是它也有几个值得重视的缺点。相关理论工作已经证明,只有当投票发生在一个维度上(针对单一问题),并且如果投票者的偏好顺序只有一个峰值的时候,选举结果才是稳定的。诚然,我们可以通过议程设置者限定选择项来实现稳定性,但又反过来提出了另一个问题,即议程设置权力在这个框架内的运作问题。我们也应该注意到,当我们能够进行议程设置的时候,中间选民最偏好的选择也许就不是最终胜出的选择了。

中间选民模型的缺陷对于税收分析尤为重要。大多数的财政选择是多元维度的,涉及多个税率或税基。在我们的例子中,该集团可能希望对来自资本收入和劳动收入的收入征税。如果我们假设,给定的制度约束能够将针对资本收入的征税投票和针对劳动收入的征税投票始终进行严格的分离,以至于选民对这两个独立投票的事件之间不会形成任何有意义的关联的效果,这种类型的更复杂的决定只能在中间选民模型的帮助下来讨论。在一些现有的基于中间选民模型分析框架的税收实证研究中,也假定了不相关的、能产生上述效果的顺序投票。

更加适合用来分析税收系统复杂性的其他模型还有很多。其中,概率投票在近年来的实证研究中被广为运用。在这个框架中,两个政党或更多党派竞争者提供政策平台以便选民能够基于他们的个人情况,通过比较收益和成

6 公共选择与财政手段:将税收作为集体结果的分析

本来进行评估。政党(或者代表政党行动的政治家)并不能确定特定的选民群体是否会在下一次选举中支持他们。但是,他们能够预估这种支持的概率。为了赢得职位或继续掌权,政党通过不断调整政策平台,来最大限度地增加预期票数。关于这一模型的技术文献表明,稳定的均衡将在明确定义的条件下出现,即使必须对多维度议题做出决策时。①

概率投票模型可以通过图 6.2 来说明。在这个框架内,3 个选民需要做出针对劳动所得税率(t_L)和资本所得税率(t_C)的比例税率选择②。P^*、M^*、R^*分别是选民 P、M、R 最渴望的结果。为了简单起见,我们假设无差异曲线呈圆形,拥有中间偏好的选民无差异曲线体现为围绕 M^* 的圆圈。贯穿 M^* 的无差异曲线的一部分分别代表着 P 和 R 的无差异曲线。代表三个选民最理想值的点通过直线相连,形成一个三角形区域。

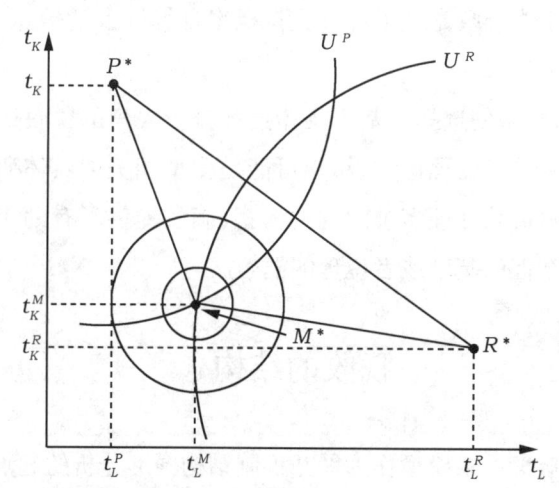

P^*、M^*、R^*=最理想值,t^i_j=选民 i 关于 j 因素的最偏好税率,U^i=选民 i 的无差异曲线

图 6.2 三个选民和两个问题

如果关于各个税率的投票是由独立且不相关的多数票表决做出的,M^* 将成为最终的投票结果,因为中间选民将成为决定性的。然而,需要注意的

---

① 参见库格林和尼兹特(Coughlin and Nitzan,1981),库格林(Coughlin,1992),埃尼洛和赫尼兹(Enelow and Hinich,1984,1990),美林和罗夫曼(Merrill and Grofman,2001),他们对概率投票框架进行了技术讨论。

② 参见 Hettich and Winer (1999:17)。

是,在任何关于共同确定两种税率的投票中,多数选民会倾向于不同的结果。选民 P 和 R 更喜欢落在由等高线 U^P 和 U^R 界定的区域中的点,而不是 M^*(因为 M^* 居于各个维度的中间区域,这个点的非空性表明广义上的中间选民模型并不适用于这种情况,每当有两个或者多个问题需要决定时,该结果通常适用)。

通过概率投票,均衡税率值会落在 $P^* M^* R^*$ 的三角区域中。在假定为圆形无差异曲线的条件下,这个三角区域的三条边线分别代表着两两一组选民之间的契约曲线。如果一个政党对应于落在三角区域之外的某一点而提供政策平台,那么它的竞争政党就可以通过制定一个基于落在区域内的两种税率的组合而成的政策平台来吸引更多的选票。由于党派之间的竞争,将出现纳什均衡,税率组合实际上会落在三条成对契约曲线所包围的区域内。尽管如果没有更多关于影响政党关于各方支持概率计算因素的信息,就无法预测税率平衡点的准确位置。

图 6.2 表明,模型的选择在基于集体选择分析视角的税收研究中至关重要。有待实证研究检测的理论预设,很可能是模型相关的具体研究。进一步来说,已有的、能够成功处理多维问题的模型,确实提供了有助于更深入了解现代税收制度复杂性的基础或者说理解框架。

税收的结构

我们可以把概率投票模型作为展开税制结构图形分析的起点,原因在于,税收出现在竞争的政治体系中。为此,基于执政党调整政策从而维持其执政地位、维持权力的有利视角,而不是从个人选民的视角来看待税收工具的使用,将是有帮助的。人们可能会注意到,类似的从其他模型研究发展而来的比较静态分析,也能够对稳定多维均衡展开分析。

让我们假设政策制定者有两个税收基础,他们必须决定提供的公共产品的数量(比如预算的规模),他们必须选择税率以增加所需的收入。政治家们知道,提供的公共产品越多,获得选民支持的可能性越大;而增加税收则会对预期的支持产生负面影响。如果我们把失去支持看作一种政治损失,那么我们便可以给每个税基分配一个政治成本函数。这种职能的确切性质将因税收基地而异,因为对提高税率的政治反应主要取决于为某一特定税源而承担主要压力的选区。此外,政府利用这一来源的程度也很重要。

图 6.3 显示了执政党关于税率和预算规模的选择。面板 A 和面板 B 涉及两种不同的税收来源,纵向坐标表示增加一美元收入的边际政治成本,横向坐标相应面板的上部分表示从该税源征收到的财政总收入。第三个面板(C)表示边际政治成本的总和,以及通过增加公共产品的产出而产生的边际政治收益函数。

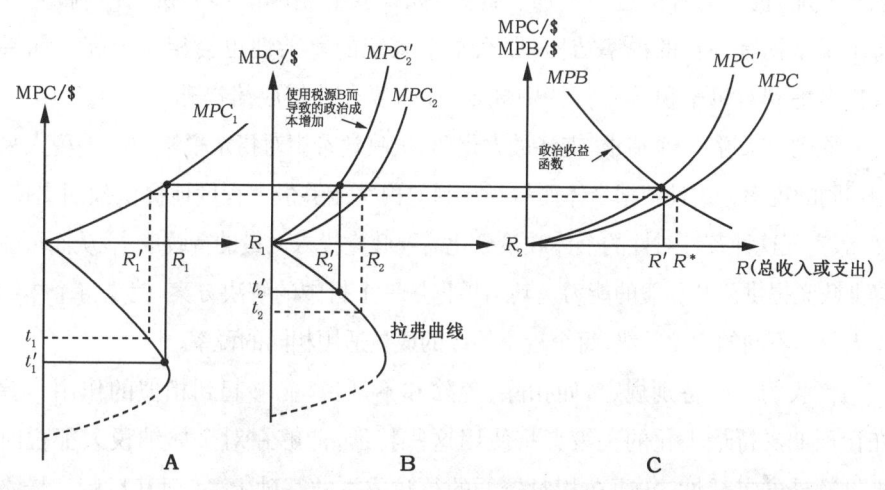

R^*, t_1, t_2=初始均衡,R', t'_1, t'_2=使用税源B而导致的政治阻力增加的结果

图 6.3 政治均衡中的税收结构

根据图示,我们可以确定预算规模、税率和财政收入构成,在第三部分一开始定义的这些变量对于分析至关重要。在预算规模达到 R^* 的时候,预期的政治支持将最大化;此时的总边际政治成本等于总边际收益。最大化还要求每个税基的边际政治成本相等。因此,我们可以从面板 C 内的交叉点开始画一条水平线,并穿过其它两个面板,从而确定每种情况下边际政治成本和财政收入的均衡组合。

最后一步,面板 A 和面板 B 的下部数据可以通过位于下方的曲线用来确定 t_1 税率和 t_2 税率的均衡,这一曲线代表着税率和税收收入的一般均衡关系,也被称为拉弗曲线①。需要注意,没有哪一个处于竞争性政治体系的政府愿意处在拉弗曲线向后弯曲的部分(点线部分),因为虚线以下政府需要通过降低相应的税率来增加税收收入,减少政治阻力。

图形分析对于税收实证研究有两个重要启示。第一,它表明民主政治环境下的税收制度具有复杂性,比如多元税基和多元税率。第二,它表明任何能够影响主要组成部分的外源性冲击都会导致关键变量的变化,而正是这些关键变量构成了税收制度。

在图 6.3 所示的简单系统中,我们能发现两个不同的均衡税率。随着税源的增加,税率的种类也会增加。此外,如果我们超越图形分析的限制,允许每个税基拥有各自的税率结构,那么整个系统的复杂性也会相应提高。如果我们考虑到对每个税基实行特别规定,那么复杂性将成倍提升。

原则上来说,一个追求"支持最大化"的执政党希望对指定税基内的纳税人采用不同的税率。这种依据个体而量身定制的税率能够最大程度地提供预期支持。然而,实现这种有针对性的个体政策分化需要政党投入大量的行政成本,从而可能降低政党提供公共利益的能力。其结果将是一个折中的解决方案,就是将个体纳税人分为不同的税率等级,每个税率等级的成员适用相同的税率。

税收的一些特别规定,如扣除、免除和不征税,能够起到相似的作用。旨在让预期支持最大化的决策者将使用这些特征,能够在对个体纳税人征税时提供额外的灵活性,从而在相对较低的行政成本的基础上,实现其目标。最终的结果是,基于每个税基形成一套税率结构,在这一结构内,对每一种税源提供多元化的特殊税率选择。

图 6.3 还可以直接体现出外部冲击对关键变量的均衡值所产生的影响。假设税源二的边际政治成本函数(如图中面板 B 所示)向上倾斜,如图 6.3 所示。造成这种变化趋势的一个可能的原因是,当汽油价格经历了一个突然且大幅度的上涨时,汽油税的政治成本也会发生变化。这种性质的改变将减少预算规模(面板 C),同时导致其他面板中均衡值的变化。如图中所示,t_2 将下降到 t_2',而 t_1 将增加到 t_1'。财政收入份额同样会产生新值,即第二个税基在

---

① 图形分析假设拉弗曲线仅仅依赖一种税率,而不是两种。在另一个更为普遍的数学分析中,这种限制可以被取消。

总收入中将占比更低。

基于图 6.3 所形成的实证研究策略，在过去的研究中已经被证实颇为有效。如果我们能确定影响边际政治成本函数位置的外源性因素，我们就可以通过对这些因素的研究来解释不同管辖区内不同税收系统结构之间的差异。比如，这种研究路径能够使我们弄清楚，为什么美国一些州政府高度依赖个人所得税，而其他州政府则很少使用该税种。此外，它也可以用来解释国际税收制度设计的差异。我们将在后面的章节中对这种实证研究方法进行拓展。

作为理论工作基础的其他模型

还有一些被现有研究采用的但在文章里未被讨论到的模型。由于文章所限，无法对每一个模型进行详细的说明，这里仅对其作简单概述。[①]

有学者将中间选民模型与外延性假设（extensive assumptions）相结合，如限定投票安排与顺序、限定有效选择项的制度化安排，这一研究方法常被称为结构诱导均衡分析。尽管基于这种研究的理论预设高度依赖被假设的制度背景，在相关政治环境得到严谨规定的前提下，相关研究也得出了一些有趣的研究结果。该研究的不足之处在于，作为分析中的决定性因素，制度本身是外生的（exogenous），没有在分析中得到详尽的解释。

结构诱导均衡分析预设了民主的决策制定。另一种分析模型，利维坦理论研究的预设前提是，政府精英并不接受有效的政治制约。[②] 在这种视角下，决策者在制定税收制度时，试图将从私人部门汲取的资源最大化。最开始提出这个模型的时候，是为了探索政府权力的界限和税收制度的本质，在后来的研究中，该模型也逐渐被用于针对税收总收入增长的实证研究，以及其他与公共部门相对规模有关的研究。这个模型的不足之处在于，作为统计研究的基础，其潜在的行为假设、其面对整体性框架时对均衡概念的不充分应用都是值得格外注意的。

最后一个需要了解的模型假设决策者在做出财政选择时，追求最大程度

---

① Hettich and Winer（1999）对这些模型及其模型预测的包容性比较做出了更详细的论述。
② 参见 Brennan and Buchanan（1980），对利维坦框架做出了经典论述。

地发挥代表性纳税人的效用。因为没有对任何投票过程进行假定,该路径并不纳入集体选择分析的文献综述。该路径的主要作用在于,当实证研究和代表社会福利传统的分析进行比较时,可以将其作为参考。在社会福利传统分析中,决策者被假定为旨在最大化某些社会福利指数,而不是追求他们自己的利益,而且在这种分析中,选民—纳税人的决策起不到任何明确的作用。

从理论到实证研究

需要思考的一个问题是,如何把理论观察与上述模型结合起来作为围绕税收制度结构和税制结构演变实证研究的起点?为了讨论从理论到统计研究的过渡,回归到图6.3对于投票模型的说明作为研究税收制度演变的基础将有利于研究的进一步开展。除了选择一个模型之外,我们也必须对"税收制度"做一个精确的概念界定。所有税收制度共有的三个主要成分是:税基、税率结构、税收特殊规定。对这三个因素的不同规定,是区分不同税收制度的主要依据。在这里,我们将只考虑对于税基的选择,并且注重对不同类型税源相对依赖程度的模拟。这些税源包括个人所得税、国内消费税、贸易税,以及相关债务问题等。基于此,在我们的实证模型中,因变量就是各个税源在总收入中所占的份额,或者说是在一些明确限定的政治管辖范围内,各个税源在相对国内生产总值而言的财政总收入中所占的份额。税收制度从根本上说是一整套相互关联的要素,因此我们必须构建一个方程组来解释各个税源被依赖的程度。

下一步,我们需要弄清楚每个税收份额的方程右侧应该出现哪一组解释变量。在这个过程中,被选择的潜在模式至关重要。经过图6.3对于概率投票均衡的分析,我们可以看到,至少有5种类型的变量会成为影响税收制度对某一税基或税源相对依赖程度的重要决定因素,因而必须设法对它们做出测量,并且在税收份额估计方程的等式中将其作为解释变量进行研究。本章针对这些类型的解释变量研究工作作为理论性尝试,旨在启发更多的相关研究。后面将看到,本章将采用一个简单的方程组作为结论。[①]

[①] 参见 Hettich and Winer (1991) 和 Kenny and Winer (2001),针对税收制度建模的一种类似路径的扩充性讨论。

6 公共选择与财政手段:将税收作为集体结果的分析

图6.3所体现的比较静态实验指出了可以用来解释对某一税源相对依赖程度的第一组因素。这一组政治因素决定了面向某个税基征税(对于选民福利)所产生的经济后果是如何转变成政治阻力的(在图6.3中,这些因素决定了每个边际政治成本函数的图形走向)。方便起见,在之后的使用中,我们用矢量P来表示这些因素。各个税源会造成直接的影响,这些影响会造成一定的政治阻力,为了应对阻力而产生的成本,可以作为上述政治变量的一个简单例子。需要注意的是,针对这些政治因素的相关数据收集工作本身就很可能是一项具有挑战性的工作。

接下来的三组因素可以通过仔细观察图6.3各个面板下方的拉弗曲线和下面的图6.4得出。每一条拉弗曲线的位置很有可能取决于影响潜在税基规模的决定性因素,用矢量B表示。我们以自然资源税中影响自然资源储备规模的决定性因素为例。

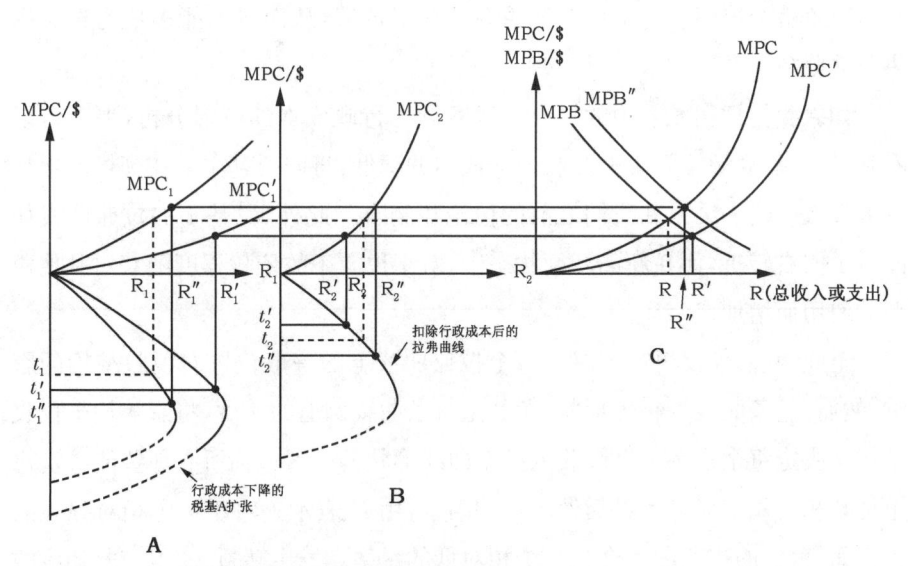

R', t_1', t_2' =税基A扩张的结果或税基A行政成本下降的结果
R'', t_1'', t_2'' =公共服务的政治收益增加的结果

图6.4 政治均衡模型中的比较统计

图6.4通过税源1的潜在税基在各个税率上规模得到扩张的不同后果,说明了B类型的因素所起的作用。正如图中所示,税基1的拉弗曲线达到

转折点时，相应的边际政治成本函数也开始向下倾斜（给定 P 值）。无论是出于何种目的的税基扩张，都很可能减少依赖这种收入来源而产生的政治成本。至少有两个原因可以作为解释：第一，因为扩大税基使得征税主体可以通过更低的税率征收到同等的收入，从而减少了超额负担和税收全成本（full costs of taxation）。第二，由于相同的税收收入可以在纳税人之间更广泛地分摊，因而在固定的组织成本条件下，针对税收的有效政治阻力将会更少。如图 6.4 所示，新的均衡状态增加了对税基 1 的依赖而减少了对税基 2 的依赖。①

另一组可以用作解释变量的因素是那些影响从所有税源筹集财政收入的行政成本的决定因素，用 A 表示。行政成本在财政收入筹集和可提供的公共服务之间扮演了中间角色，因而能够影响任何一个政党派拉拢选票的能力。比如说，在特定税源和指定税收总收入的条件下，如果行政成本降低了，那么政治竞争就会迫使政府增加对该税源的相对依赖，从而尽可能多地为选民提供公共服务。

如果我们把图 6.4 中的拉弗曲线解读为行政成本的图形分析，那么可以看到，用于从税源 1 筹集财政收入的成本的降低，将同税基 1 潜在规模的增加一般等效。这一结果和我们之前的讨论相吻合。此外，税基 1 的拉弗曲线如图所示向右转折，而在新的均衡状态中，对于税源 1 的依赖程度随着对其他税源的使用而增加。

至此，我们仅仅讨论了对于每个拉弗曲线上的一般位置对税收结构的影响，然而，每条曲线的精确形状，尤其是每条曲线倒退的速度，将影响均衡税收结构。决定每个税率－财政收入关系曲线形状的因素包括所有那些能决定每个税基相对税率而言的灵活性的影响因素，用 E 表示。对于一个相对弹性的税基而言，它的拉弗曲线会在一个相对低的税率点发生转折，使得与此相应的税基作为税收来源的吸引力相对减弱。

最后，我们必须考虑决定提供公共产品和服务所产生的政治收益的影响因素。将这种类型的解释变量纳入分析的原因可以从图 6.4 看出：随着边际

---

① 只要完整的实证模型被建构起来，任一税基潜在规模的扩张会导致对该税基的相对依赖增加的这一预测，就能在模型中经受实证检测。

政治收益曲线(MPB)向右移动,公共部门的规模有所增长,对源于公共部门活动的收益评价也更高。从图中可以看出,这种外源性的变化导致了公共部门规模的增长,也导致了对于所有(两种)收入来源的依赖程度的提高。①

一组简单的估计方程

基于以上内容,我们有必要将上述讨论写成如下方程组进行估算:
$R_{jt} = f(P,B,A,E,G) + E_{jt}$; $j = 1,2,\cdots,J$ 和 $t = 1,2,\cdots,T$。
R_{jt}=在时间 t 从税基或收入来源 j 筹集的财政收入。
P=一组决定某一税收的完整经济负担转变为政治阻力的影响因素。
B=一组决定潜在税基规模的影响因素。
A=一组决定从各个税源筹集财政收入而产生的行政成本的影响因素。
E=一组决定拉弗曲线形状的影响因素(比如能决定税基相对税率而言的弹性的因素)。
G=一组决定公共服务感知利益的影响因素。
E_{it}=随机误差项,有可能是序列相关或者异方差。

另一个替代方程组则是把从每个税源征收的相对国内生产总值而言的财政收入,R_{jt}/国内生产总值,放在方程的左边。

这个方程组的某些特征值得进一步研究。第一,作为代表一种政治过程均衡产出的方程组,它是一个简化的系统。其中,每个能够影响任一税源的解释变量化约后被写入表示每一种关联性关系的估计方程。也就是说,举个例子,代表个人所得税税基的变量同样会出现在通过国内消费税筹集财政收入的相关份额公式中,因为从理论上说,我们预测对于其他税基(如消费)的依赖在所得税税基扩张的情况下也会发生改变。第二,由于财政收入份额的总和总是等于1,所以关于任意解释变量系数的和必须是 0:如果这个变量的增加导致了对某一税源的依赖,它必然导致对其他(某一或所有)税源依赖的减少。同理,随机误差项在每个时间点的方程和必须为零,这也就意味着,这一方程

---

① 参见卡乌和鲁宾(Kau and Rubin,1980)、肯尼和维纳(Kenny and Winer,2001)关于上文讨论的解释变量的进一步讨论和实例。

组"表面上看并不相关"。

第三,如果我们要考虑公共部门的规模在各个税基相对国内生产总值而言被全部覆盖的基础上有所增长而造成的影响,那么,对 R_{jt}/国内生产总值在各个等式中作为因变量而使用的方程组进行估算就显得非常必要。

对用来解释税收份额或者相对于国内生产总值而言的税收收入的估计方程组进行估算,可能会得出怎样的结果呢?从已有的相关实证研究工作中,至少可以得出两个实证规律(Hettich and Winer,1984,1991;Kenny and Winer,2001)。

(1)有强有力的证据表明,当潜在税基的规模增长时,收入结构会相应调整,对更大或者增长中的税基产生更大依赖,对其他税源的依赖则会相对减少。比如在自然资源充沛的政治管辖区,政府在很大程度上依赖自然资源收入。这一点在石油生产国尤其如此。此外,美国和加拿大的一些省和州也同样适用。

(2)随着公共部门规模的扩大,所有的税源相对于国内生产总值而言,尽管程度不一,但往往会更多地依赖。一些税源的相对重要性下降,而另一些税源却在增长以弥补损失,这似乎不是事实。

其他有趣的应用和研究领域

前文讨论的实证模型为我们提供了一个利用政治均衡实证模型分析税收制度形成和演化的实证研究案例。在这一节中,我们将简要概述实证应用的另外五个领域。文章将继续用说明性的方式进行讨论。在赫蒂奇和维纳(Hettich and Winer,1999:8)、肯尼和维纳(Kenny and Winer,2001)、贝克和古尔德(Baker and Gould,2001)的研究中,可以找到大量的参考文献。

(1)税收框架的演化。如前文所述,所有的税收制度都有着三个基本组成成分:税基,税率结构,税收特别规定。文章之前的部分所讨论的实证应用仅仅考量了第一个成分——税基。现有的研究中只有一小部分尝试为税收框架内不同部分之间的关系进行建模。

让我们思考一下以下的情况:某一管辖区正在考量是否需要增加对个人

所得税的依赖。而随着所得税税率的增加,针对政府的全面反对也会增加。这种对政府的反对尽管不能全面消除,但是可以在一定程度上得到减弱,前提是在税率增加的同时,面向那些很可能形成特别强硬抵抗的纳税人群体提供一些税收特别规定。这些特别规定可能包括为某一特定群体的纳税人提供税收抵免或抵扣。当然,这些特殊规定会造成税收收入的减少,但是实际情况也很可能是,总体而言,总收入会比不提供特殊规定的情况要高。根据艾瑞克·林达尔(Lindahl,1959)的研究,如果少数人能在不公正中能找到一些公正,那么多数人就有可能对少数群体征更多的税。

上述案例说明,能够涵盖不止一个、同时处理多个税收框架组成部分的联立方程模型的构建,应该提上我们的研究日程。需要注意的是,在绝大多数情况下,建立一个并非在各方面都完善的方程组,作为一个实际问题来说,是非常必要的,因为这样一来,围绕应用计量经济学家的选择就可以产生一些有趣的问题,也可以就相关的阐释问题提出有趣的假设。

(2)不寻常的权衡:税收还是监管:为追求连任,政府必须使用所有可用的政策工具。尽管到目前为止我们仅仅涉及了税收框架不同部分之间的关系,但是各政党也将权衡税收和其他政府工具之间的后果。

这种权衡的一个有趣的例子是减税和限制新公司进入市场,作为产生选票和竞选捐助的方式。针对大量无组织的选民减税将直接产生选票。对于把追求政治支持作为第一要事的行业来说,进入该行业的限制,或者说"规定",同样可能被用来(从受影响的工人中)直接生成选票,以及通过增加竞选捐助间接获得选票。准入限制同样会提高普通选民的价格。因此,在决定如何开展的过程中,政党必须权衡不同政策工具所带来的收益和成本(就选票而言)。

由此产生的对税收和其他政策工具,比如政治竞争过程中监管的可替代性的研究值得得到比以往更多的关注。[①]

(3)政治制度和税收构成。另一个成果颇丰的实证税收研究领域是对各种类型的民主和非民主制度下的税收制度进行比较分析。该类研究的代表有马斯格雷夫(Musgrave,1969)、斯坦莫(Steinmo,1993)、利瓦伊(Levi,

---

① 凯尔曼(Kelman,1999)做出了相关研究的特例。

1988)、肯尼和维纳(Kenny and Winer,2001)。需要指出的是,即使是在专制政权下,税收数据的质量也相当好。所有的政权都需要财政收入,而且在税收规模被保密的情况下必须始终关注税务征收者不断提高的偷窃能力问题。此外,在接受国际援助的过程中,一些税收的公共数据也经常被要求予以提供或者披露。

就目前而言,没有一个模型可以把民主和非民主的政治制度纳入同一个概念框架中,这也是从所有类型的政权中获取数据、形成数据池之后所面对的一个难题。另一方面,揭示有关不同类型政治制度之间税收制度差异的基本程式,事实很可能有助于建构更为包罗万象的理论,因此需要进一步地拓展研究。

在寻找这种基本程式化事实的过程中,出现了一个有趣的问题:即人民的同意是否对税收的水平或结构具有影响。(人们希望答案是肯定的。)另一个值得进行实证研究的相关问题是,在非民主政体中经常被作为政策工具使用的压制手段在征收类似个人所得税等较难征税的税源时,能否成为自愿服从的替代选择?

(4)竞争性政治体制中收入结构的适当模式的识别问题。我们在第四部分注意到,一些学者认为,即使是在竞争性政治体制中,也存在着利维坦——比如政治制度里的一些趋势。在一个民主制度下的税收模型中,委托代理问题在与其他框架的对比中起着至关重要的作用。比如在概率投票模型中,对政治代理人的约束被认为是足够强的。

有趣的是,将两种不同的研究路径进行实证性的区分,比我们想象的要难很多。图6.5可以用来解释这种难度。从图中可以看出,在经济增长前后,形成了与某一特定税基相关联的拉弗曲线。一个简化的利维坦模型预测政府总是会处于拉弗曲线的转折点,即增加对税源的依赖。从图中可以看到,受到民主制度约束的政府在位于曲线向上倾斜的部分时,会采取与利维坦类似的调整路径。因此,在诸如前文所讨论的那些收入结构模型中,针对每一种类型的模式,其估计方程普遍都是一样的,除了每一个解释变量的系数精确值是不一样的。两种模型之间一个关键区别在于政治因素,即前文中的P。这些因素在基于民主选择的框架内会出现,而在利维坦模型的测试中却没有出现。

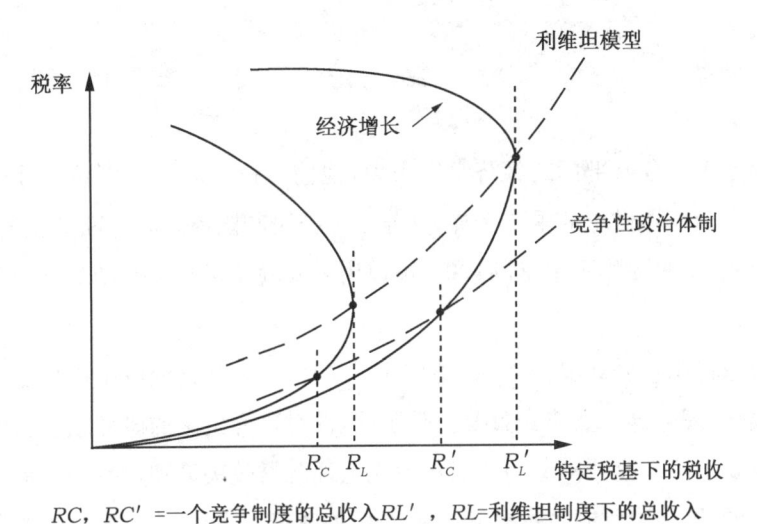

图 6.5 在税收制度制定中识别委托代理问题的作用

RC，RC' =一个竞争制度的总收入 RL'，RL=利维坦制度下的总收入

(5)政府治理和税收制度的结构性特征。我们将要介绍的最后一个研究领域是不同于选举研究的(政府)治理作用研究。关于政府的研究不应该局限于选举竞争的研究议题。政治制度的本质——比如议会和国会的政府形式——在决定政策产出的过程中同样重要。换句话说,政府供给方的组织同样重要,而不仅仅是因为在控制公务员方面存在问题。

政治制度如何影响税收结构?通过研究不同制度下民主国家中的税收制度,我们或许能找到问题的答案。赫蒂奇和维纳(Hettich and Winer, 1999: Chapter 11)比较了美国国会系统和加拿大议会系统下的税收制度。他们认为,国会制度下应对经济冲击的交易成本相对较高,因为在国会制度下,一项合议的达成需要通过政府三个分支部门的同意,而在议会制度下并不会出现这个问题。因为根据定义,议会制度下政府控制议会。因此我们可以得出推论,美国的税收制度调整不如加拿大频繁。这也是赫蒂奇和维纳的研究所得出的预测。类似的结论也可以在关于政府总体规模的研究中得出。佩尔森和塔贝利尼(Persson and Tabellini, 2001)研究了1960年以来的61个民主国家的样本,发现政府的规模对总统制政权冲击的反应较小,在总统制政权下,权力中心为影响力和控制力而竞争。

结　论

对于关注公共部门的经济学家来说，他们对税收研究特别感兴趣。财政史记录了由集体做出的重要选择，并显示了公民和国家之间不断变化的关系。此外，税收历史提供了丰富的数据，可以用来检验关于政策行动的性质及其后果的假设。

投票机制在公共部门资源分配中所起的作用和私营经济中市场所起的作用相类似，理解这一点非常重要。基于此，针对这种机制的研究在税收研究中处于重要地位。投票模型为我们从理论上理解财政决策和财政结构提供了基础。此外，围绕税收制度本质和一系列相关政策问题的实证研究产生了估计方程及其派生研究，其中投票模型的研究正是作为其理论出发点发挥着作用。

这一章回顾了投票模型的运用以及它们如何与财政制度的实证研究产生了关联。涉及税收的大量问题都可以通过基于集体选择分析的框架展开研究。这些问题包括如何确定收入构成，在公共预算中为何某一（些）来源比其他来源更为重要，为何以及如何在财政政策设计中使用特别税收规定。此外，还可以对在不同的地方管辖区、州或省、以及不同国家观察到的不同财政模式进行比较研究和解释。最后，我们可以提出与税收和其他政策工具（如监管）之间的权衡，以及宪法结构和政治制度对实际财政结果的影响。

尽管在经济学中，税收研究由来已久，但是基于集体选择模型的财政决策分析和财政制度分析则相对而言是一个较新的现象。这也使得这个研究领域充满挑战，等待着学者在研究设计中提出更新、更具创新性的方案，等待着实证的研究结果推进我们的了解和认知。一个多世纪以前，斯堪的纳维亚经济学家克努特·维克塞尔和埃里克·林达尔创造了一种看待公共部门分析的新方法。虽然本章讨论的最新研究呼应了这一传统，尽管在理解公共部门选择的运作方面取得了很大进展，但我们仍然没有完全实现维克塞尔和林达尔提出的最初愿景。系统地建立在投票模型上对税收展开的创造性工作，将极大地推动就公共部门展开的理论和实证研究，并实现全新的和更为完整的综合。

参考文献

Black, Duncan (1958). *The Theory of Committees and Elections*. Cambridge, MA.: Cambridge University Press.

Baker, Peter J. and Gould, Andrew C. (2001). "Democracy and Taxation". University of Notre Dame, Unpublished, 2001.

Brennan, Geoffrey and Buchanan, James (1980). *The Power to Tax: Analytical Foundations of a Fiscal Constitution*. Cambridge, MA.: Cambridge University Press.

Coughlin, Peter (1992), *Probabilistic Voting Theory*, Cambridge, MA.: Cambridge University Press.

Coughlin, Peter and Nitzan, Shmuel (1981). "Electoral Outcomes with Probabilistic Voting and Nash Social-Welfare Maxima", *Journal of Public Economics* 15, pp. 113—121.

Downs, Anthony (1957). *An Economic Theory of Democracy*, New York: Harper and Row.

Enelow, J. and Hinich, M. (1984). *The Spatial Theory of Voting*. Cambridge, MA.: Cambridge University Press.

Enelow, J. and Hinich M. (1990). *Advances in the Spatial Theory of Voting*. Cambridge, MA.: Cambridge University Press.

Ferris, J. Stephen and West, Edwin G. (1996). "Testing Theories of Real Government Size: U. S. Experience, 1959—89". *Southern Economic Journal* 62(3), pp. 537—553.

Hettich, Walter and Winer, Stanley L. (1988), "Economic and Political Foundations of Tax Structure", *American Economic Review* 78, September, pp. 701—713.

Hettich, Walter and Winer, Stanley L. (1999). *Democratic Choice and Taxation*. Cambridge, MA.: Cambridge University Press.

Hettich, Walter and Winer, Stanley L. (2000), "Rules, Politics and the Normative Analysis of Taxation", unpublished manuscript, p. 39.

Kau, James B. and Rubin, Paul H. (1981). "The Size of Government," *Public Choice*, 37(2), pp. 261—74.

Kelman, Mark (2001). *Strategy or Principle?: The Choice Between Regulation and Taxation*. Ann Arbor, MI.: University of Michigan Press.

Kenny, Lawrence and Winer, Stanley L. (2001). "Tax Systems in the World: An

Empirical Investigation into the Importance of Tax Bases, Collection Costs, and Political Regime," *Carleton Economic Papers*.

Levi, Margaret (1988). *Of Rule and Revenue*. Berkeley, CA.: University of California Press.

Lindahl, E. (1958). "Just Taxation: A Positive Solution." R. A. Musgrave and A. Peacock, (eds.), *Classics in the Theory of Public Finance*, New York, NY.: Macmillan, pp. 168—177.

Lindahl, E. (1959), "Om Skatteprinciper och Skattepolitik," in *Ekonomi Politik Samhalle*, Festschrift for Bertil Ohlins, Stockholm, 1959. Translated by T..L. Johnston as "Tax Principles and Tax Policy," in A. Peacock, R. Turvey, W. Stolper, and H. Liesner (eds.), *International Economic*, No 10. London, UK.: Macmillan, pp. 7—23.

Mueller, Dennis (1989). *Public Choice II*. Cambridge, MA.: Cambridge University Press.

Musgrave, Richard (1969). *Fiscal Systems*, New Haven, CT.: Yale University Press.

Persson, Torsten and Tabellini, Guido (2001). "Political Institutions and Policy Outcomes: What are the Stylized Facts?"Center for Economic Studies and IFO Institute for Economic Research, Munich Germany, Working Paper 459, April.

Schumpeter, Joseph A. (1981). "The Crisis of the Tax State". Translated in A. Peacock et. al., (eds.), *International Economic Papers* 4, London, UK.: Macmillan & Co., pp. 29~68.

Wicksell, Knut (1896), "A New Principle of Just Taxation," in Musgrave, Richard and Peacock, Alan (eds.), *Classics in the Theory of Public Finance*, New York, NY.: Macmillan & Co.

Winer, Stanley L. (2002). *Political Economy in Federal States: Selected Essays of Stanley L. Winer*. Cheltenham, U.K.: Edward Elgar Publishing.

Winer, Stanley L. and Hettich, Walter (1998), "What is Missed if We Leave Out Collective Choice in the Analysis of Taxation", *National Tax Journal* 51(2), pp. 373—389.

Wintrobe, Ronald (1996), The Political Economy of Dictatorship, Cambridge, MA.: Cambridge University Press.

7 消费税与利益集团政治

兰达尔·G. 霍尔库姆
(Randall G. Holcombe)

在美国,消费税是一个很小但却并非微不足道的税收来源。联邦消费税约占联邦全部税收的 6.6%,州消费税约占州全部税收的 16%,地方的消费税约占地方全部税收的 3%,综合所有不同层级的政府全部税收,消费税合计约占美国总税收的 8%。[1] 公共财政理论为依赖于消费税提供了几个理由,本章对标准公共财政理论关于消费税的分析进行了批判性的评价。标准公共财政理论在讨论征收消费税时所存在的一个根本问题是,它忽略了消费税所产生的政治环境。这是一般的经济学在分析税收时都存在的问题,但相较于其他类型的税种,政治环境为消费税带来了更多的问题,这由几个原因造成。在讨论了利益集团政治主张实行消费税这一问题之后,本章会讨论在当前消费税所处的政治环境中的最优消费税政策。最后的结论是,虽然应该避免消费税,但是在比较有限的情形下消费税也有合理性,即在消费税的收入能让消费税纳税人获得针对性福利的时候。

本章的关注点在于利益集团政治给消费税带来的多于其他类型税种的三个主要问题。第一,尽管公共财政政策为征收消费税的正当性提供了理由,但是它并没有提供任何方法来确定每种理由何时适用,或者如果有几种理由同时发挥作用,那么它们之间的关联是什么。这就为利益集团根据相互冲突的标准支持或者反对消费税打开了大门,经济学理论也并未提供什么方法来区

---

[1] 数据来源:Statistical Abstract of the United States, 120th edition (2000), p. 302.

分不同的利益主张。第二，即使很清楚是哪些标准来决定消费税在特定情况下是适用的，所有这些由公共财政理论提供的标准都需要一些难以被直接观测的信息。因此，如果要根据标准公共财政理论的基本原理来使用消费税，那么这些信息必须通过政治过程产生。这又一次为利益集团政治打开方便之门，它们可以参与政治过程来暗中操纵那些被用来决定税收结构的信息。第三，消费税是再分配性质的，这意味着就其本质而言，它在自然地保护一部分人的利益同时，又反对另一部分人的利益。

征收消费税的理由

标准的公共财政理论支持消费税征收的理由大概分三类：消费税是一种税收来源；消费税可以采取行动阻止人们购买那些将消费税强加给他们的商品；消费税可以被用作一种支持某些产业的产业政策工具。这三种主要的理由同时又可以被细分为几种不同的观点。

征收任何税收，一个主要的理由是它提高了国家的财政收入。在这种情况下，消费税被认为是对一般财政收入提高带来的超额负担最小化的一种方法，也是一种实现税收受益原则的方法。拉姆齐(Ramsey,1927)指出，当多种商品被征税时，在符合某些特定条件的情况下，当消费税税率与商品的需求弹性成反比时，超额税收负担将被最小化。[①] 拉姆齐法则中的最优消费税制度是税收政策中最有效的原则之一，这个制度建议消费税结构安排要最大限度地减少因税收导致的福利损失。布坎南(Buchanan,1976)对这种最优税收制的概念进行批评，因为这项制度没有考虑如何使用税收收入。[②] 布坎南建议设计一种税收结构来实现税收的受益原则，这是消费税被认为是合理的财政收入来源的第二种解释方式。因此，消费税作为政府财政收入来源的一般理由为消费税的设计提供了两个具体建议——消费税应该符合拉姆齐原则，应该遵循税收受益原则，布坎南(Buchanan,1976)认为，至少在某些情况下，这

[①] 关于拉姆齐法则更加详细的解释可以参考 Holcombe(1996:221—223)。
[②] 布坎南(Buchanan,1976)的批评更多的是针对 Diamond and Mirrlees(1971)关于最佳税收的论述，但是他的批评同时也适用于将拉姆齐法则用作决定最佳税收政策的方法。

两种建议意味着两种不同的税收结构。

征收消费税的第二个主要理由是,消费税可以阻止购买某些特定的商品。根据这种推理,征收消费税可以作为一种控制负外部性的方法而被支持,这使用了至少可以追溯到庇古(Pigou,1924)的论证,并且也可以作为一种阻止购买马斯格雷夫(Musgrave,1959)所说的无益品(demerit goods)的方法。无益品和产生负外部性的商品并不一定是同样的商品,因此这两个子理由并不一定指向相同的消费税结构。例如,奢侈品税某种程度上可以证明这一推理(Frank,1999),但是购买奢侈品并不必然产生负外部性。即使同意征收消费税可以阻止购买特定的商品,但是确定哪些商品应该征税的标准是有冲突的。

第三,消费税被证明是一种通过支持某些产业或抑制其他产业来改善资源配置的一种方法。如果关税也被视为一种消费税,那在现代经济中它们获得的收入很少(仅占联邦税收收入的2.3%,占总体国内税收收入的1.1%),但它可以用于保护国内产业免受外来竞争对手的影响。一般来说,消费税可以作为产业政策的工具,以牺牲其他产业为代价来支持特定产业的发展(Thurow,1985)。

对经济学家提供的征收消费税理由的简要回顾表明,至少有以下五种不同的理由:

(1)实施拉姆齐法则,以尽量减少消费税的超额税负。
(2)落实税收的受益原则。
(3)将生产的外部性内部化。
(4)阻止对无益品的消费。
(5)作为产业政策的一部分,鼓励某些产业或抑制其他产业的发展。

这些理由在经济学中并不是边缘概念,它们都是主流公共财政理论的一部分,但每一个理由都意味着不同的消费税结构。提供这些理由的理论并没有给出明确的方法来判定在什么情况下适用什么样的理论,如果同时适用多个,那么它们之间又该如何进行权衡与协调。

这些潜在不一致的征收消费税的理由所造成的模糊性影响了消费税的标准理论,当考虑到利益集团政治时,又会产生更加深刻的影响。从纯粹理论的观点来看,虽然公共财政理论确实有许多不同的针对消费税的理论,但是它们之间彼此不一致。因此,虽然每个理由单独存在是相对无疑的,但公共财政理论实际上并没有提供一个明确的最优消费税理论。这些不同的消费税理论表明,公共财政理论并未提供一个单一的方法来确定是什么构成了最优消费税。

为何经济学提供了许多被普遍接受的消费税理论,但却没有一个能够普遍适用呢?答案是,上面所列出的每一个消费税理论的发展并不打算确定一个最优的消费税结构,而是为了应对其他类型的问题。拉姆齐(Ramsey,1927)可能最接近于尝试确立一个最优的消费税结构,但他解决的是一个更狭义上的问题,即如何结构化消费税,以便能够最大限度地减少在给定的税收收入总额中消费税带来的额外负担。但是如果想要实现受益原则,那就应该将消费税这样使用;想要那些产生外部性的人考虑他们对他人施加的成本,就要让消费税那样使用;想要阻止无益品的消费,则又应该将消费税这样使用。同样的逻辑适用于每一个正当性理论,但他们相互之间又是不关联的,没有一个(可能拉姆齐的除外)尝试为最优消费税提供一个普遍性的理论,相反,他们各自提出消费税作为实现某个其他目的的机制。结果就是形成了一套被普遍接受但却彼此不一致的理论。正因为如此,利益集团政治对消费税来说,可能比对其他类型的税种带来更多的问题。

因为经济学理论为消费税提供了许多相矛盾的理论依据,利益集团可以使用符合自己利益的依据来支持或者反对特定的消费税。而在理论上又没有正确的答案,所以不同的理论可以为不同的利益集团所支持,这对公共财政来说是一个理论问题。鉴于为消费税提供了多种理论支持,如果税制是由一个全知的、仁政的政府所设计,那么什么样的消费税结构才是最优的呢?这同样带来了一个政治问题,因为理论上没有一个明确的正确答案,那么实践中税收结构可能根据不同利益集团的力量强弱而不是客观标准来设计。任何一方可能就任何的政策决定提出相同的问题,由于有多种普遍接受但却相互矛盾的理论存在,消费税的问题可能因此加剧。

信息与最优消费税

在标准经济学理论提供的多种最优消费税征收方法中,全都需要不易被

7 消费税与利益集团政治

直接观测到的信息。通过观察前文所列出的几点可以看出这是真的。征收消费税的最佳理由可能是,对不同的商品征收不同的税率可以最大限度地减少消费税的超额税负。拉姆齐法则表示,当许多商品被征税时,在符合特定条件的情况下,当消费税率与商品的需求弹性成反比时,消费税的超额负担可以达到最小化。然而,商品的价格作为市场数据可以清楚地观察到,但商品的需求弹性却不是这样,而是必须以某种方式进行估计。而且,正如价格可以变化一样,需求弹性也是可变的,因此无法保证上个月对一个商品需求弹性的评估今天仍然适用于该商品。为了实施拉姆齐法则,实际上需要不可观察的信息,因此信息必须在政治过程中产生。但政治进程没办法验证它使用的需求弹性是否精确,这就提出了政治决策者如何在实际过程中产生需求弹性的问题,使得决定适当弹性的过程会被特殊利益集团暗中操纵。也是因为弹性需求无法观察,这导致政治决策者即使想要实施拉姆齐法则,也会因为弹性的不可预测而没有足够的信息来完成。

前文提到的支持消费税的下一个理由是,它们可以用于实现税收的受益原则。受益原则的优点最早是由亚当·斯密(Smith,1776:777)明确表述的,并且至今仍然是标准公共财政理论的一部分。但是,就像需求弹性刚刚所讨论的一样,人们从政府政策输出中所获得的收益是不易被观察的。当萨缪尔森论证供给公共产品时,也是持这一观点,他声称没有较好的方法来确定人们对公共产品的偏好。随后,蒂伯特(Tiebout,1956)、米纳斯安(Minasian,1964)和其他人确定了用市场机制可以揭示人们偏好的方法,但是,正如萨缪尔森本人所强调的,他的观点用于税收的受益原则仍然成立。当消费的商品通过征税来融资而不是直接由消费者购买时,就没有办法衡量消费者从消费商品中所获得的收益。按照受益来收费这样的理由来征收消费税,国家没有办法实际测量这些利益。如果通过政治过程来评估消费政府产出的收益,同样这种测量可能会被扭曲。关键点在于,如果征收消费税是基于税收受益原则而有正当性的,国家并没有足够的信息来衡量纳税人所得到的实际收益。

这种情况的例外是将消费税作为用户使用费的某些情形,在这一情形下,消费税类似于市场价格。如果费用无法被直接收取,消费税可以被指定用来让纳税人受益的特殊支出。纳税人认为这些特殊支出是符合成本-收益原则的,就会同意为这些支出缴更多的税。因此,当消费税因受益原则而获得正当性时,政治过程可以提供一种显示性偏好机制。这是下面要进一步讨论的一种情况,在这一情况下将税收制度设计的政治过程考虑进去,此时消费税的征收是有意义的。

消费税也被认为是矫正负外部性的税法。这种观点至少可以追溯到庇右(Pigou,1924),现在依然是经济学家的公共政策"工具箱"的一部分。同样的,由于外部效应存在于某些有价值的稀缺资源没有市场的地方,无法客观地准确测量外部效应的实际成本,因此也必须加以估计。与消费税的其他理由一样,为消除负外部性导致的资源不合理分配,应用消费税所需的信息也必须通过政治过程确定,其中特殊利益者就有动机以有利于自身的方式改变政府的评估结果。那些制造外部性的人有动机去论证他们对他人施加的成本很小,而外部性生成者的竞争对手则有动机去认为这一成本很大。没有对外部性成本的客观评估,恰当的税收最终将通过政治活动而非客观的标准来确定。

针对烟、酒、游艇和私人飞机等商品征收的消费税,也能因为被称为"罪孽税"或"奢侈品税"而得以正当化,因为这些商品的消费被许多人认为是不需要的或不必要的。同样的,这些也是无法客观测量的,一些人认为不欲求的消费,在另外一些人看来可能是必需的。例如吸烟在20世纪中叶是一种被普遍接受的习俗,但在20世纪末被认为是一种不良的并且是社会几乎不能接受的上瘾行为。对汽油的看法也经常会从一端移动到另一端,自然资源保护论者认为应该对汽油征收更高的消费税,将其视为浪费资源和污染源;但与此同时,为应对在2001年出现的能源短缺价格升高的事件再次发生,有人呼吁降低石油的消费税,认为这种必需品的高价格会伤害穷人和减缓经济增长。重点在于没有客观的方法来确定一个商品是否应该作为"无益品"来征税。所以如果这一理由应用于消费税,那么税收水平将由支持或反对这一商品的团体的政治影响力决定。

消费税应被用作支持或抑制某些行业的做法同样无法进行客观的测量。历史表明,政府在区分哪些产业需要保护与支持,哪些产业需要抑制方面有较差的表现,在这方面市场这只看不见的手做得更好。这种论断使得它更适合于被政治操纵,不同的产业总是有动机去进行寻租行为,试图对他们的竞争对手征税并避免对自己征税。关键点在于,通过税收政策来支持或抑制企业或行业的经济效益情况,没办法进行客观评价。

本节考虑了在应用消费税的许多理由中涉及的信息问题。对于标准的公共财政理论提供的应用消费税的每一个理由,没有客观的信息源来确定如何设计消费税以实现该目标。标准公共财政理论制定的公共政策建议,前提假设是它们会被一个全知的、仁政的政府实施。虽然政府可以是仁政的,能够总是在其能力范围内实施最好的政策,但是政府无法做到无所不知,政治决策者无法获得实施公共财政理论建议的政策所需要的全部信息。因此即使它想这么做,政府利用现有的信息也无法设计出最优的消费税体系。这就为利益集团政治打开了方便之门,因为不同的利益集团都试图操纵政治决策者用于设计消费税的信息以达到维护自身私利的目的。

消费税固有的再分配属性

宽税基的税种如个人所得税、一般销售税和财产税,本质上比窄税基的消费税有更少的再分配属性。宽税基的税种限制了不同利益集团之间的利益差异,因为不同的利益集团会以同样的方式受到影响。窄税基的税种使纳税者和不纳税者的利益对立起来,而宽税基的税种会使一个群体与另一个群体在税收份额上产生对立,如个人所得税的累进税制或销售税中的豁免制度。因此,宽税基下利益集团之间的差异较小,而窄税基的税种只有小部分人支付税收。即使消费税是被用来实现受益原则,它也会具有潜在的再分配性,因为它针对的是一小部分人,从政治视角看,扩大税收来为纳税人以外的群体提供福利是有吸引力的。

根据贝克(Becker,1983)、威特曼(Wittman,1989)、赫蒂奇和维纳(Hettich and Winer,1988)的观点,有一种推理认为立法机关就是一个政治市场,虽然税收结构由利益集团政治所决定,但政治市场的调节作用将会产生一个有效均衡的税收结构。它会权衡不同利益集团的政治诉求,引导政治市场像经济市场一样有效率,并以同样的方式对它加以均衡。基于寻租(Tullock,1967;Kreuger,1974)和利益集团政治(Weingast, Shepsle and Johnsesn,

1981;Holcombe,1985)的理论,对这一问题有不同的观点,他们认为政治市场并非以类似于经济市场的方式运作。政治市场中所产生的最优税制并不适用于有特殊再分配意义的税种,如消费税。原因有两点:第一,再分配的税种不一定可以达到均衡的结果;第二,由于税收的强制性特征,资源会被低效地用于寻租。

再分配的税收

政治过程是否会产生结构均衡的消费税制度与消费税的再分配性质密切相关。阿罗(Arrow,1951)的著名论述是以对周期性多数的讨论开始的,麦凯维(McKelvey,1976)建议在政治决策中,周期应该是有规则的而不是例外。这些结论无论有多普遍,由于消费税的再分配性质,因而更适用于消费税。为了阐明这一观点,假设有三组纳税人将采用多数票原则来决定怎样分担税负,当然每个团体都希望消费税的负担加在其他团体身上,因此产生了三组分配方案:(2/3,1/3,0)、(1/3,0,2/3)和(0,2/3,1/3),这就造成了一个循环多数。根据多数票原则,第二组分配优于第一组,第三组优于第二组,第一组优于第三组,总有一个结果比其他结果更有价值。所以即使应用贝克(Becker,1983)和其他人的逻辑,由于这是一个纯粹分配性质的问题,也不存在唯一的多数原则下的均衡结果。一旦确定了一个税收结构,由于税收结构的再分配性质,总会有另一个更受多数人青睐的税收结构。

将这种情况与上一节所提到的宽税基的税种相比较,宽税基税种可以表示为(1/3,1/3,1/3),使得在这种税制下每个人所付的税收同时提高或者下降,而这与窄税基的情况下个人所付税款的减少是以牺牲别人的利益为代价是相反的。可以看出,如果宪法规定国家的财政来源只能是宽税基的税种,那么与税收相关的利益集团就会减少,虽然关于如何分配财政收入方面仍会有冲突,但是最起码宽税基税种制度消除了一个冲突的根源。如果法律规定只使用宽税基税种,那些游说提高税收的利益集团就会看到自己应付的税款也会一同上升,这就会限制他们为了增加税收而对政府施加压力。窄税基情况下,不用支付税款的利益集团反对税收的理由较弱,这就使得纳税人(窄税基的小部分群体)与非纳税人(大群体)之间的利益相互冲突。

作为窄税基的税种,消费税为利益集团提供了动机来为自己的集团降低消费税,同时通过增加他人的消费税来弥补这种降低对收入的影响。类似消费税这种有分配属性的税收,循环多数的例子说明了为什么在多数原则下无法产生均衡的税收结构,因为对于任何一个既定的税收结构,都会存在另外一个多数人会选择更优的选择。如果宪政规定一个特定的税收结构,如(1/3,1/3,1/3)这样的分配模式,就会消除这种冲突的根源,好像就更有可能存在一个均衡的结构。消费税通过将一个集团与另一个集团的利益对抗而引发政治不稳定。

宪法对消费税使用的限制可能是必须的,以确保宽税基情况下的政治利益。根据多数原则,一个征税范围较小的分配结果如(0,1/2,1/2)会多数支配宽税基的分配结构如(1/3,1/3,1/3),反过来,又会被(2/3,1/3,0)这样的分配所支配,这就会导致周期性多数的问题。政治上的多数原则创造出一种激励结构,它推动利益集团支持税基较小的税收,如宽税基税种,因为这样他们可以利用政治过程来将政府管理的成本强加于他者身上。在没有财政宪法约束的情况下,利益集团就会支持窄税基的税种(向他人征税),而不是宽税基的税种(向所有人征税)。原则上,每个人都有可能支持宽税基的税种,但如果没有对窄税基税种的约束,利益集团就总是有动机来利用消费税降低自身的税收负担,而将政府成本转嫁给其他人。

消费税作为一种征税范围较小的税种,更容易受利益集团的影响,因为它使一部分人的利益与另外一部分人利益对立。由于消费税的分配性质,效率考虑将在很大程度上变得无关紧要,因为任何的效率损失都将被可能的分配得失所掩盖。利益集团(或支持特定利益集团的立法者)不会去寻找最有效的税收类型,而是去寻找政治上力量最弱的纳税人。当试图为更多的支出提供资金时,立法机关不会使用下面的逻辑,即如何实施这种税收才能最大限度减少税收的额外负担;相反,它将使用另一种逻辑,即如果使用这种税收,反对它的团体可能没有足够的政治权力来阻止该税的实施。

威特曼(Wittman,1989)认为经济效率和政治权力应该是一样的。因为经济负担越大,利益集团就越有动力来反对税收,本质上,这是科斯定理

(Coase,1960)在政治上的应用。然而科斯的观点并不是说经济产出总是有效率的,而是交易成本的存在会阻碍它们的实现,而政治决策带来的交易成本远远超过市场的交易成本。正如奥尔森(Olson,1965)在他的经典著作中所指出的,并非所有的利益集团都有相同的组织能力。较小的团体往往比较大的团体更具凝聚力,因为小团体中"搭便车"行为较少,那些因为其他理由而不仅仅是为了提议税收组织起来的团体(如贸易协会)比那些组织起来专门反对政府征税的团体更有优势。威特曼的论点在一个交易成本为零的世界中成立,并且如果所有团体的交易成本大致相同,就更接近现实。然而在现实世界中,被征税的各个团体之间组织和游说成本有着巨大的差异,该论证是无效的。

消费税的分配性意味着任何税收结构都可能被多数人规则的替代税收结构所击败。政治进程可以产生一个均衡有效的消费税结构这一观点是经不住反复推敲的。这些论点可以适用于任何类型的税收,但是他们更适用于消费税,因为消费税在本质上比宽税基的税种更具再分配性。通过设计税基范围较窄的税收,为一些利益集团通过向其他利益集团征收消费税而进入政治过程获取资源创造了可能性。因此,政治上的利益集团在消费税问题上会尤其活跃。

税收的强制性

任何税收都带有强制性,然而,消费税的分配性质使它的强制性更加有害。如果财政宪法规定只要求使用宽税基税收,利益集团运用政治过程来对一部分人征税以维护另外一部分利益的行为就会被限制,而消费税允许利益集团为了对他人征税而进行游说活动。消费税的强制性有几种含义。第一,税收的强制性意味着税收不是那种类似于市场交换的政治交换的结果,相反,它们是一些人利用政治过程从别人手中获取资源的结果。因此这种与私有市场的类比是不成立的,如果有人想打个比方,说税收是一种"偷窃"会更加确切,无论人们是多么的爱国,也无论他们在原则上是多么赞同政府的税收政策,这都是事实。从图洛克(Tullock,1967)到亚瑟(Usher,1992)的众多学者表明,通过交换进行分配与通过掠夺进行分配并不相同,是两种不同的资源分配方式。

第二,税收的强制性意味着人们必须时刻警惕他人试图将自己的资源转移走。这并不是说要让大家选择参与寻租行为来从政府手中获利或者完全忽视政治过程、放弃租金,那些忽视政治过程的人就会成为寻租捕食者的目标,使得自己的资源被掠夺者带走。在私有市场,不在市场进行交易意味着得不到收益,但同时也不需要在这一市场付出成本;但在"政治市场"中,如果选择忽视政治过程就会使自己成为捕食者的目标。

虽然所有的税收都具有强制性,但消费税特别容易受到掠夺式政治的影响,因为消费税的税基范围较窄,会允许一部分人利用政治过程将成本强加给其他人。一般来说,税收可用于资金转移,但是宽税基的税收会广泛地增加转移支付的成本。前文的三组例子中,如果宪法要求税收负担分配为(1/3,1/3,1/3),在这种情况下,如果一个团体的税收上升,其他每个团体的税收也都以同样数额的上升,如果一个团体需要支付额外的一美元,其他团体也同样需要这样做。但是想一下没有法律环境的约束,将税收负担分为(0,2/3,1/3),利益集团就可以利用政治过程通过牺牲他人来降低自身的贡献,每个团体都想要成为0负担者,并都想要避免负担2/3的份额。因为消费税的目标是小范围的纳税人群体,它们的强制性质使一些人的利益与另一些人的利益对立起来。

消费税政治

税收是政治体系的产物,因此任何类型的税收都会受到利益集团政治的支配。前文的分析表示消费税比其他类型的税收更容易受利益集团影响,这有几个原因。如果政府的目标是设计一个最优的消费税制度,会有许多问题阻碍政府达成这一目标,可政府的目标实际上并不是创造最优消费税制度。标准公共财政理论为消费税提供的理由隐含着"政府"就是决策者的意思,但政府并不做决定,"人"做决定。当"政府"做出决定时,这是一种关于集体决策过程的简略说法,公民通过投票、游说和其他政治活动与政府互动,立法者通过衡量公民和利益集团的输入与他们自身的偏好来做出决定;然后,各个独立立法者的偏好通过集体决策的进程聚合在一起来产生政府政策。一个人如果不了解产生消费税的政治过程,就无法理解政府的消费税政策。

包括税收政策在内的所有的政府决策都是政治的产物,而不是一个试图为公共利益行事的仁慈的独裁者的产物。消费税的替代品是一般类型的税收,如销售税或者个人所得税,当提及这些替代品时,那些置身事外的经济学家会将自己置于仁慈的独裁者的位置,来考虑何时使用消费税而非宽税基的税种更符合公共利益。这不是民主政治衡量替代选择的方式。如果一个人想要了解为什么要实施消费税,一般的答案会是,因为支持消费税存在的政治力量比反对的政治力量更强。

假设立法者同意实施符合拉姆齐法则的消费税,即向商品征收消费税的税率与商品的需求弹性成反比。由于立法者无法直接观察到需求弹性,因此需要估测需求弹性。这就为可能的纳税人提供了动力,他们可以聘请自己的专家来估测需求弹性并游说立法者接受这一计算结果。特定市场的卖家将寻找"专家"来说服立法机构使立法机构相信他们出售的商品需求弹性较高,而其他卖家的商品无弹性需求。其他利益集团也会聘请专家来展示与此相反的情况。立法机关并不处于有利地位来客观地评估各个利益集团提出的经济分析,结果就是政治进程被"垃圾科学"所主导,因为各个利益集团都安排专家来论述对自己有利的情况。[1] 每个利益集团都有自己的一套弹性数据并试图推销给立法机构,因此实际上的税率决策会导致不同利益集团之间的相互对抗。

立法者并不一定是好的经济学家,即使他们是,也不一定对精确的弹性预算感兴趣。政治进程的性质表明,实际将被实施的消费税制度将由各利益集团的政治势力而非商品的实际需求弹性决定。早期的分析表明,无论如何都不可能完全准确地确定这一点。在这样一个信息不完全和存在再分配问题的环境中,利益集团政治就具有了比正常情况下更大的影响力。

如果立法者不执行拉姆齐法则,而是同意通过消费税来增加特定纳税人的成本(如吸烟者),会发现依然没有客观的可观测的指标来确定适当的税收,所以再一次,政治使利益集团之间相互对立。设计消费税的政治问题比它看

---

[1] 霍尔库姆(Holcombe,1997)记录了向不含酒精的饮料和香烟征收消费税的过程。

起来的要严重得多,因为它只考虑了消费税的一个动机而实际上有许多可能的动机。并不只有税率受利益集团政治的控制,税收本质上也受其控制。一个团体认为应对汽车租赁征收消费税,因为对汽车租赁的需求是无弹性的;而另一个团体主张对香烟征收消费税,因为消费这种产品有负面影响;还有一个团体认为应该对燃油发动机驱动的汽车征税,以帮助促进新能源汽车的发展。

即使最具有公信力的政府也没有足够的信息来实际确定一个最优消费税制度,并且为了回应可能来自利益集团的游说,任何实际的消费税制度都将由利益集团的政治权力来决定,而不是根据抽象经济理论的标准来衡量税收的潜在价值。事实上——与公共财政理论的目标相反——消费税的使用允许政治势力强者对政治势力弱者征税。当产生税收政策的政治过程被考虑在内时,对消费税的经济分析就必须进行实质性的修改。

税收制度的政治成本

税收制度除了征收应交税款外,还对纳税人和经济产生了其他成本。经济学者最熟悉的是税收的超额负担,这是纳税人承担的成本,因为税收会导致他们改变自身行为以回避税收。但是,正如斯兰罗德和索恩姆(Slemrod and Sornm,1984)所指出的,税收制度还存在大量的服从税收制度规定的成本,这是纳税人为了遵守税法所必须承担的成本,这些费用包括保存税务记录、填写表格以及与政府的审计师会面等产生的成本。此外,还有执行成本,这是政府为确保纳税人遵守规定而付出的成本。这些税收的超额负担,遵从成本和执行成本已被公共财政理论经济学家认可,但经济学家很少提及与税收制度相关的政治成本。

这些政治成本是纳税人或潜在纳税人为了降低自身的税收负担或增加他人的税收负担而进行游说和寻租所发生的,以及由政府设计和改变税收结构产生的。这些成本是大量存在的,有许多关于寻租的文献可以追溯到图洛克(Tullock,1967)和克鲁格(Kreuger,1974),但是正如霍尔库姆(Holcombe,1998)所指出的:"公共财政经济学家很少将这些见解应用于税收制度的设计中,也很少认识到税收制度产生的巨大政治成本。"作为一个粗略估计,霍尔库姆(Holcombe,1997)认为这个政治成本大约是每年税收总额的10%左右,如果这个估计大约差不多的话,那税收的政治成本的确挺大的。

政治成本的产生有两个原因:首先,它使利益相关者参与政治进程来改变税收制度以使自身收益成为可能;其次,人们也必须参与政治活动来保护自己免受可能有害的税收制度的影响。如果税收制度是可调整变化的,那么利益集团就有动机来参与游说活动以获得对自己有利的变化。正如图洛克(Tullock,1967)和克鲁格(Kreuger,1973)所述,这是通过税收直接的寻租寻利行为。人们愿意承担寻租成本,直到获得他们期望从寻租中获得的预期价值。

现在我们来看税收制度产生政治成本的第二个原因。如果税收制度是可调整变化的,立法机关就有可能将税收强加到纳税人身上,使其情况变得更加恶劣。那些将自己与政治过程相隔离的公民和利益集团就要承担支付更多费用的风险,因此他们不得不参与游说以作为防御措施,用来保护自己免受税法改变的危害,即使他们本身并没有政治目的。在这种情况下,政治成本的产生不是通过掠夺性税收来获得的租金利益,而是他们试图保护自己免受其他人的掠夺。政府政策越少受约束,越有可能导致人们因其他人的利益集团活动而使情况变得更坏。

与更一般的和宽税基的税收相比,消费税具有更大的产生政治成本的潜力。宽税基的税收对大多数人具有相似的影响,因此变化对他们来说不那么具有掠夺性。消费税是针对特定团体的纳税人,这意味着潜在的税收接收人有动机来寻求收入,并且这些收入是由他人而非自己承担成本的;而消费税的潜在纳税人面临被掠夺的威胁,因而有动机来承担政治成本以保护自己免受掠夺。掠夺性的潜力随着更多种类的窄基税收而增加(如消费税),从而增加了潜在的"捕食者"和"猎物"引起的政治成本。

关于税收的标准文献几乎完全忽视了政治成本,尽管这些成本已经被公共选择理论充分认可。税收的政治成本是巨大的,而相比宽税基的税收,窄税基的消费税的政治成本更大。这些政治成本可以通过创造一个相对不灵活和难以改变的税收制度来最小化。

让税收结构变得全面而不灵活的另一个好处是可预测性。纳税人会根据税收结果做出很多经济决策,如果税收制度灵活易变,纳税人就无法确定他们所做的商业决策是否是适当的。税法的变化可能使一些人的利润变成某些人的损失，同时为他人创造意外的收益。可预测的税收结构具有巨大的经济优势，这是财政宪法相对不灵活的另一个原因。消费税会招致政治掠夺，所以它的税收结构往往不太可预测。在一个相对不灵活的财政宪法中，明确消费税的结构是有充分理由的。这直接关系到财政宪法应该规定消费税的哪些特征的问题。

最优消费税

由于确定消费税所涉及的政治因素，并且政治决策者无法获得足够的信息来设计出经济学理论所推荐的最优消费税结构，因此存在大量的声音反对将消费税纳入税收结构中。信息问题意味着传统公共财政的目标无法实现，产生消费税的政治环境意味着消费税很可能比宽税基的税种产生的政治成本更多。消费税针对特定的人群，这就招致了寻租者来寻求将他人的支付作为自己的特殊利益收入，且寻租者也承担政治成本；这反过来又促使潜在的纳税人付出政治成本，以保护自己免受掠夺。

当对交易进行征税时，零售销售税（retail sales tax）比消费税（excise taxation）更值得推荐。在它的理想形式中，零售销售税清楚地区分了纳税和未纳税的交易：零售交易是纳税的，其他交易是未纳税的。理想状态下，所有的交易都按照相同的税率征税，当试图获得不同于他人的低税率或者试图让他人支付较高税率时，不会产生任何政治成本。因为税收是一致的，所以不同利益集团之间的利益可能是一致的。如果人们想要更多的政府支出，每个人都必须缴纳更多的税款；如果人们希望降低税收，政府开支将不得不削减。当然，实际上大多数的销售税在这方面并非理想状态，因为他们没有足够详细地定义税基，有时在不同的交易中会有不同的税率。现实世界中销售税的这些缺陷仅仅暗示了它有可以改进的方法。总的来说，在大多数情况下，零售销售税是一种比消费税更好的税收工具。

当税收明显与政府为纳税人创造的利益相关时，可能有一些理由来征收选择性消费税。例如，对汽车燃料征收专门用于道路建设和维护的消费税是有道理的。在这种情况下,正如布坎南(Buchanan,1976)所认为的,税收的财政交换模型(fiscal exchange model)是明显可以适用的,消费税显然与纳税人的特定利益相关联。如果税收真的被指定为纳税人的利益,那么消费税的分配属性就被消除了。如果纳税人更注重额外的福利而不是额外支付的税收,他们就会赞成提高消费税;并且只有当他们统一削减指定用途的支出时,才会支持减税。那些没有纳税的人将没有动力参与到这个问题中来,因为税收的任何变化都不会影响到他们,从而再次使政治成本最小化。

消费税最好的情况是:作为一种财政收入,指定专门用于让纳税人受益的某项支出。即使是最好的情况,如果消费税根据这些条例被纳入财政宪法中来,上述许多问题仍然存在。还有一个危险是,另一个利益集团为了个人利益而游说立法机关,以牺牲纳税人的利益为代价,利用消费税为自己谋利。例如,公共交通的支持者可能倾向于使用汽油税来建造铁路线,他们甚至可能声称,这些支出将使纳税人受益(如可以减缓交通拥堵或污染),并引用了受益原则。索赔也有可能更加间接,例如,主张动用公共财政资金修建职业棒球联盟的体育场的支持者可能主张对游轮征税,因为他们声称旅游业从大型联盟棒球队中受益。① 如前所述,即使在理论上使用消费税来实施受益原则看起来不错,但没有客观的信息源来设计符合受益原则的消费税结构。一旦考虑到利益集团政治,它便从政治过程中抽离出来,即使消费税的最佳情况,其基础也是摇摇欲坠的。

即使在最理想的情况下,政治成本和信息问题使得难以建设一个优于一般的营业税的消费税制度。也可以说,从理论上来讲,与只有一种税率的一般销售税相比,一套符合拉姆齐法则的消费税产生的超额负担可能会更低;或者理论上,对负外部性的生产者征收矫正税可以使资源分配更加合理。然而,一旦考虑到税收产生的政治环境,那么对所有纳税人征收统一税率的宽税基税

---

① 在2000年,迈阿密的马林鱼棒球队希望征收这样一种税来提供资金为他们修建一座新球场,但最后游说失败了。撰写这篇文章的时候,游轮运营商似乎击败了马林鱼队。这不仅是滥用受益原则的一个例子,也是消费税的政治成本的一个案例。马林鱼组织和游轮运营商都支付了了大量的游说成本,立法机关在考虑反对这个议案之前就已经有政治成本产生。如果存在一个宪法性的禁令来禁止这一类税收,就完全可以避免此种成本的产生。例如,佛罗里达州宪法禁止所得税,因此在佛罗里达州就没有因为支持或者反对所得税而产生政治成本。

收的论点就变得更加有力。

消费税与财政宪法

　　财政宪法是设计税收结构的框架。上述分析表明，如果财政宪法允许消费税的存在，但没有足够的信息来设计出符合经济学理论的理想消费税结构；并且由于消费税的自然属性，消费税比宽税基的税种产生更多的政治成本。在财政宪法中完全禁止消费税可能是合理的。因为认识到根据现实世界的信息，理论上理想的消费税是不可能的。利益集团政治产生的政治成本和低效率可能超出了税收所允许的追求效率和公平的举措。

　　只有当纳税人自己同意的情况下，人们才会支持消费税；但即使需要纳税人的同意，也会出现其他潜在的问题。纳税人可能是缺乏理性的（Downs,1957），纳税人的投票可能是出于表达性目的的而非工具理性的目的（Brennan and Lomasky,1993），选民在投票箱中的意见可能不能反映他们的真实利益。此外，政治过程可能无法提前确定未来的纳税人。例如，如果为了改善机场而对机票征收消费税，政治程序如何确定谁是未来的纳税人并征求他们的同意呢？选民的认可虽然可取，但却难以实施的。

　　强有力的论据可以反对使用有选择性的消费税，只有当支付的税款和获得利益有直接的对应关系时，它们才应该被考虑。即便如此，当人们考虑到设计税收结构的政治过程的性质时，仍有一个强有力的理由来禁止征收消费税而只允许使用对所有人征收统一税率的宽税基的税种。

结　论

　　消费税的经济学分析几乎总是忽略了创造税收的政治过程，并因此设计出最优消费税政策，其逻辑只适用于没有政治考量的、抽象的、拥有完美信息的理论世界，并且没有政治存在。标准的公共财政理论对最优消费税的设计并没有提供什么有价值的指导，原因如下。

　　(1)经济分析为消费税提供了多种可能的相互冲突的目标，但并没有提供方法来从他们中间做出选择或是衡量它们的权重。因此,一个税收结构可能适合于一个目标,但另一个税收结构可能适用于另一个目标,而且没有方法来确定如何考虑这些不同的目标。这就使得利益集团可以参与政治活动来获得立法机关的支持将税收成本推向其他群体。

(2)即使政策制定者清楚他们的目标,并且以最好的方法去实现目标,实施税收的设计者也无法获得实施理论上最优消费税所需的全部信息。这又一次使得利益集团参与政治过程,每个利益集团都试图将最有利于自己团体的议程信息推向立法机关,并排斥有利于他者的信息。

(3)消费税具有内在的再分配性。虽然所有的税收都具备再分配的要素,但消费税的再分配性更强,因为在设计层面上,它是一种窄税基的税种,只将它的成本加在公民中的特定群体身上。再分配性更易于吸引利益集团开展政治活动,因为利益集团可以通过参与掠夺式政治来增加自己的所得(即将资源从别人处转移给自己);同时利益集团也必须参与到这种政治活动中以保护自己免受掠夺式政治中来自他人的伤害。

(4)税收是政治制度的产物,民主决策中的激励与经济分析提供的消费税的任何目标所需的激励并不一致。实际的消费税将由那些支持和反对它的人的政治权力所决定,而不是由经济分析的建议决定。

(5)经济分析完全忽视了税收制度的政治成本,即政府之外的人试图影响政治决策的成本,以及政府本身权衡各种利益和制定公共政策的成本。这些政治成本在关于寻租的文献中得到更普遍的认可,但一般的寻租框架尚未直接适用于税收政策。因为消费税被设计为窄税基的税种,比宽税基的税种更具有再分配性同时也产生了更多的政治成本。

当产生税收的政治制度被纳入税收的经济分析中时,消费税的最优结构与标准经济分析建议的最优结构就有了显著不同。税收的政治成本可以通过设计一部财政宪法来最小化,这部宪法严格限制使用消费税等窄税基的税种。作为一种财政收入的来源,消费税不如宽税基的税种。就消费税的使用而言,它们需要被嵌入在一个相对不灵活的财政宪法中,要求它们应该征求纳税人的同意,这使得增加税收变得困难;如果纳税人认为他们的支出所获得的收益低于他们纳税所付出的成本,应允许纳税人选择降低税款。在当前的政治环境中,尽管为消费税的使用提供了许多经济上的正当理由,但实际上消费税是一种允许政治力量较强的人通过向政治力量弱小的人强加成本来获利的工具。

参考文献

Arrow, Kenneth J. (1951)*Social Choice and Individual Values*. New Haven: Yale University Press.

Becker, Gary. (1983)"A Theory of Competition Among Pressure Groups for Political Influence."*Quarterly Journal of Economics* 98, No. 3: pp. 371—400.

Buchanan, James M. (1976)"Taxation in Fiscal Exchange." *Journal of Public Economics* 6: pp. 17—29.

Coase, Ronald H. (1960)"The Problem of Social Cost."*Journal of Law & Economics* 3: pp. 1—44.

Diamond, Peter A., and James A. Mirrlees (1971)"Optimal Taxation and Public Production: I And II." *American Economic Review* 81 (March): pp. 8—27, (June): pp. 261—278.

Downs, Anthony (1957)*An Economic Theory of Democracy*. New York: Harper & Row.

Frank, Robert H. (1999)*Luxury Fever: Why Money Fails to SatiSfy in an Era of Excess*. New York: Free Press.

Hettich, Walter, and Stanley L. Winer. (1988)"Economic and Political Foundations of Tax Structure."*American Economic Review* 78, No. 4: pp. 701—112.

Holcombe, Randall G. (1985)*An Economic Analysis of Democracy*. Carbondale: Southern Illinois University Press.

Holcombe, Randall G. (1996)*Public Finance: Government Revenues and Expenditures in the United States Economy*. St. Paul: West Publishing Company.

Holcombe, Randall G. (1997)"Selective Excise Taxes from an Interest-Group Perspective." In William F. Shughart II (ed.) *Taxing Choice: The Predatory Politics of Fiscal Discrimination*, New Brunswick: Transaction: pp. 81—103.

Holcombe, Randall G. (1998)"Tax Policy from a Public Choice Perspective."*National Tax Journal* 51, No. 2: pp. 359—371.

Kreuger, Anne O. (1974) "The Political Economy of the Rent-Seeking Society." *American Economic Review* 64, No.: pp. 291—303.

McKelvey, R. D. (1976) "Intransitivities in Multi-Dimensional Voting Models and Some Implications for Agenda Control." *Journal of Economic Theory* 12, No. 2: pp. 472—482.

Minasian, Jora. (1964) "Television Pricing and the Theory of Public Goods." *Journal of Law & Economics* 7: pp. 71—80.

Musgrave, Richard A. (1959) *The Theory of Public Finance*. New York: McGraw-Hill.

Olson, Mancur, Jr. (1965) *The Logic of Collective Action*. Cambridge, MA: Harvard University Press.

Pigou, A. C. (1924) *The Economics of Welfare*, 2nd ed. London: Macmillan.

Ramsey, Frank P. (1927) "A Contribution to the Theory of Taxation." *Economic Journal* 37: pp. 47—61.

Samuelson, Paul A. (1954) "The Pure Theory of Public Expenditure." *Review of Economics and Statistics* 36: pp. 387—389.

Samuelson, Paul A. (1955) "A Diagrammatic Exposition of a Theory of Public Expenditure." *Review of Economics and Statistics* 37: pp. 350—356.

Samuelson, Paul A. (1964) "Public Goods and Subscription TV: A Correction of the Record." *Journal of Law & Economics* 7: pp. 81—83.

Shughart II, William F., ed. (1997) *Taxing Choice: The Predatory Politics of Fiscal Discrimination*. New Brunswick: Transaction.

Slemrod, Joel, and Nikki Sorum. (1984) "The Compliance Cost of the U. S. Individual Income Tax System." *National Tax Journal* 37, No. 4: pp. 461—474.

Smith, Adam. (1937[orig. 1776]) *An Inquiry into the Nature and Causes of the Wealth of Nations*. Indianapolis, IN.: Liberty Fund.

Thurow, Lester, ed. (1985) *The Management Challenge: Japanese Views*. Cambridge: MIT Press.

Tiebout, Charles M. (1956) "A Pure Theory of Local Expenditures." *Journal of Political Economy* 64: pp. 416—424.

Tullock, Gordon. (1967) "The Welfare Cost of Tariffs, Monopolies, and Theft." *Western Economic Journal* 5, No. 3: pp. 224—232.

Usher, Dan(1992)*The Welfare Economics of Markets, Voting, and Predation*. Ann Arbor: University of Michigan Press.

Weingast, Barry R., Kenneth A. Shepsle, and Christopher Johnsen (1981)"The Political Economy of Benefits and Costs: A Neoclassical Approach to Distributive Politics." *Journal of Political Economy* 89, No. 4: pp. 642—664.

Winer, Stanley L., and Walter Hettich. (1998)"What is Missed if We Leave Out Collective Choice in the Analysis of Taxation."*National Tax Journal* 51, No. 2: pp. 373—389.

Wittman, Donald. (1989)"Why Democracies Produce Efficient Results."*Journal of Political Economy* 97, No. 6: pp. 1395—1424.

8 经由诉讼的税收

罗伯特·A. 利维
(Robert A. Levy)

面对不断膨胀的医疗补助成本,有36个州决定,对烟草行业提起诉讼将是一条相对轻松的通向财政健康之路。基于公共卫生这一"冠冕堂皇"的理由,他们提出了相关的法律要求,试图追回由税收资助的用于烟草相关伤害的医疗补助支出。当然,各州本可以选择提高香烟税,这样做会更简单、更便宜、更快捷。而吸烟者和烟草公司作为这一税收的支付者,也将是最终为法院判决的损害赔偿买单的那一方。那么,为什么政府选择以诉讼来代替税收呢?

有一个原则性的答案——尽管我们也将看到,但这并不是真正的答案——尽管比起诉讼,通过立法可以更有效地提高收入,但是当特定的利益群体因为不端行为而面临制裁时,他们能够为自己辩护的机会在于法庭,而不是立法机关。法院为呈现证据、调查事实和在陪审团前辩护进而做出裁决提供了一个适当的讨论平台。作为一个公正的社会,不能让立法机关在相关正当法律程序得不到保障的情况下,对一个不受欢迎的行业进行惩罚性的制裁。

不幸的是,在现实世界中,各州选择医疗补助追回诉讼而不是增税的原因往往与政治紧密相关,却与正当程序无关。税收和烟草公司过去(现在仍然)非常不受欢迎;因此,各州采取了一种政治上安全的路线,避开了前者、攻击了后者。为了影响该计划,各州设计出了一种伪装成诉讼损害赔偿的准税收。比起对某种已经在政府苛求下过度膨胀的产品向用户收取另一种费用,起诉一个有害的行业本身要容易得多。然而,这种做法并不理想。

烟草战争:打着法律幌子的勒索

截至2001年3月,在过去40多年的诉讼中,还没有出现一例不利于烟草公司的损害赔偿裁决(Rabin)。行业的被告总是获胜——首先,他们争辩说烟草是造成某个特定个体疾患的原因;其次,他们证明原告知情并自愿承担了吸烟的风险,在这种情况下,吸烟者本人应该为吸烟对健康造成的不利影响负责。

这为一些法律操作手法(legerdemain)提供了舞台——从1994年开始,基于一项赋予各州比受委屈的吸烟者更多法律权利的新主张,各州司法部发起了新一轮的诉讼。佛罗里达州在1990年和1994年修订了《医疗补助第三方责任法案》[Fla. Stat. Ann. § 409.910(1995)],成为第一个将这项新主张编入法典的州。在两个基本方面,佛罗里达州的法规扭转了烟草行业立于不败之地的局面。法规中明确的措词几乎没有留下任何可质疑的余地。

第一,"因果关系和损害……可以通过使用统计分析加以证明",而不用显示特定吸烟者的疾病与其使用烟草产品之间可能有任何联系。

第二,"风险承担和通常可由责任第三方使用的所有其他肯定性抗辩(affirmative defenses),在确保医疗补助计划从第三方资源中得到必要的完全补偿的程度上,应被废除"。

在新规定出台之前,政府与卷烟制造商用于交涉的追回理论(theories of recovery)只能采用受伤患者能提出的主张。也就是说,在一种称为代位求偿权(subrogation)的程序中,如果像医疗补助这样的保险公司为病人索赔,保险公司必须站在病人的立场上,说服陪审团相信病人的索赔是有效的。因此,同样的证据规则、同样的责任标准和同样的举证责任,将适用于代位求偿的州医疗补助制度,就像适用于代位求偿的病人一样。如果烟草公司在由吸烟者提起的直接诉讼中不承担责任,那么在一个站在吸烟者立场上的州提起的类似诉讼中,烟草公司也不会承担责任。

为了攫取烟草行业的巨大利润,这一法律原则被傲慢地摒弃了。毫无悬念地,当自私的政客们制定法律制度时,存在着一个巨大的潜在危害,那就是少数在此制度下没有朋友的公司会被敲诈。截至1997年6月初,35个州[①]和部分城市提起了针对烟草行业的医疗补助诉讼。每个州都提出了与佛罗里达案件相类似的主张,尽管只有佛蒙特州和马里兰州才有类似佛罗里达州的支持性法令(supporting statute)。其他州和城市认为,出于公平和公正的考虑,就算没有类似佛罗里达州《医疗补助第三方责任法案》的法律,法官也应该采用与佛罗里达州相一致的法律原则。

讽刺的是——或者说"令人愤怒的",取决于你的立场——医疗补助诉讼是由各州发起的,目的是为了补偿他们自愿参与联邦医疗补助计划所产生的成本——这些成本原本应该是某个各州拒绝承认为非法的产品所导致的。正如芝加哥大学法学教授理查德·爱泼斯坦(Richard Epstein, transcript, 200—2001)所说:"政府可以决定不提供……这种保险……甚至可能……决定禁止烟草……但是另一种完全不能令人接受的选择是……追溯性地强加一套没有人想到过的责任体系。"

没有因果关系的责任

然而,正如这35个州和其他政府部门所做的;他们追溯既往地推行了一个没有人想到过的法律制度。首先,他们忽略了因果关系的原则。在群体性侵权案件中,统计证据与其他确证证据相结合,可以"在证明过程中起到有效的连接作用"(Tribe,1350)。但是仅有统计数据是不够的。"原告因过失或其他侵权行为提起诉讼的一个基本要素是,被告的作为或不作为与原告所遭

[①] 按提交日期前后排序:密西西比1994年5月,明尼苏达1994年8月,西弗吉尼亚1994年9月,弗罗里达1995年2月,马萨诸塞1995年12月,路易斯安纳1996年3月,德克萨斯州1996年3月,马里兰1996年5月,华盛顿1996年6月,康涅狄格1996年7月,堪萨斯1996年8月,亚利桑那1996年8月,密西根1996年8月,俄克拉何马1996年8月,新泽西1996年9月,犹他1996年9月,伊利诺伊1996年11月,爱荷华1996年11月,纽约1997年1月,夏威夷1997年1月,威斯康辛1997年2月,印第安纳1997年2月,阿拉斯加1997年4月,宾夕法尼亚1997年4月,蒙大拿1997年5月,阿肯色1997年5月,俄亥俄1997年5月,南卡罗来纳1997年5月,密苏里1997年5月,新墨西哥1997年5月,内华达1997年5月,佛蒙特1997年5月,新安普尔1997年6月,科罗拉多1997年6月,俄勒冈1997年6月。资料来源:国家烟草信息中心,网址 www.stic.neu.edu,1997年6月11日。

受的损害之间存在某种合理的联系"①(Prosser,1984:41,263)。

然而,佛罗里达州用它自己的因果关系法则来代替。

在基于某个具体条款提起的任何诉讼中,证据法应就因果关系和总损害的问题作出自由解释。在任何此类行动中,因果关系和损害赔偿金的问题可以通过使用统计分析加以证明……(如果)接受由医疗补助项目提供的医疗援助的受益者范围过大,以至于加入或明确每一个申诉变得不切实际,那么代理机构就不该被要求明确医疗补助已经支付的个体收款人,而应该可以代表受益人群体而基于已付款项继续寻求追回。

换句话说,根据《第三方责任法》,政府可以起诉烟草行业,要求它们支付医疗补助接受者因吸烟而产生的健康支出,而无需披露(1)接受者的姓名,(2)接受者是否确实吸烟,以及(3)吸烟者是否患有可追溯至烟草使用的疾病。需要提供的仅仅是佛罗里达州医疗补助接受者的总体统计数据。

为了应对正当程序的挑战,佛罗里达州最高法院支持法案中授权统计证据的部分,但取消了允许不披露医疗补助受助人的条款。法院"无法通过某个条文分项来容许被告人向个别受助人作出的不当付款提出质疑,或者证明受助人从来没有使用过该产品……将此过程视为公平是不合逻辑且不合理的"(Agency for Health Care Admin. v. Associated Inds. of Fla. Inc.,1254)。因此,主审法官哈罗德·J. 科恩(Harold J. Cohen)指示各州提供 40 万名医疗补助受助人的姓名,烟草公司的律师可以从中挑选 25 人。然后,该州提供这 25 人的医疗记录,而烟草行业可以调查这 25 个病例,不包括其他未选中的,以便确认政府提供的汇总数据是可靠的(Connor,1997)。

这一过程存在根本性缺陷。如果保险公司提出代位求偿诉讼,每个索赔人都必须披露自己的医疗记录。同样,烟草公司的被告本应能够调查每个原告主张的合法性,②并探讨诸如每个原告是否吸烟、吸烟多少等问题。然而,与任何其他原告的侵权行为不同,佛罗里达州的因果关系原则下,相关主张并

---

① 参见华盛顿诉戴维斯案和阿灵顿高地诉大都会住房开发公司案(Washington v. Davis and Arlington Heights v. Metropolitan Housing Development Corp)(仅凭统计证据无法证明存在歧视挑战了平等保护条款)。

② 根据烟草业的说法,索赔欺诈在佛罗里达州的医疗补助系统中非常猖獗(Gold)。

147

不一定是针对伤害的。相反，州政府只能根据流行病学数据的总和来显示普遍的因果关系，尽管权威和近乎普遍的常识都认为"流行病学不能证明因果关系"(Federal Judicial Center, 157)。

自担风险

问题不止如此。为了消除烟草公司辩护成功的可能性，各州废除了自担风险原则(the assumption-of-risk doctrine)，正是该原则使烟草行业 40 年来免于承担责任。该原则说："如果用户或消费者……意识到危险，但仍然不合理地坚持使用产品并受其侵害，那么这类群体将被禁止申请补偿。"(American Law Institute, § 402A, cmt. n)

因此，在传统的侵权制度下，如果消费者知道吸烟的风险，但仍然吸烟并因此感染与烟草有关的疾病，那么他们就不能再对烟草制造商提出由于其他原因感染同样疾病的非吸烟者所能提出的索赔要求。之后，政府可以选择不向受害者提供资金援助、提供一些帮助或提供完全帮助，但援助的数额不影响烟草制造商对个人或国家本应负有的责任（Van Alstyne, 1995: 576）。

无论如何，各州简单地将这一规定从法律文本上消除，并且额外增加了新规定的历史追溯力，以适用于据称是由几十年前出售的香烟所引起的疾病。正如马里兰州参议院议长无意中对《华盛顿邮报》所透露的那样，"我们同意修改侵权行为法，这是一个不小的成就。我们改变了几个世纪以来的先例，以确保在这个案件中获胜"(Cherry, 2000)。

即使没有惯用的自担风险辩护，烟草公司认为他们还可以依靠其他类似原则的辩护，例如"不洁之手"(unclean hands)。该辩称内容很简单，即认为原告自己的过错与他有权获得的救济(若有的话)有关(Black's, 1991: 1058)。换句话说，如果佛罗里达州所做的事情加剧了烟草业所造成的任何危害，那么该州可能无法为了这些伤害追溯补偿。与自担风险一样，"不洁之手"也考虑到了原告的行为可能导致或增加了所声称的损害程度。同样的，"不洁之手"原则也来源于让当事人对自己行为的后果负责的原则。

让我们看看佛罗里达州的手是否不干净。首先，为什么在卫生局局长发出最初警告的30年之后,政府才发表声明?为什么佛罗里达州没有选择退出医疗补助计划,或者要求联邦政府将与吸烟有关的疾病排除在医保范围之外?为什么政府不强制降低尼古丁含量,或者提高香烟的税率,或者干脆禁止销售?

州政府官员不可能不知道,从近400年前开始,人们就对烟草业提出了大量批评。作为该行业的权威人士,理查德·克鲁格(Richard Kluger)称国王詹姆斯一世(King James I)在1604年就斥责吸烟"是一种让眼睛讨厌、让鼻子讨厌、对大脑和肺有危害的习惯,肺里的黑烟就像无底洞里的黑烟一样可怕"(Kluger,1996:15)。到20世纪初,在全国反烟联盟的推动下,有14个州禁止销售香烟(Kluger,1996:37—40)。

当田纳西州的禁令因宪法原因受到挑战时(Austin v. State,566),州最高法院毫不犹豫地支持了这项法令,斥责香烟是完全有害健康的。对它们的使用总是有害的,而从来没有好处。它们没有美德,其本质上是坏的,且只有坏的。它们在任何领域都没有发挥真正的功绩或有用之处。相反,它们被广泛谴责为完全有害。毫无疑问,它们的每一种特质都是对身体健康和精神活力的损害。关于香烟的特质,在记录中并没有证据,但它们的特质是如此之明显且众所周知。基于如上所述,法院有权对这一事实进行司法审理。关于这些事实,不需要特别的证据,这是因为根据人类的观察和经验,这些情况已成为众所周知的事实。

20世纪50年代,流行病学家多尔(Doll)和希尔(Hill)发表了一系列文章,记录了吸烟者中肺癌患病率增加的风险。他们发现,每天抽10到20支烟的人死于肺癌的可能性是那些根本不吸烟的人的10倍(Doll and Hill,1956)。

毫无疑问,佛罗里达的官员们已经意识到了吸烟的危害。对于佛罗里达州这个理应建立在公平和公正基础上的案件,遭到了致命一击,就像在传统普通法体制下,如果一个吸烟者承担了风险,那么他的案件就会受到重挫一样。原告一有过错,不洁之手就会使救济本身受挫。该州雇佣的律师理查德·斯克拉格斯(Richard Scruggs,1996:188)详述了这项法律。

所有的州都拥有这些公平理论作为它们反对烟草业案件的基础。这并不意味着烟草业毫无防备。他们可以证明政府作为中存在着不洁之手,以某种方式参与、批准了这个过程,或者从中获得了税收。

然而,可以预见的是,斯克拉格斯对法律的引述是一回事,而佛罗里达对法律的遵守则是另一回事。

从1972年开始,佛罗里达州监狱开始系统生产未经过滤的香烟,并免费分发给该州的囚犯。为了增加收入,该州还向地方政府出售了一些香烟。尽管立法机关对吸烟的健康危害和尼古丁的致瘾性进行了广泛的讨论,但这些活动仍持续了大约十年(Geyelin,1997,January 27)。不洁之手?当然存在。但当菲利普·莫里斯(Philip Morris)提交了一份审前动议以确保证据被接受时,佛罗里达州成功地反对了这一动议,并说服科恩(Cohen)法官,表明该州对与烟草有关的疾病负有共同责任的证据只是另一种"肯定性辩护",这正是第三方责任法案所禁止的(罗斯曼)。从这些来看,斯克拉格斯关于不洁之手的说法仍然成立且依旧有效。

佛罗里达州(为了赢得针对烟草业的诉讼)使出了浑身解数。州长劳顿·奇利斯(Lawton Chiles)、州检察长和立法机构,在没有受到司法部门太多阻力的情况下,利用了他们偏好的法律,废除了他们不喜欢的法律,并在必要时编造了新的责任理论。然而,政府的手简直比不洁更坏:它们简直脏透了。佛罗里达州约8.25亿美元的养老金资产投资于烟草股。① 佛罗里达州23位国会议员中有10位要确保联邦政府对该产业的补贴将继续存在。他们的投票足以否决德宾修正案(the Durbin amendment),该修正案禁止联邦资金用于某些烟草项目。1996年6月12日,众议院以两票之差否决了该修正案(Congressional Quarterly)。

也许最令人震惊的是佛罗里达州依据自担风险原则对一名囚犯提起的诉讼进行辩护,该囚犯因涉嫌吸烟成瘾而寻求尼古丁贴片和其他治疗(Waugh v. Singletary)。1995年10月在驳回该案的动议中,该州无耻地宣称:"原告今后可能遭受的任何损害……是原告本人选择购买和吸烟的直接结果。被告对原告购买香烟的决定不负责任,就像他们对原告在食堂购买糖果棒的决定

---

① 1997年5月下旬,出于战术上而非哲学上的原因,佛罗里达州的养老金受托人命令该州的投资组合经理清算烟草股份(Reuters,1997,May 28)。

不负责任一样。"同样的逻辑下,"原告无权通过医疗干预来'治疗'一种原告自己持续放纵且拥有最终控制权的习惯行为"。无论何时,只要佛罗里达州自己的钱处于危险之中,它似乎都毫不内疚地呼吁个人责任原则。

甚至在克林顿总统任内积极开展禁烟运动的联邦政府,也承认个人责任的作用。1993年,退伍军人事务部的资深律师认为,联邦政府可能要为数百万现役军人因吸烟而患上与烟草有关的疾病负责。退伍军人事务部秘书杰西·布朗(Jesse Brown)(听起来很像一个烟草公司的主管)宣称,政府为"退伍军人个人选择从事危害他们健康的行为而造成的死亡或残疾"买单将是一种"近乎荒谬的行为"(McAllister,1997)。

军方显然鼓励其雇员吸烟。不仅基地里的香烟卖得很便宜,战区的士兵也可以得到免费香烟作为口粮的一部分。这肯定比烟草公司向顾客提供的要优惠要多得多。而且从来没有人指责烟草业通过给处于巨大压力之下的年轻新兵提供免费香烟而造成损害。"我们知道这里存在着分歧,"五角大楼的一位女发言人试图合理化这一问题,"但是你必须在一支健康的战斗部队的需要和个人使用烟草的权利中作出平衡。"(Ingersoll,1997)布朗部长没有责怪政府,而是主动提出了这一控制原则:"如果你选择吸烟,那么你要对这一行为的后果负责。"(McAllister,1997)显然,如果这一原则足以使政府免于承担责任,那么它也应该足以保护私营公司。但事实并非如此。

由于烟草公司无法维护自己的主要辩护理由,各州也不必作出因果关系证明,烟草行业在1998年11月彻底投降。结果是,多州烟草和解协议只不过是一场摇摇欲坠的重组——这并不比基于令人反感的法治的敲诈勒索好多少:各州需要钱;烟草公司有钱;因此,公司付钱,政府收款。不出所料,这笔意外之财引发了新一轮的法律诉讼——这次是针对枪支制造商的。

政府对枪支工业的"袭击"

1999年夏天,在美国住房和城市发展部(HUD)的协调下,来自3 000多个公共住房部门的额外索赔要求使得枪支制造商受到克林顿政府的威胁(Barrett,1999,July 28)。在布什总统的领导下,住房和城市发展部的进一步行动几乎肯定会被搁置。然而，正在进行的由城市和各州所发起的诉讼可能会摧毁枪支行业，对法治和宪法产生深远影响。政府诉诸诉讼作为恐吓和勒索的手段，其破坏性后果将远远超出在单一行业内的影响。

在恐吓枪支制造商的过程中，原告在诉讼模式中加入了烟草战争遗留下来的三种有害手段：第一，他们在多个司法管辖区提起诉讼，从而提高了该行业的法律成本。第二，他们雇用了胜诉才付费的律师（contingency-fee lawyers），其中许多人是主要的政治捐赠者。第三，他们试图利用司法部门来绕过立法机关。

新诉讼模式

当政府官员起诉违法者时，他们是在履行政府的合法职责。在大多数情况下，这一起诉角色是无可厚非的，且往往值得赞扬。但最近的几轮诉讼——先是烟草诉讼，然后是枪支诉讼——在三个方面有所不同，但每一项都对法治构成了威胁。

首先，多个政府实体的协调行动可能会让被告承担巨额法律费用。结果，这些行动被用来勒索钱财，尽管相关依据根本就是毫无道理的。听听前费城市长爱德华·G.伦德尔（Edward G. Rendell）是如何呼吁几十个城市对枪支制造商提起当前诉讼的，他们"没有烟草业那样雄厚的财力，"伦德尔解释说，多起诉讼"可能会让他们更快地回到谈判桌前"（Butterfield，1998），起诉没有根据的问题不会被关注。我们不是在跟法律打交道，而是在跟依法的敲诈勒索打交道。

制止这种偷窃行为的一个有效方法是，当政府单位在民事案件中是败诉的原告时，实行"政府支付"的法律费用规则。在刑事领域，被告有权获得法院指定的律师（如有需要）；他们还受到不容置疑的证据要求以及宪法第五和第六修正案的保护。而民事案件中没有针对滥用公共部门诉讼的相应保障措施。通过将该规则限制在涉及政府原告的案件中，那些不太富裕的、寻求合法补偿申诉的个人原告能够诉诸法院。但政府诉讼中的被告将能够抵制那些由政府提出的毫无价值的案件，这些案件完全是为了增加压力，以获得巨额的金钱和解(financial settlement)。

随着最近原告律师和一些政府官员之间暗中操作关系的出现,"政府买单"变得越来越势在必行。这种关系——为烟草诉讼和枪支诉讼所共有——是对法治的第二个主要威胁。

针对这两个行业的诉讼都是由少数私人律师负责的,他们与政府签订了胜诉才付费合约。实际上,这些私人律师团的成员作为政府分包商被雇用,但他们在最后的结果中享有巨大的利益份额。伦德尔(Rendell)说:"这不是问题。"他宣称,各城市起诉枪支制造商只是为了改进枪支的安全性能和销售方法,而不是为了损失赔偿。然而,在伦德尔的免责声明后的一天,迈阿密和布里奇波特就提起诉讼,要求数亿美元的损失赔偿(Appleson,1999)。新奥尔良要求赔偿(Butterfield,1998),芝加哥也要求赔偿(实际上达到了 4.33 亿美元,Daley,1998)。这些索赔不仅包括与枪支暴力有关的医疗费用,还包括警察保护、紧急服务、警察加班和养老金、法院、监狱、人口损失、清洗沾血的街道、财产价值下降、甚至还有工人生产力下降造成的税收损失(Kimmelman,1998)和惩罚性损害赔偿。几乎所有的城市都曾"邀请"私人律师根据这些损失签署胜诉才付费合约。

所以,如果钱不是首要目标,那将会有很多律师免费工作。也许这是他们应得的。毕竟,这些枪支诉讼并不是为了出庭审判。事实上,住房和城市发展部的威胁,在城市和县的索赔(claims)之上,是为了迫使和解,而不是审判。毫无疑问,靠着微不足道的 15 亿美元年收入,枪支制造商不会像烟草巨头那样创造出价值 3 000 亿美元的财富。但这并不是致命的,因为辩护律师的真正目标是取得更多的胜利,从而向未来的"阔佬"(fatter-cat)被告证明,当多个政府实体的强制力被用来对抗一个不受欢迎的行业时,毫无根据的法律理论就足够了。

当私人律师与政府签订其服务的分包合同时,其责任与政府律师相同。他是一名公职人员,对包括被告在内的所有公民负有责任,他的首要目标是寻求正义。想象一下,一个州检察官因为每一份他经手的起诉书而被支付一笔意外费用,或者州警为每一张超速罚单而被支付一笔意外费用。潜在的腐败是巨大的。尽管如此,各州仍在各自的烟草诉讼中向私人顾问发放了数十亿美元的合同——不是按小时收费的协议（这种按时收费协议可能偶尔能被证明是正当的，理由是为了获得独特的外部能力或经验），而是胜诉费，一种肯定会导致权力滥用的催化剂。这些合同是在没有竞标的情况下授予律师的，而这些律师往往是国家政治运动的资助人（Lochhead,1996）。

就其狭义来说，政府是被授权对公民个人行使强制权力的单一实体。当政府在法律程序中作为检察官或原告行使职能的同时还能实施惩罚，此时对国家不当行为的适当限制就是必不可少的。这就是为什么在民事诉讼中，我们主要依靠私力救济，以便为受害方而不是国家的利益寻求赔偿。正如最高法院60多年前告诫的那样，一名州律师"代表的不是某一场争议中的普通一方，而是一个主权国家，其公正治理的义务与其治理的义务一样令人信服"（Berger v. United States,1988）。

坦率地说，政府和私人律师之间的胜诉付费合同应该被视为非法。在一个自由社会，我们不能容忍私人律师在执行公法的同时，以激励性的措施来增加惩罚力度。

第三，或许也是最重要的一点，法律应该由立法机构制定，而不是行政或司法部门。在很多情况下，政府发起的诉讼已经取代了已失败的立法。这一过程违反了权力分立原则——这是联邦和许多州宪法的核心。显然，这一点对许多司法部长、市长及其私人律师团的盟友来说都无关紧要。为了规避立法程序，他们往往倾向于通过诉讼来推进被立法机关驳回的案件。

比较当今盛行的产品禁令的法律视角与19世纪——将近80多年前——盛行的观点，可以找到有趣的发现。1919年，国会并没有权力禁止酒精销售，所以最终是通过宪法修正案（第18条）来实现。而今天，禁止毒品战争完全是法定的，很少考虑它的宪法影响。说到烟草，克林顿政府辩称，我们不仅不需要宪法修正案；也不需要一个法令——仅仅是给一个未经选举和不负责任的行政机构（食品和药物管理局）某种形式的委托，使其有权禁止尼古丁。[①] 在枪支问题上，我们似乎不需要宪法修正案、法令或委托，而只需要通过多起诉

---

① 克林顿政府支持参议员约翰·麦凯恩（John McCain）提出的烟草法案。见 S. 144,105th Cong (1997)（一项改革和重组烟草制品生产、销售和分销流程的法案，以防止未成年人使用烟草制品，纠正烟草使用对健康的不利影响，以及用于其他目地）。

讼,在此过程中行政部门利用司法部门绕过立法机构,实施各种各样的枪支禁令。有限政府和三权分立到此为止,剩下的都是执行状态,以及"王者归来"。在这个体制下,几十个城市在克林顿政府的帮助下,将这场枪战推向了法庭——起诉枪支制造商"玩忽职守地营销"一种"有缺陷的产品"。

联邦索赔

在联邦一级,克林顿政府的住房和城市发展部部长安德鲁·科莫(Andrew Cuomo)曾推出一个改变美国枪支制造商经营方式的计划。在住房和城市发展部(HUD)的协调下,3 200个住房当局对枪支行业提起了法律诉讼,被数十个市县的诉讼所压制的枪支行业一度面临被摧毁的危机。政府希望枪支制造商承担相关责任以支付安保费用、安装报警系统以遏制公共住房遭受枪支暴力(Barrett,1999,July 28)。

与多数城市一样,住房和城市发展部表示,他们对经济损失不感兴趣。也许如此,但库默(Cuomo)和他的助手们非常清楚,面对如此强大的火力,小型枪支行业根本无力为自己辩护——即使是面对毫无根据的诉讼也是如此。《华尔街日报》的一篇文章强调了这一点。

与市政诉讼一样,代表住房管理部门提起的诉讼将具有开创性,且肯定不会在法庭上获得成功。但是,一场由大量房屋管理机构发起的诉讼可能会使枪支公司在审判前的运作中就耗尽资源——即被要求提供数量巨大的地区性行业分销文件(Barrett,1999,July 28)。

这就是赤裸裸的敲诈行为。

在为住房和城市发展部的诉讼计划辩护时,库默争辩说,"只有1%的经销商销售了用于犯罪的枪支数量的50%以上"(Gearan,1999)。但是,如果犯罪与特定经销商销售的枪支有关,为什么没有将相关数据交给有关部门呢?这些部门的职责不正是关闭那些违反所有50个州的销售法律的经销商么?相反,库默试图迫使枪支制造商兼任警察、法官和陪审员的角色——找出"坏"经销商(其中一些人是完全无辜的),并在没有经过正当法律程序的情况下拒绝这些经销商销售他们赖以生存的商品。

这仅仅是个开始。库默还要求使用更安全的枪支。"我们对阿司匹林有安全限制，"他说，所以为什么不给枪上安全锁呢？(Gearan,1999)好吧，枪支和阿司匹林之间还是存在着一些有关联的区别的。对阿司匹林设置安全限制的要求源于立法，而非司法授权。儿童可以接触和使用阿司匹林，但枪不是。此外，没有多少人在遇到紧急情况时会求助于一瓶阿司匹林来保护自己。如果锁着枪，自卫用枪可能会遇到潜在的危险威胁。听听《名利场》杂志援引黑手党叛徒萨米(Sammy)的话："安全锁？你……扣动带着锁的扳机，我也扣动扳机（没有锁）。至于谁会赢，我们拭目以待。"(Blum,1999:165)

事实上，如果库默担心公共住房不安全，他应该起诉自己的机构（Epstein,1999）。住房和城市发展部为住房部门负责——包括他们的位置、租户的选择，驱逐政策，甚至是不完善的治安。但库默并没有承认公共住房的惨败，而是指示他的部下们效仿各州、市县提起诉讼，主要基于以下两个法律理论。

疏忽的营销

芝加哥和其他效仿芝加哥的城市指责枪支制造商存在"营销疏忽"——在枪支管理法规较为宽松的郊区，提供比郊区居民会购买的数量更多的枪支、造成枪支泛滥，而他们明明知道，过量的枪支将会找到途径流入枪支法更为严格的城市内部。

简单的经济逻辑揭穿了芝加哥有关"营销疏忽"的谎言。如果枪支制造商减少卖给郊区经销商的枪支供应，枪支的市场价格就会上涨。拥有最"弹性"需求的消费者——即对价格变化最敏感的消费者——将减少或取消购买。很明显的证据是，那些对价格敏感的消费者通常是守法的公民。相比之下，罪犯对枪支的需求是高度"缺乏弹性"的。他们活在"不惜任何代价生存"的环境中——这就是为什么不法分子愿意在黑市中为枪支支付过高的价格。相反，通过限制枪支的合法供应和提高价格，制造商会使更多的武器流入罪犯手中，而使较少的武器流入诚实的公民手中。

此外，任何针对营销过失索赔的协调一致的行业反应，肯定会违反反垄断法。那些被认为生产过剩的制造商将不得不串通一气,共同减产。比如,史密斯和韦森公司(Smith & Wesson)知道它的枪有多少会流入马里兰州,但这些枪支本身并不能满足马里兰州市场的需求。史密斯和韦森公司也不知道有多少马里兰州的枪支是由科尔特(Colt)、贝雷塔(Beretta)、格洛克(Glock)、鲁格(Ruger)或其他制造商生产的。由于品牌或多或少是可互换的,没有一家枪支制造商会同意削减产量,因为担心其他制造商会填补空缺。联合减产之后的反垄断诉讼肯定会接踵而至。

将枪支模型与《德拉姆商店法》进行比较,《德拉姆商店法》规定,当酒保继续向明显喝醉的顾客提供酒时,他们要承担责任,因为他们非常清楚顾客开车回家时可能会因此造成自身或他人的死亡。不管这些法律有什么优点,将其类比于枪支问题并不是要强调酒保甚至酒吧老板应该承担责任。相反,这就相当于让希格拉姆斯(Seagrams)或安海斯·布希(Anheuser Busch)对随后的酒后驾车事件——车祸死亡——负责。

驳回了芝加哥案件的法官说,芝加哥问题的一个明显解决方案是,警方应该执行明确禁止向未成年人、重刑犯、精神不健全者以及任何没有州颁发的枪支所有者身份证(Stern,2000)的人销售枪支的法律。然而,芝加哥起诉了枪支制造商——他们合法地将枪支卖给批发商,而批发商反过来又将枪支卖给有执照的零售商。该市希望让枪支制造商为犯罪分子的暴力行为负责,但这些犯罪分子大多不是从有执照的零售商那里购买枪支,制造商对他们也没有控制权。正如 1989 年布鲁明顿市诉西屋电气公司(Westinghouse Electric Corp.)一案中第七巡回法院审理的那样,制造商对买方制造的麻烦不负责任,除非制造商参与了该等行为。

当犯罪行为介入到枪支制造商最初的销售和枪支暴力使用造成的伤害之间时,因果链就被打破了。历史悠久的法律原则本身就足以驳回这些案件。只有在伤害风险是可以预见的情况下,枪支制造商才负有责任。当法律说"可预见"时,它不仅仅意味着可能;它还意味着介入的犯罪行为是枪支制造商出售枪支的自然和可能的结果。① 是的,美国人拥有大约 2.5 亿支枪,每年有大

---

① 比如,在宾夕法尼亚州对责任的一般测试是,一个具有普通智力的人是否会预见到伤害是他的行为的自然和可能的结果(New York Eskimo Pie Corp. V. Rata,185)。

约50万起与枪支有关的罪行(Lott,1999)。但是,即使在每一种犯罪中使用不同的枪支,在任何特定的一年,所有的枪支中也只有0.2%涉及犯罪活动。这种可以忽略不计的犯罪行为的可能性,肯定不会超过"自然和可能的结果"的标准。

有趣的是,芝加哥郊区的立法单位是库克县,它本可以颁布更严格的枪支法。无论出于何种原因,它选择了不这样做。相反,库克县签署成为了芝加哥诉讼的共同原告。它希望司法部门去做县政府选择不做的事情。想想看:库克县向法院提出的申诉,毫不夸张地说,就是该县本身没有成功地通过适当的立法。实际上,库克县的请求是"在我不再立法之前阻止我",这肯定是美国法学界第一个这样的请求。①

有缺陷的产品

除了营销疏忽之外,城市起诉枪支工业的第二项主要指控是目前制造的枪支"存在缺陷和不合理的危险"。枪支有什么缺陷？它们是射不出子弹,还是射偏了？都不是。就连《华盛顿邮报》也发表了社论:"作为一个法律问题,很难看到制造合法产品的公司如何能在这些产品的性能完全符合预期的情况下承担责任。"不管怎样,首先是新奥尔良,然后是其他城市,他们坚持认为,如果枪支销售时没有安装防止未经授权用户使用的设备,那么它们就是有缺陷的。在此基础上,这些城市希望将枪支制造商拉到和解桌上,将产品责任法彻底颠覆。

为了让枪支制造商为销售不安全的产品承担责任,侵权法要求的是一个真正的缺陷,而不仅仅是某种产品在做它应该做的事情时是危险的。的确,有些枪支的特点对罪犯有特别吸引力。但这可能是因为罪犯看重的枪支特性与吸引执法人员注意的枪支危险特性高度吻合。全国各地的立法机构几乎对枪支设计和销售的每一个方面都进行了规范。如果要确定枪支具有不合理的危险性,应该是受宪法约束的立法机构必须作出这种决定,而不是法院。1996年,马

---

① 我要感谢乔治·梅森大学的法学教授丹·波尔斯比(Dan Polsby)在这个问题上的洞见。

萨诸塞州的一名联邦法官在瓦西罗诉格洛克(Wasylow v. Glock, 381)一案中是这样说的:"立法机构未能颁布足以遏制手枪伤害的法律,这让人感到沮丧,但它不足以成为推动司法去努力施行一种广泛性政策改革的充分理由。"

就连布鲁克林的杰克·温斯坦(Jack Weinstein)(原告律师团最喜欢的联邦法官),也对枪支的安全性发表了如下评论。

无论是否……产品责任法需要一种反盗窃的安全机制作为手枪设计的一部分,都需要做到风险和效用的平衡……原告没有证明这种装置是可用的,也没有证明在审判中显示这种装置能满足……风险—效用测试的可能性。

温斯坦补充说,"仅仅是制造和销售手枪的行为并不会产生责任,除非产品本身在制造或设计上存在缺陷"(Hamilton v. Accu-Tek, 1323)。

无论索赔是基于有缺陷的产品、疏忽营销还是妨害公众利益,这些诉讼都毫无价值可言。其中五个案件已获得最后判决,且所有这五个案件都被全部或部分撤销了。[①] 1999年10月,俄亥俄州的一名法官驳回了辛辛那提的指控。他写道,枪支制造商不对顾客的犯罪行为负责。"市政府的控诉企图让法院用它的判决代替立法机关的判断,这是不恰当的。"(Reuters, 1999, October 7)"合法产品的设计、生产和销售"并不妨害公众利益(Barrett, 1999, October 8)。

布里奇波特和迈阿密的诉讼也在1999年12月被驳回。迈阿密的法官指出,该市不能利用法庭来进行监管,那是立法机关的工作(Barrett, 1999, December 14)。佛罗里达州的一家上诉法院维持了迈阿密的裁决,称这起诉讼是"试图通过……司法,规范枪支……",上诉法院写道:"很明显,之所以进行这种迂回的尝试,是因为该县对枪支的监管不力感到失望""这个县的挫折感无法通过诉讼来减轻"(Reuters, 2001, February 23)。

2000年9月15日,芝加哥的一名法官驳回了该市的疏忽营销指控,称统计数据不足以证明因果关系,个别非法销售案例需要的是警方予以制止。更

[①] 其他诉讼在一定程度上被允许继续进行,但没有一个在最终判决中获胜。1999年,亚特兰大通过了一项驳回对设计缺陷索赔的动议。第二年,新奥尔良也像克利夫兰、韦恩县和圣地亚哥一样,在全部驳回中幸存下来。然而,2001年4月,路易斯安那最高法院驳回了新奥尔良的诉讼,援引州法律禁止城市对枪支工业提起诉讼(Associated Press)。

近的一个案例是 2000 年 12 月 21 日,一名联邦法官驳回了费城的指控,称该市对妨害公众利益的指控是"一种旨在寻找案件的理论",并以"缺乏近因"的理由驳回了的过失指控。

尽管如此,庭审律师们还是越挫越勇。他们迟早会发现,总有某个地方会有一个富有同情心的法官为了实现他个人的政策偏好,愿意无视法律。这叫做挑选法院(forum shopping),而这是原告律师团最喜欢的策略。事实上,每个城市起诉当地经销商和枪支制造商的主要原因在于,原告和至少一名被告居住在同一个司法辖区。这样的话,案件就不能移送联邦法院审理,因为在联邦法院,法治是普遍存在的,比地方偏见更受看重。

这些诉讼对其他行业的影响不应被轻视。如果枪支制造商要为暴力事件负责,为什么枪支中使用的钢铁制造商不用负责呢?事实上,俄亥俄州上诉法官支持驳回辛辛那提的枪支诉讼,并警告说,允许此类诉讼继续进行可能会"打开潘多拉的盒子"。该市可以起诉火柴制造商造成纵火,或起诉汽车制造商造成交通事故,或起诉啤酒厂造成酒后驾车(Barrett,1999,October 8)。

下一个攻克对象:含铅涂料

直到近期,关于下一个诉讼目标行业的猜测都集中在啤酒、烈酒和高脂肪食品的制造商身上。但是著名的烟草律师约翰·科尔(John Coale)向我们保证,他和他的伙伴们"不会追击酒精和汉堡包。我们太喜欢它们了"(Van Voris,1998)。可悲的是,我们并不缺少其他潜在的目标,包括制药、化工、体育设备,甚至汽车行业。然而,这场猜谜博弈似乎可以结束了。据《华盛顿邮报》报道,"地方和全国各地的审判律师和政客们正准备对早先的铅涂料制造商发起一场重大攻击。1978 年,铅涂料在住宅中被禁止使用,但它们仍在老建筑中毒害儿童"(Torry,1999)。

罗德岛州司法部长谢尔顿·怀特豪斯(Sheldon Whitehouse,民主党)正在提起诉讼,以建立起一种全国性的模式。他承认,多州烟草和解协议促使他提起诉讼(Zoll,2001)。事实上,代表罗得岛的是内斯(Ness)、莫特利(Motley)、洛德霍尔特(Loadholt)、理查森和普尔(Richardson & Poole)律师事务所，这些律师事务所在召集各州起诉卷烟制造商方面起到了关键作用（Geyelin,1999,October 13）。白宫希望补充该州的资金，据推测，之前的资金被用于铅相关疾病的医疗开支和针对缺乏妥善维护房屋的铅清除工作而消耗殆尽。白宫将目标锁定于从来未曾为相关损害支付过任何赔偿的行业。多年来，出庭律师就铅中毒问题起诉房东，在某些情况下，也赢得了大量判决。但与房东不同的是，油漆和颜料公司依然毫发无损。

该行业已成功论证：(1)铅是油漆的有用成分，有助于掩盖需要重新覆盖的表面之前的颜色；(2) 20世纪50年代，涂料制造商在知道铅对人体有害后，主动停止了在室内涂料中使用铅；(3)工业界支持1978年的联邦禁令；(4)重复出现的问题是业主维修不善造成的（油漆含铅，但如果表面保养良好，不会有危险）；(5)除了油漆外，还有许多产品会导致铅中毒；(6)无论如何也不可能证明是哪个厂商的油漆涂在了哪面墙上。

以下是《普罗维登斯杂志－简报》（*Providence Journal-Bulletin*）的一篇社论所谈到的事实：

1955年，为了回应美国儿科学会的担忧，美国油漆工业自愿从其内墙涂料中去除铅成分。23年后，国会颁布了一项禁令，禁止所有油漆中含有铅（得到了行业的支持）。铅在20世纪20年代是最常用的家庭涂料，多年来，联邦政府推荐使用铅，因为铅具有优越的色素沉淀特质。换句话说，涂料行业试图为客户提供尽可能最好的产品，当铅对健康的危害被人们所知时，他们主动从涂料中去掉了铅。

尽管存在这些事实，但是罗德岛在即将到来的诉讼中辩称，问题不在于房屋主人或房东应对年久的、不合格的房屋做到更好的维护，而是1990年代的铅中毒应该归咎于生产了20世纪20年代到50年代中期的铅涂料的油漆制造商。这简直是糟糕的逻辑、糟糕的法律和糟糕的公共政策。罗得岛州将追查的是那些生产了有用产品、雇用了数千名员工、且40多年未使用铅的无辜公司。

如果能够证明某家制造商知道含铅油漆的有害影响，却没有通知其客户，那么就有可能构成其需要承担责任的理由。但在没有此类证据的情况下追究整个行业的责任，是不合情理的。这即是这些诉讼的根本问题所在：具体的因果关系——被告的行为导致原告受伤——尚未也不能被证明。这就是为什么原告想要用一种被称为"市场份额责任"的理论来规避传统意义上的因果关系。

从本质上说，陪审团将被要求假定被起诉的公司造成的损害与其销售含铅油漆的比例有关。市场份额责任理论最初应用于辛德尔诉雅培实验室案（Sindell v. Abbott Laboratories）。一名患有罕见癌症的妇女起诉了二乙基雌酚(DES)的生产商。DES是她母亲在怀孕期间为了防止流产而服用的。许多服用DES的妇女的女儿后来也患上了同样的癌症。由于DES是作为一种仿制药被多家制造商销售的，而且从使用DES到癌症发作之间的时间间隔很长，几乎不可能准确地确定是哪家公司导致了哪些女性患上了这种疾病。因此，加州最高法院表示，基于市场份额的损害赔偿分摊，将确保有罪的被告无法逃避责任。

无论DES案例中市场份额责任的有效性如何，它在铅涂料中的应用显然是不合适的。1999年12月30日，纽约一家上诉法院驳回了一起针对颜料制造商的私人诉讼，给出了一个令人信服的总结(Brenner v. American Cyanamid, 854)：

铅基涂料中使用的是铅白以外的铅颜料，铅白用于室内住宅涂料以外的产品；原告声称，他们无法确定铅基涂料何时应用于他们的公寓；铅颜料存在于铅基涂料以外的产品中；铅基涂料是不可替代的；铅白制造商并能不完全控制铅基涂料所带来的风险；没有与铅中毒有关的特征性损伤；立法机关也没有迹象表示应该有铅中毒的补救措施。

尽管如此，面对像从烟草公司掠夺来的巨额费用的前景诱惑下，出庭辩护律师们已经展开疯狂的搜索，以寻找那些不太关心法治、而更关心以牺牲另一个不幸行业为代价来实现他们自己政治抱负的司法部长。

对未来的启示

我们可以从这一切中吸取教训。如果我们不采取任何行动来遏制毫无根据的、由州政府发起的诉讼，私人律师及其在公共部门的同盟将继续发明法律理论，以迫使没有背景的行业做出牺牲。这一结果可能会吸引那些急于避免因为增税带来政治风险的政府官员。用诉讼换税收要容易得多，然后把大笔钱交给收取胜诉费的私人律师去做那些肮脏的工作。然而,这类诉讼在法治面前根本站不住脚。

当政客们行为不端时,法院是捍卫我们权利的最后堡垒。但必须警告选民和陪审员的是,我们的侵权制度正迅速成为一个由政府官员和审判律师组成的阴谋集团勒索的工具。他们有时寻求金钱,有时追求实现政策目标,而更多的是他们对权力的滥用。以前劳工部长罗伯特·赖克(Robert Reich)为例,他当然不是以反对专横政府而闻名。赖克告诉我们,他在白宫的前老板克林顿总统发起了"在立法失败的地方提起诉讼以求成功"。"这个策略可能会奏效",赖克补充道,"但代价是使我们脆弱的民主更加脆弱……这完全是一场虚伪的立法,它把民主牺牲给了完全保密的、政府官员的自由裁量权。"

赖希说得很对。但这个问题的生命力比克林顿政府的执政更持久。它充斥着诸多州议会大厦和市政厅。就像大多数害虫一样,这个问题也可以被消灭。当我们宽恕有选择地、追溯既往地适用特别法律原则时——这些原则的具体目的是将资源从不受欢迎的被告转移到受欢迎的原告,或者更糟糕的是,转移到公共部门——我们用政治上的任人唯亲取代了基本的公平,亵渎了法治,瓦解了个人自由的基石。

文中涉及案例

Agency for Health Care Admin. V. Associated Inds. Of Fla. Inc. , 678 So. 2d 1239 (Fla. 1996).

Arlington Heights V. Metropolitan Housing Development Corp. , 429 U. S. 252(1977).

Austin V. State, 101 Tenn. 562 (1898).

Berger V. United States, 295 U. S. 78 (1935).

Brenner V. American Cyanamid, 699 N. Y. S. 2d 848 (N. Y. App. Div. 1999).

City of Bloomington V. Westinghouse Electric Corp. , 891 F. 2d 611 (7th Cir. 1989).

Hamilton V. Accu-Tek, 935 F. Supp. 1307 (E. D. N. Y. August 12, 1996).

New York Eskimo Pie Corp. V. Rataj, 73 F. 2d 184 (3d Cir. 1934).

Sindell V. Abbott Laboratories, 607 P. 2d 924 (Cal. 1980).

Washington V. Davis, 426 U. S. 229 (1976).

Wasylow V. Glock, Inc. , 975 F. Supp. 370 (D. Mass. 1996).

Waugh V. Singletary, Defendants' Motion to Dismiss (D. Fla. 1995) (No. 95-CVC-J-20).

参考文献

American Law Institute(1965)*Restatement (Second) of Torts*. St. Paul, MN.: American Law Institute.

Appleson, Gail(January 28, 1999)"Two More Cities Sue Gun Makers."*Washington Post*, p. A6.

Associated Press (April 3, 2001)"Supreme Court: State Can Block New Orleans from Suing Gun Makers."

Barrett, Paul M. (July 28, 1999)"HUD May Join Assault on Gun Makers."*Wall Street Journal*, p. A3.

Barrett, Paul M. (October 8, 1999)"Judge Dismisses Cincinnati's Gun-Industry Suit."*Wall Street Journal*, p. B11.

Barrett, Paul M. (December 14, 1999)"Florida Judge Dismisses Suit Against Gun Makers."*Wall Street Journal*, p. B15.

Black's Law Dictionary, abridged 6th ed. (1991). St. Paul, MN.: West Publishing Co.

Blum, Howard (September 1999)"Reluctant Don."*Vanity Fair*, p. 148.

Butterfield, Fox(November 4, 1998)"New Orleans Takes on Gun Manufacturers in Lawsuit."*New York Times of the Web*.

Cherry, Sheila R. (April 3, 2000)"Litigation Lotto."*Insight on the News*, p. 10.

Congressional Quarterly(1996) CQ House Vote 233, Item Key 11734.

Connor, Michael (February 28, 1997)"Tobacco Cos. Win Access to Medicaid Patients." Reuters.

Daley, Richard M. (November 12,1998)"Remarks of Mayor Richard M. Daley-Gun Lawsuit Press Conference,"www.ci.chi.il.us/Mayor/Speeches/GunLawSuit.html.

Doll, Richard and A. Bradford Hill(1956)"Lung Cancer and Other Causes of Death in Relation to Smoking." *British Medical Journal* 2: 1071-81.

Duffy, Shannon P. (January 8, 2001)"Philly Loses Its Gun Maker Suit."*National Law Journal*, p. A4.

Epstein, Richard A. (September 12, 1996)"Do the Merits and the Search for Truth

Matter Any More?"Federalist Society National Conference on Civil Justice and the Litigation Process.

Epstein, Richard A. (December 9, 1999)"Lawsuits Aimed at Guns Probably Won't Hit Crime."*Wall Street Journal*, p. A26.

Federal Judicial Center (1994)*Reference Manual on Scientific Evidence*. Washington, D. C.: United States Government Printing Office.

Gearan, Anne (December 8, 1999)"White House Preparing Gun Suit,"Associated Press.

Geyelin, Milo (January 27, 1997)"Florida Made, Gave Out Prison Cigarettes."*Wall Street Journal*, p. B12.

Geyelin, Milo (October 13, 1999)"Former Makers of Lead Paint Are Sued by Rhode Island for Health Costs."*Wall Street Journal*, p. A3.

Gold, Scott (May 28, 1997)"Judge Refuses to Limit Liability; Tobacco Claimed Medicaid Fraud."*South Florida Sun-Sentinel*, p. 1B.

Ingersoll, Bruce (April 25, 1997)"Battle over Federal Aid for Tobacco Heats Up as Lawmakers Debate Issue."*Wall Street Journal*, p. A16.

Kimmelman, Susan (July 26, 1998)"Stick 'Em Up; Suing Gun makers for the Cost of Urban Violence." *In These Times*, p. 13.

Kluger, Richard (1996) *Ashes to Ashes: America's Hundred-Year Cigarette War, the Public Health, and the Unabashed Triumph of Philip Morris*. New York: Alfred A. Knopf

Levy, Robert A. (June 20, 1997)"Tobacco Medicaid Litigation: Snuffing Out the Rule of Law. ""Cato Institute Policy Analysis no. 275.

Levy, Robert A. (August 23, 1999)"Turning Lead into Gold."*Legal Times*, p. 21.

Levy, Robert A. (May 9, 2001)"Pistol Whipped: Baseless Lawsuits, Foolish Laws." Cato Institute Policy Analysis no. 400.

Lochhead, Carolyn(September 23, 1996)"The Growing Power of Trial Lawyers." *Weekly Standard*, p. 21.

Lott, John R., Jr. (March 2,1999)"Suits Targeting Gun Makers Are off the Mark." *Wall Street Journal*, p. A18.

McAllister, Bill (April 24, 1997)"Smoking by GIs Raises Liability Issue at the VA." *Washington Post*, p. A1.

Prosser, William L. (ed.) (1984) *Prosser and Keeton on Torts*, 5th ed. St. Paul, MN.: West Publishing Co.

Providence Journal-Bulletin(June 21, 1999)"Suing the Wrong People."Editorial, p. 4B.

Rabin, Robert L. (1992)"A Sociolegal History of the Tobacco Tort Litigation."*Stanford Law Review* 44: pp. 853—78.

Reich, Robert B. (January 17, 2000)"Smoking Guns."*American Prospect*, p. 64. Reuters.

Reich, Robert. B. (May 28, 1997)"B. A. T. Plays Down Florida Fund Decision."

Reich, Robert B. (October 7, 1999)"Court Rejects Cincinnati Suit Against Gun Industry."

Reich, Robert B. (February 23, 2001)"Florida Appeals Court Rejects Gun Suit."

Reich, Robert B. (March 8, 2001)"Brown & Williamson Pays Florida Smoker $1.1 Million."

Rothman, Stephen (February 3, 1997)"Tobacco Industry Defense Move Curbed by Fla. Judge."Reuters.

Scruggs, Richard(September 12, 1996)"Do the Merits and the Search for Truth Matter Any More?"Federalist Society National Conference on Civil Justice and the Litigation Process.

Stern, Andrew (September 15, 2000)"Judge Dismisses Chicago Suit Against Gun Industry."Reuters.

Torry, Saundra(June 10, 1999)"Lead Paint Could Be Next Big Legal Target."*Washington Post*, p. A1.

Tribe, Laurence (1971)"Trial by Mathematics: Precision and Ritual in the Legal Process."*Harvard Law Review* 84: pp. 1329—93.

Van Alstyne, William W. (1995)"Denying Due Process in the Florida Courts: A Commentary on the 1994 Medicaid Third-Party Liability Act of Florida."*Florida Law Review* 46: pp. 563—87.

Van Voris, Bob (December 7, 1998)"Gun Cases Use Tobacco Know-How; The Sequel."*National Law Journal*, p. A1.

Washington Post (October 12, 1999)"Guns in Court."Editorial, p. A18.

Zoll, Rachell (April 2, 2001)"Judge Allows State to Sue Lead Paint Industry."Associated Press.

9 论税收复杂性的持续增长

詹姆斯·L. 佩恩
(James L. Payne)

"美国，"法学教授理查德·多恩伯格(Richard Doernberg)说道，"拥有着文明史上最复杂的税收法律。"(Doernberg，1988)数千页的联邦国内税收法已经足够让人望而却步，但这仅仅是冰山一角。每年财政部官员都会继续创造数千页的法规对税法做出解释。再加上每年大量的法院判决，进一步扩展了法律法规的解释范围。结果是，就算在税法领域进行了积年累月的研究，也没人真正知道在联邦税收体制里什么是合法的、有效的或正确的。

美国《金钱》杂志为上述观点提供了很好的例证。该杂志常年以来通过一项测试报税，一直在挑战着税务专业人士。从1987年开始，该杂志雇用了数十名注册会计师和国家税务局注册代理机构来计算纳税复杂度适中的一个假想家庭的税收。在1987年到1998年期间的每一次测试报税中，不同税务专家所得出的应纳税额都有着很大的不同。普遍而言，最高值和最低值的差距超过了100%。比如，1998年测试报税计算得出的应纳税额中，最低值是34 240美元，而最高值则是68 912美元。没有一个税务专家计算出37 105美元这个编辑们认为是该家庭应纳税额的正确数目。

比测试结果更重要的，是人们对待测试结果态度的变化。1987年，《金钱》杂志大张旗鼓地对第一次测试结果进行公布，获得了全国范围内的媒体关注。即使是经过诚实而仔细的税务计算，应纳税额也会出现巨大的差异，这一结论令人震惊，也颇具新闻价值。十年之后，这个事实的新奇性已经荡然无存。1998年《金钱》杂志简要、甚至是敷衍地公布了这一年的测试结果，而且从这之后再也没有重复过该测试。换句话说,在联邦税收体制下——至少对于所涉经济事务相当广泛的纳税人来说——没有一个明显正确和合法的税收,这一问题已经是一个无聊的既成事实。

对于绝大多数观察者而言,现代联邦税制的复杂性被认为只是一种我们可以忍受的滋扰。这种自我安慰很难得到证明。对于一个现代税收制度而言,复杂性如同一种酸、一种腐蚀剂,会逐步削弱整个制度体系。在民主时代,一个税务系统若要长久,必须能自证其身。人们必须意识到,税务负担是由关于谁支付多少的、合理且持续的规则所决定的。而在一个高度复杂的系统中,这一确信是缺失的。税费变成了内部知识、税收优惠甚至是坏运气的综合结果。在这样的体系内,每个人都被鼓励着去得出"税务制度是不合理的"这样的结论,一个人缴纳了比实际上"应该"缴纳的更多的数额,而其他人——尤其是被羡慕的那些人——则并没有缴纳他们的"合理份额"。一旦税务制度被认为是不公正的,没有人——包括纳税人、税务官员、立法者——会倾向于支持它。

税收复杂性的经济成本

为了测量税收复杂性的全面影响,我们有必要考察税收复杂性削弱税收制度的各种方式。首先是复杂的税收制度对于个体和整体经济所造成的经济压力。税收方面的研究者注意到,除了每种税收的实际负担,还存在着管理该税收和遵从该税收的相关负担。通过税收筹集的资金不会从纳税人的口袋中直接飞到政府的保险箱中,它必须通过一系列精细的运转,而这一运转过程往往耗费时间和金钱。税收规定越复杂,尝试遵从这些规定的过程越是费时间。

尽管税收遵从成本最早在几个世纪以前——至少从亚当·斯密开始——就被注意到了,但是直到最近学者们才得以设法进行测量。据信此类研究首先是由蒙大拿的经济学教授于1966年做出的。他让学生带回家一份调查问卷供其父母填写,以了解其各自花在纳税申报准备上的时间。由于税收制度愈发复杂以及遵从负担的增加,美国国会开始过问此事并在

1980年《文书削减法案》中要求美国国家税务局就私营部门保持税务记录和填写税务表格的相关压力进行评估。为了执行这一任务,美国国家税务局向阿瑟·D. 利特尔(Arthur D. Little)咨询公司寻求帮助,由其设计并执行恰当的调查方案。

在此基础上,1988年公布了相关的研究结果,这一结果至今仍是关于税收遵从成本的最全面的论述。该调查覆盖了全国性的个体样本(3 831个回收样本)和商业样本(1 474个回收样本),这些样本都是从美国国家税务局提供的纳税人数据库中抽取的。问卷询问了纳税人花在税务相关各环节上的时间,包括了解税收要求、保存记录、准备表格、复印表格、邮寄表格等。研究发现,1985年,整个国家在税收遵从工作上耗费了54亿工时(Little,1988:17),而该数字相当于印第安纳州的所有劳动力工作一整年的工时总和。

尽管这个数字已经相当惊人,但是它还是大大低估了私营部门实际的税收遵从负担。首先,利特尔咨询公司的调查并非是独立的,而是接受了美国国家税务局的指导和监管。不难理解,国家税务局想要淡化其行动给所有美国民众所施加的成本损失,毕竟,没有人愿意被描绘成坏人。这种导向造成了利特尔调查中关于税收遵从负担的认知偏见。比如,研究者会随意降低看上去很"高"的、由纳税人提供的遵从时间。在另一个主要方法论决策中,研究报告撰写者通过采用明显有缺陷的日记研究结果的平均值,将遵从时间减少了22%。此外还有一个问题,利特尔咨询公司刻意将两种负担排除在外,而这两者恰恰是税收遵从成本中的两个重要组成部分:报税代理所耗的时间,以及纳税人及其顾问围绕税收筹划工作所耗的时间(Payne,1993:22—23)。总体而言,这些歪曲了的事实意味着即使是在1985年,54亿工时也是对私营部门税收遵从真实负担的严重低估,真实的数字大约是70亿~100亿工时。

而从那时起,这种负担又继续逐步增加。几乎每一年都有大量的税收立法(立法原因下文将进行讨论),而这些立法又不可避免地增加了复杂性。税收遵从负担增加的指标之一,就是被呈报的纳税申报表的数量。1980—2000年期间,个人所得税的纳税申报表数量增加了37%,从9 300万份增加到1.27亿份。这几乎是人口增长的两倍。个人回报增加的原因之一是劳动力的增长:越来越多的人,尤其是女性,能够获得应税收入。另一个原因是,越来越多的孩子以这样或那样的形式持有储蓄,而这部分儿童也因此必须就利息和股息进行纳税申报。

从被浪费的劳动力的角度来看,也许更重要的是商业组织纳税申报数量的增长,从图9.1可以看出该增长趋势。如图所示,1980年以来,企业纳税申报数量翻了一番,从270万份增加到530万份。由于这些纳税申报表往往有几英寸——有时是几英尺——厚,530万份纳税申报表意味着对时间、金钱和高质量脑力的巨大支出。在合伙企业与非营利组织的纳税申报数字中也能看到相似的增长模式。

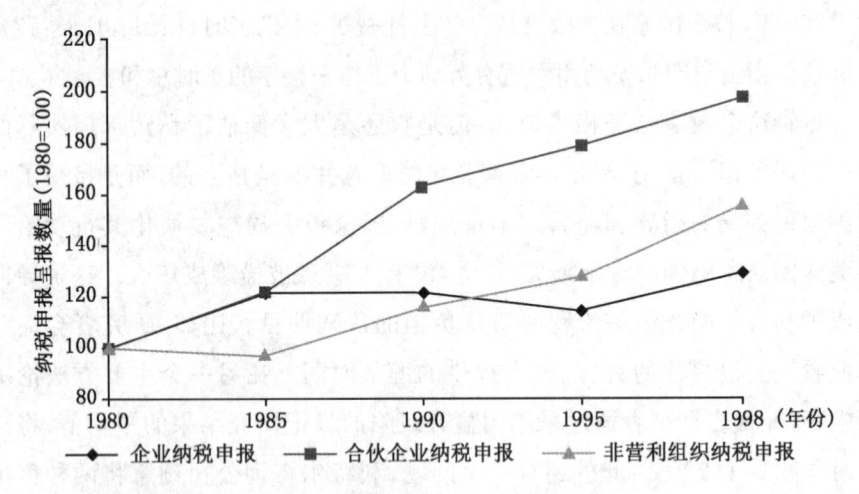

来源:*Internal Revenue Service*, Data Book, *selected years*.

图9.1 商业纳税申报的数量增长

除了纳税申报表的增加,其他附加表格的数量也呈现出快速增长。比如,国家税务局签发的补充性文件(纳税申报重要修改及延期申请)的数量从1980年的600万份增加到1998年的1 470万份。

另一个能够显示税收要求复杂性增长的指标是使用报税代理比例的增加。1981年,41%的个体纳税人会购买专业报税人的代理服务;1999年,这一数字增长到了56%。对于报税代理的需求增长如此明显,连负责税收系统的官员也转向报税代理,用以打理其个人的纳税事务。国家税务局专员曾经把亲自填写纳税申报表引以为豪,因为如果不这样做,他们自己将成为活生生的例子,不得不尴尬地承认如果没有专业人员的帮助,税收制度对于市民来说太复杂也太耗费时间。这个习俗显然已经败落。2001年,国家税务局专员查尔斯·O.罗索蒂(Charles O. Rossotti)在媒体上公开表示自己也雇用了报税代理。

税收复杂性所导致的经济浪费覆盖了整个经济体,从个人雇佣布洛克税务公司帮其填写纳税申报表到无数大公司每年都要在税收遵从杂务上花费上百万美元。随着国民不断意识到这种浪费,其对于现有税收制度的不耐烦也与日俱增。

一个税收欺诈的国度

在算数中,简单而定义明确的问题都有一个正确的答案,因而也是一个道德上具有强制性的答案。如果一个顾客购买了一件价值15美元的T恤和一顶20美元的帽子,那他应该支付收银员多少钱呢?答案如我们所知,一共是35美元。那么,当有人只支付了34美元的时候,我们就可以对这个顾客加以指责。然后这个顾客就会为自己的错误而惭愧——无论是出于诚实还是其他原因——因为能证明其过错的依据显而易见。

假想一下,如果上述商品的价格是由复杂和模糊的计算得出,那么现有的这种简单而有效的道德准则将会发生什么变化。假设,T恤的价格是顾客早上起床时体温的平方根,而帽子的价格则是他所拥有的朋友数量的2.05%。这种定价系统的复杂性会削弱其自身的道义力量。只支付了34美元的那个顾客不会再顾及其他顾客看待他的眼光,因为其他人无法知道他是否在试图进行欺诈。而且即使他故意捏造事实从而得到他给出的那个答案,他也不会对此感到十分愧疚,因为他知道,压根就没有明显正确的答案。

随着税收制度复杂性的增加,这种对道德标准的降低现象就会发生。一种简单的税收带来一种道义的需要:每个人都(需要)知道正确答案。这种简单制度的最好例证就是人头税,比方说,我们假设每个人每年应缴1 000美元。在简单税制之下,很少会发生欺诈,因为每个人都知道他的税该是多少——而且他知道,其他所有人也都知道。相比之下,所得税则缺失了这种简单性,因为"收入"的含义立即会变成一个复杂而模糊的问题。幽默作家威尔·罗杰斯(Will Rogers)指出了这个问题,他评论道:"所得税让美国人比高尔夫球手更容易说谎。"

如果所得税在它最简单的形式中也是内在地具有欺诈性,那么最近几十年来随着更多复杂变化的增加,这种特性则变得变本加厉。《金钱》杂志的实验极其深刻地说明,除非拥有最简单的经济安排,对于个体或者组织而言,没有一个所谓的正确的税。即使是国家税务局官员公开地(不情愿地)承认,税收计算已经变得很主观。正如一个高层官员所说的那样——在这里,税务违规包括国际避税地——"因为法律的含糊不清和信息的不完整,界限也变得含糊不清。事实上,某个避税地交易是否违法、某个行为是逃税还是偷税,都是旁观者才在意的问题。"

管理与预算办公室已经制定了一张税收减免主要条款清单,而这些减免税收正在成为涵盖了 146 个领域的特殊税收规定的所得税法典的一部分。具体条款包括矿物消耗津贴、盲人群体减税、小额人寿保险公司税收减免、替代燃料生产税收抵免、对农民收入进行平均计算、出租房屋加速折旧、工作机会税收抵免、终身学习税收抵免、开发区(特别规定)、新市场税收抵免,等等。

联邦税收体制复杂性的激增,毫无意外地导致了逃税现象的增长。税务欺诈水平的指标之一,是美国国家税务局纳税人遵从测量项目(TCMP)的测量结果。该项目由一系列用来审核所有纳税申报的严谨审计组成,从而确定纳税人是否多报或者少报了自己的应纳税额。在过去几年里,少报纳税额(比如,"纳税欺诈")的纳税人比例极大增加了。在 1949 年的审计中,少报者的比例是 23%,1985 年为 47%,而到了 1988 年,则是 60%。(1988 年以后没有继续开展纳税人遵从测量项目的审计工作,国会因其太令纳税人紧张而加以禁止。)

另一个表明纳税人越来越将纳税义务视为"可规避"的指标,在于呈报纳税申报表"积极"态度的日渐普及。因为每个人的纳税义务不再被视为给定的、由简单清楚的规则所设定的,纳税人越来越多地根据他们个人的喜好对规则加以变通。纳税人被告知,他们和国家税务局的关系犹如一场竞赛、一场竞争性的活动,其中,他们的表现——其纳税额度——是由他们在这场"博弈"里体现出来的灵活性和智慧所决定。1987年,在一本用于指导未来会计师的高校教科书中,其作者明确指出:"你们的联邦税务生涯就像一场曲棍球比赛,由国家税务局守门,你们则努力通过税务规划决策得分……规划所要发生的事情,是纳税人的竞争优势。"(Raby,1987:ix)

该观点被近来许多为公众提供税务建议的书籍所接受。这些书籍的标题显示出了现在被普遍推荐的好斗架势,包括:《打赢国家税务局!》《警惕国家税务局,保护你的生意》《对抗国家税务局》《如何躲过国家税务局的进攻》《如何与国家税务局达成协议——为了几美分而战》《如何与国家税务局玩把戏》《国家税务局和你:如何赢得博弈》,还有两本标题一样、内容不同的书:《如何打败国家税务局》。"付税是一种市民应该乐于和自愿履行的公民义务"这一观念,早已被时代抛弃。

2001年3月的《福布斯》杂志记录了骗税趋势变得多么明显。该期杂志的封面被当月的深度报道完全占据了:"如何对你的纳税作假。"文章描述了正向大众推销的"推向边缘"避税和"越过边缘"避税(类似的避税介绍甚至在《福布斯》自己的广告中也能看到)。"现在不仅仅是无法容忍的'避税天堂'在撕裂这个国家的税收制度,"记者观察到,"还有常规欺诈的泛滥——多重税收减免、收入瞒报、出售资产收益成本增值。"自1986年以来,税收法典形成了15 100页相关规定、9 500次税法相关的变化,因此文章从税法复杂性的增长中,找到了税务欺诈增长的根源。"(税法里)充满了免税、税收优惠、税收抵免、税收补贴、特殊利益倾斜、逐渐采纳、逐渐淘汰以及老旧的保留条款。这就是个笑话。似乎逃避这种税法并不会让人产生多大的羞愧感"。

逃税所渗透的税收制度被所有人不信任,包括那些左翼的税收支持者。传统而言,社会主义者倾向于一个强大而有力的税收制度,因为他们相信,这种制度能够将财富从富人转移给穷人,从而让世界变得更公平。但是当这个制度被欺诈所充斥,它的这种财富转移的功能就不再有效。这也是最近的一本新书——《美国骗局》(*The Cheating of America*)的主题,其作者是查尔斯·刘易斯(Charles Lewis)和比尔·埃里森(Bill Allison)(Lewis, 2001)。书的副标题进一步做出了解释:"超级富豪逃税避税,国家用数十亿美元为此买单——你能对此做些什么。"值得注意的是,该书并没有兑现其承诺,即告诉读者他们到底能做什么。两位作者也并没有建议国家税务局对税务欺诈进行打击压制,因为他们知道,这一方法不会受任何人欢迎。"涵盖所有阶层的许多人都在个人税务上或多或少地进行了欺诈,从可疑的税收减免到少报现金收入,凡此种种。"这一点,在作者看来,"能够解释为什么没有人会真的抗议针对某些个人和公司所执行的不温不火的税收条款。"

在一个税务欺诈的时代,实现财富再分配变成了一个不切实际的目标。富人通过篡改数据和逃税减少报税,但是没人能因此严厉打击他们,因为所有其他人,包括穷人,也存在着税务欺诈,而且他们希望保持税收制度的这种可渗透性。

税收制度支持率的下降

税收复杂性给整个税收制度带来了三重威胁:第一,复杂性导致了纳税遵从负担的增加,造成人力浪费;第二,复杂性助推了整个税收制度越发主观,对错失去了绝对标准;第三,复杂性加剧了税务欺诈的发生,从而侵蚀了公共信任和对税收制度的信心。长期以往,一个复杂的税收制度会丧失社会各阶层的支持,无论是穷人还是富人,无论是左翼还是右翼。

这不仅仅是理论之言。最近几十年来,随着美国税收制度日渐复杂,对该制度的支持也在持续下降。第二次世界大战以来,盖洛普民意调查就国民对税收制度的态度提出了一个关键性问题:"你是否认为你今年必须支付的所得税是合理的?"在战争的4年里,87%的被调查者在调查中就此问题回答了"是"。在战后,即1946年的两次调查里,认为被征所得税合理的人群占比下降到平均61%。1997年的调查中,回答"是"的比例降至51%,到了1999年,则是45%——这也是投票史上第一次只有少数人认为他们的税额是合理的。

另一个盖洛普民意调查自1947年以来频繁询问的问题是:"你认为你必须支付的联邦所得税过高?正好?还是过低?"在1947—1953年期间的8次调查中,平均57%的受访者选择了"过高"。而1990—1999年期间的10次调查结果则表明,不满意的情绪有所增长:平均61.1%的受访者认为他们的所得税"过高"。

美国公众对国家税务局的态度本身则显示出一个明显的转变。1983年以来,洛普(Roper)民意研究中心一直在调查受访者对于各种政府机构的态度。如图9.2所示,对国家税务局持"不赞同"态度的受访者比例趋势表明,持负面评价的人数有着明显的增加。根据图中的趋势斜率可以推测,大约在2030年左右,整个人口构成都会对该机构抱有负面看法。

说明:感谢洛普全球市场调查公司提供的数据。洛普的调查问题给受访者4个选项来对政府机构做出评价:高度赞同,一般赞同,不太赞同,不赞同。负面评价是受访者中做出后两种选择的数量总和。

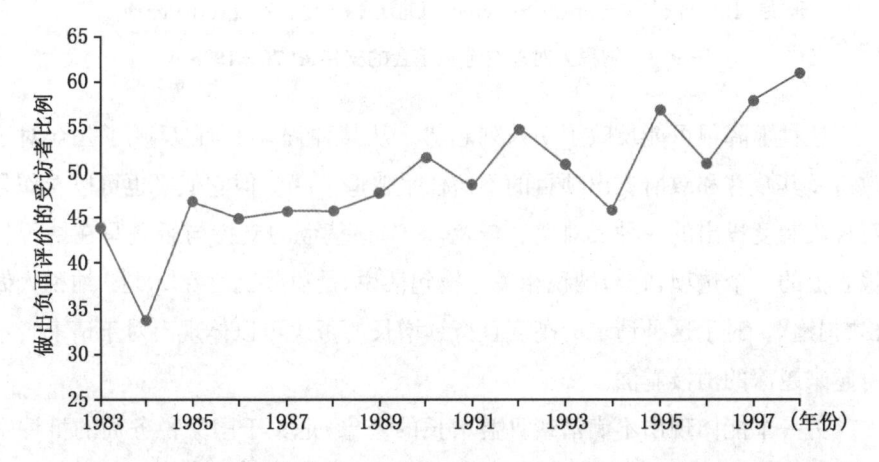

数据由 RoPer Starch Worldwide 提供。RoPer 的调查问题给受访者4个选项来对政府机构做出评价:高度赞同、一般赞同、不太赞同、不赞同。负面评价是受访者中做出后两种选择的数量总和。

图9.2 针对国家税务局的负面评级趋势,1983—1998

另一个观察公众态度的视角在于支持总统选举基金的趋势走向。20世纪70年代初,国会设立了一个基金用于总统选举的公共融资。筹集这一基金的方式是,纳税人可以在他们的纳税申报表上勾选一个选项,表明他们愿意将所得税中的3美元捐助给该基金。如图9.3所示,纳税人参与该项目的意愿呈现出明显的下降趋势:从项目该设立时的27%降到现在的不到12%。

175

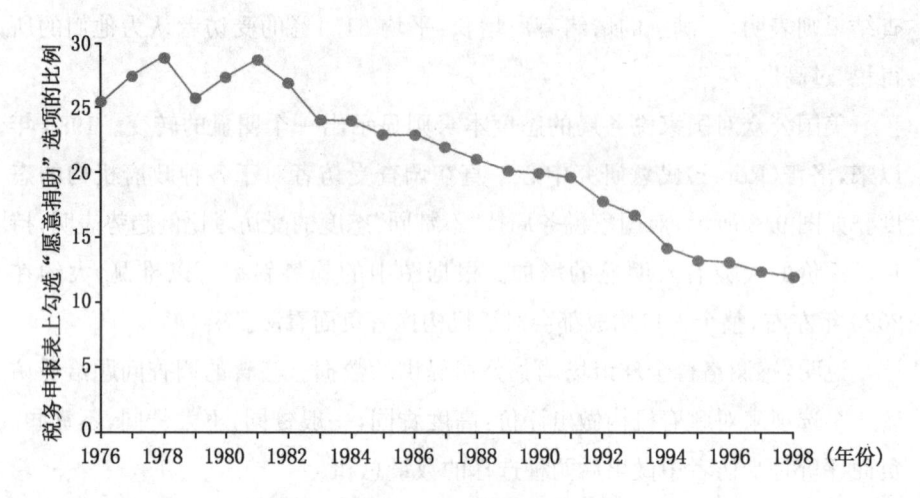

来源：Internal Revenue Service，Data Book，selected years.

图9.3 纳税人对总统选举基金的支持，1976—1998年

这种下降很可能反映了一系列趋势。从某种程度上，它反映了公众对于政府及其政客和政府支出项目的不信任呈普遍下降。但它似乎也可以看作是对税收制度投出的一种反对票。毕竟，对选举基金的支持与否是写在纳税申报表上的一个选项，它与纳税相关。换句话说，是税收制度在"请求"纳税人做出"捐赠"。对于这种请求的高度且持续增长的否决可以体现出对于请求者本身越来越深的消极看法。

另一个能体现出不满情绪日益增长的迹象，是关于国家税务局的批评书籍的数量。大约在1980年以前，涉及国家税务局的书主要是历史性的，而且普遍采用赞成的立场。20世纪70年代的抗税改变了这种模式，并且标志着开始大量出版具有高度批判性的书籍。一个较早的例子是爱达荷州议员乔治·汉森（George Hansen）在1980年所写的《骚扰我们的人民：国家税务局和政府滥用权力》。另一本对国家税务局做出严厉批判的书是1986年出版的《税收大谎言》，作者是威廉·A. 基尔帕特里克（William A. Kilpatrick）。1989年，兰登书屋出版了戴维·伯纳姆（David Burnham）的批评著作《法律本身：权力、政治和国家税务局》。甚至连一些税收历史学家也转向了批判的立场，1998年查尔斯·亚当斯（Charles Adams）为他撰写的美国税收史所取的书名是《那些肮脏腐败的税收》。国家税务局内部的历史学家，雪莱·戴维斯

(Shelley Davis)(在辞职之后)写了一本高度批判性的文集:《肆无忌惮的权力:深入国家税务局的隐秘文化》(1997)。

也许最能体现出税收制度正在日趋丧失公众认可的,是近期推行的立法举措的模式。国会开始转变立场的最初迹象之一是1987年和1988年针对国税局做法的批评听证会,从而导致了1988年《纳税人权利法案》的颁布。

20世纪90年代中期,国会重新审视了税收制度,在税收执行过程中对纳税人苛刻、武断地适用纳税条例的行为进行了更多的听证。甚至连国家税务局的工作人员也会举报他们的同事存在着对抗纳税人的态度和做法——为了防止国家税务局相关管理人员的报复,这些"告密人"得到了国会的保护。在1996年、1997年和1998年又通过了3个法律,从而进一步限制国家税务局,给予纳税人更多权利。不少税务官员曾指出,这些税务改革会危及国家税务局筹集现代政府所需巨额收入的能力。但是这些改革措施因为在政治上太受欢迎而不太可能被抵制,即使是福利国家的铁杆支持者也不会站出来反对。"改革就像一列巨型货运火车。"一个民主党政治家在1997年说道。他建议说,如果国会内的自由党,或者克林顿政府想要站在它的对立面,"他们只会被无情碾压"。事实却是恰恰相反:改革措施得到了国会两院压倒性多数人的通过,并且很快得到了总统的签发。

1998年,围绕税收制度的国会对抗进一步升级,导致了围绕《税收终止法案》的辩论及其在国会众议院的通过论战。该法案强制要求整个联邦税法于2002年12月31日被废止,但是其目的并不在于把税收也一起废止。该举措的支持者相信,一旦现行的税务制度确定被终止,一套新的税法会得以建立,作为代替。然而,该法案的风险在于,如果立法机构不能设法提供一套新的法律作为代替,那么就会造成整个美国完全没有任何的税收制度。正如实际上所发生的那样,《税法终止法案》在参议院就被否决了,所以也就没能正式上升为法律。但是公众舆论期待该法案得到通过的这一事实,显示了现行联邦税制给人带来的挫败感。

这种挫败感的实质,是对现存税法的抱怨——累赘、复杂、不合逻辑。"它太复杂了,"肯塔基州议员吉姆·邦宁(Jim Bunning)指出,"没有人能弄懂它。"废除法案的支持者认为,过去所有尝试简化税法的努力都失败了,没人能

"处理现行税法的各种混乱",如议员迪克·阿米(Dick Armey)所说,所剩的唯一选择就是"把所有问题彻底清除,重新开始"。

我们把事情变得更糟

一般而言,当人们决定去解决某一个问题的时候,后面会有补救措施跟进。很显然,这条规律对于税收复杂性这个问题并不适用。几十年以来,所有人——民主党、共和党、商人、会计、税收教授以及国家税务局管理人员——都认为税制过于复杂;所有人都认为这种复杂性正在造成大量的问题,从而削弱了对于税制的认可。但是,找不到任何解决办法。

明尼苏达州议员科林·彼得森(Collin Peterson)在《税收终止法案》辩论中提出以下观点:

我赞成取消现有税法、让一切重新开始这个观点已很久了。我是这个体制内少数拥有注册会计师身份的人之一,我曾经从事纳税申报,因此我已经忍受这个税法很久了……1986年,打着税收简化的旗号,我们通过了一项法案,而我认为它可以说是在这届国会内通过的最糟糕的一项立法。从那时开始,我就一直支持对现在的税收制度进行改革。1990年,我们把税法变得糟糕了一些;去年,我们把它变得更糟:去年通过的《1997年税收法案》导致我还在从事纳税申报的同事这周末跟我说,现在的税法变得太复杂了,他认为他再也做不到手工报税了。他能报税的唯一方式,就是有一台能够完成所有计算并且经得起来回折腾的计算机。议长先生,这个税法已经变得无法控制。它必须简化。而在当前的进程中,这种简化并没有发生(Tax-Code Termination Act Debate,1998,H4660)。

彼得森议员的评论相当正确。自20世纪70年代以来,国会就一直在围绕"税收简化"举行听证、通过法律,但是在执行中却没有任何效果。有时候,其中一两个问题得到了解决,但是与此同时,又出现了5~10种新的复杂性和遵从负担。且不说所有与简化相关的担忧和努力,税收制度每一年都在变得越来越复杂。是什么导致这个问题如此难缠?为了回答这个问题,我们有必要研究造成税收复杂性的压力。研究发现,似乎有两种力量在发挥着作用。

税收制度文明化

　　第一种力量，是想要将税收变得人性化且不具随意性的现代欲望。有个观点很少被认同，但事实是，就让复杂性最小化而言，最有效的方式就是由暴徒管理的税收制度。如果国家税务局官员能够直接走向企业和个人，根据他们的喜好直接指定需要缴纳的税额，如果纳税人不遵从，就用枪杆子说话——这样一来，美国的税收制度将会变得异常简单：再也不用阅读任何规章制度，再也不用进行任何计算，再也不用呈报任何纳税申报，再也不用参加任何审计，再也不用准备任何上诉。税务工作的前提就是，税务官员永远正确——无论他们的行动多么让人痛苦或者看上去多么不公正。

　　古代的税收制度大概是这样的：士兵们前往城镇或者乡村收取税金，或者直接拿走他们想要的东西。如果有抱怨或者抗议，他们就会用武力进行镇压。随着文明的发展，这种恶劣的行径逐渐被驯服。立法者将应缴税收的规定用白纸黑字确定下来。随着这些规定的确立，税务人员再也不可能像过去那样直接拿走他所看中的东西——他必须明确告知对方，他是根据哪一条规定，正当地提出了他的要求。这个基于规定的制度使得税收不再随意，但是它也带来了沉重的代价：大量的文书工作。这些文书工作不仅仅包括上千页的税法和市民呈报的上亿份的税收表格，而且还包括审理税收纠纷（即合法税额究竟是多少）的法律制度和这些制度所产生的所有工作和挫折。比如，仅在1998年，就有65 434件审查上诉、32 082件提交至税务法院的案件。

　　作为税法人性化进程的一部分，立法者也设立了相关的法律法规来限制税务人员在执行税收制度时的具体行为。说到底，税收意味着违背人们的本意、从他们口袋里拿走钱，因此一定会发生大量针对税务机关的回避、逃避或者抵抗行为。传统而言，政府部门对逃税行为往往采取蛮力，威胁民众加以服从。在罗马时期，拒不履行朝贡义务的城市会被夷为平地，以儆效尤。在18世纪的法国，试图逃避盐税的人会被施以鞭刑和烙刑。做出更严重抗税行为的人会沦为囚犯或被施以酷刑，即被车轮反复碾压致死。在一个更富有同情心的时代，税务人员的行为会受到限制，纳税人也被赋予权利去对抗不利于他们的税收行为。但是，需要再次重申的是，这种缓和也自动造成了复杂性的增加。

再举一个已被普遍使用的具体事例，强制传唤。国家税务常常想让第三方，比如会计师和记账人，指证纳税人，方法就是传唤他们提供证据或相关记录。20世纪70年代中期以前，国家税务局常常在纳税人不知情的情况下进行第三方传唤，而纳税人则没法对这个不利于自己的证据采集采取任何措施。在1976年税收改革法案中，国家税务局被剥夺了发出"秘密"传唤的权力。自那之后，如果国家税务局需要传唤第三方指证纳税人，他们必须同时告知纳税人本人。

这种对国家税务局权力的限制导致了相关文书工作的增加。首先，国家税务局必须就传唤一事撰写通知并邮寄给纳税人。而纳税人自然而然会因此在法律框架内对该传唤做出更多的抗议。强制传唤的法律行动数量从1975年的1 877次上升到1977年的3 698次，到了1990年则增加到8 254次。因此，给予公民更多的权利造成了各方面行政负担和遵从负担的增加。这是试图使税收变得更为理性和人性化的尝试的通用模式。每一种纳税人的"权利"，都意味着需要将这个权利书面化的人必须做更多的工作，意味着需要了解这种权利的人必须做更多的工作，也意味着希望在这种权利的基础上挑战国家税务局某项行动的人必须做更多的工作。

打击税务诈骗的温和法律战

针对日益严重的税务诈骗问题，税务管理人员能做些什么？将暴力水平翻倍的老派策略已经变得遥不可及。在这个更为仁慈和温和的时代，可以用来加强税收制度执行的工具只剩下官僚主义的法律武器——而每一次对这种武器的使用，都会将税收制度变得更为复杂。

比如，如果发生了这样的情形——有太多纳税人把不存在的孩子声称为受抚养者，税务管理人员的处理方式并不是像旧时代那样对其中的几千人施以鞭刑或烙刑以儆效尤，而是要求对所有的孩子提供纳税人识别码。看看这温和的法律手段织就了多么复杂的网络。纳税人需要在纳税申报表上写上每一个受抚养者的纳税人识别码,因此纳税申报表必须为这些信息增加空间。如果遗忘了纳税人识别码,纳税人必须联系美国社会保障局。这可能延误本次纳税申报的呈报,因此纳税人又必须申请延期;或者因为延误遭到了处罚,那么纳税人又会就此处罚进行上诉。诸多情况,不一而足。

同样的手段——要求纳税人提供更多信息——也被税务人员用于遏制其他许多领域内的税务欺诈,这些信息包括家庭办公、搬家费、汽车支出、确定慈善捐助扣除额和确定捐赠艺术品价值。这些额外的要求可能会也可能不会减少税务欺诈,但是它们的确会增加纳税人的文书工作负担。

指定报告事项是税务人员试图控制税务欺诈的另一种方式。他们的理论是,如果所有的经济交易都向税务机构进行了报告,那么纳税人就会较少进行欺诈;而且一旦进行欺诈,被抓到的可能性会提高。对这种方法的采用导致了指定报告事项的逐年增加。现在已经有超过 80 种这样的报告事项,覆盖了广泛的经济交易:从工资、小费、利息,到房屋销售、酬金和渔获量。1998 年,国家税务局收到了 12 亿条信息,平均每个纳税人 5 条以上。生成和传输所有这些数据仅仅是信息报告系统工作的一部分而已。第二个负担来自于国家税务局试图利用这些信息抓出欺诈者。1998 年,国家税务局基于信息报告发送出 400 万份通知:170 万份"少报"通知,告知被指控的纳税人没有如实汇报他们所有的收入;240 万份"未申报"通知,告知被指控的纳税人没有进行纳税申报。即便所有这些通知里的情况都属实,它们也会对纳税人带来额外的税收遵从工作。而实际上,这些通知里的绝大多数判断都是错误的——有些是因为报告信息出了错,更多的则是因为国家税务局庞大而马虎的行政体系无法正确处理他们接收到的信息(Payne, 1993:43—49)。结果,数百万的纳税人被错误地判定为犯了某种形式的税务错误,而且他们还被威胁,如果不把错误改正,其财产就会被没收。因此,这些纳税人被迫通过一段很长时间的、令人沮丧的工作,才能让一个迟钝的官僚系统意识到,问题其实出在税务系统本身。

另一种遏制税务欺诈的立法手段,就是增加新的刑罚。1954 年以来,刑罚数量从 13 种增加到 150 种。这一方法同样增加了复杂性。每公布一种新刑罚,纳税人就必须往前多走一步:他必须认真思考这种刑罚,然后决定是认可它还是抗议它。国家税务局每年都会进行3 000多万次处罚,光在1998年就有3 400万次,这确实是不小的工作负担。因为这些处罚中,有很多都是错误的,所以数百万的纳税人提出了抗议。抗议每一次处罚的每一种努力,都会给纳税人及其代表带来大量的文书工作。1998年,国家税务局作废了440万次处罚,承认这些处罚都是不恰当或者不公正的。可以想象,还有其他数百万的纳税人虽然提请了作废却遭到了拒绝。

提高罚款额度也是税务人员试图遏制税务欺诈的手段之一,但它同样会增加负担。由于可能会失去更多的钱,纳税人会更倾向于就某一个处罚提出上诉——而这么做的话,他们往往会损失更多的精力、浪费更多的资源。

由此可以看到,我们试图通过这些努力来控制税务欺诈,但是这些仍在使用的、温和的立法手段已经形成了一种恶性循环。这些手段过于软弱,并不能真正吓到任性的纳税人,但它们却能给所有人带来新一轮的复杂性和挫败感。这个结果助长了对于税收的不敬和敌意,从而滋生了更多的欺诈。

对公平税收的探求

造成税收复杂性的第二种来源,在于追求税收制度"公平化"的欲望。当国王的士兵从农民琼斯(Jones)那里牵走了2头牛而只从农民史密斯(Smith)那里牵走1头牛的时候,琼斯愤怒了。这种反应不难理解。税收内在隐含了某种牺牲。为了捍卫它、维持它,需要使公众和立法者都感受到,税收的负担以一种平等和适当的方式由全社会共同承担。

当大多数人说到"公平"的税收时,似乎默认存在着一种单一且明显的税收负担分配原则。不幸的是,事实并非如此。当用于税收的时候,"公平"一词有着多重意义。税收水平应该基于收入,基于财富,还是基于需要(比如需要养活的人口数量等)?是否需要考量为赚取收入或获取财富而作出的牺牲?比如,假设有一个人,几乎一辈子都在忍受饥饿,才给自己积累了一笔储蓄。那么对这笔钱和对由彩票中奖得到的同等数量的钱进行征税的时候,是否应该使用同一种税率?在税收执行过程中,存在着无数这样的道德难题。

造成"公平"意义混淆的第二个原因在于,人们一般认为一种恰当的、合理的税收不应该伤害有价值的社会或经济行为。比如,一个贫穷的寡妇正在给她的孩子买食物,对此进行征税就会显得极其不公正,而且在社会上也会起反作用。换句话说,不公平。同样的理论也适用于以下征税对象:维持生命的医疗服务、避难所、用于供暖房屋的燃料,等等。这背后隐含的假定是,一个"公平"的税收制度不应该伤害任何值得的(worthy)活动。

不幸的是,这种假设似是而非。税收不可避免地会伤害几乎所有人类的努力,包括道德的和建设性的活动。因此,政治家们面临了一个选择:忽略所有这些伤害,对救济请求充耳不闻;或者永无止境地去努力改变税制,针对值得的理由,相应免除税收负担。自然,政治家们选择的是修订税法,结果就是打造了一个充满例外和变化的税收制度。

我们来看一个典型的例子。假设我们都同意这样一个原则:拥有同等收入的人应该缴纳同等的税。乍看之下,我们似乎创造了一种很"公平"的税。但是如果其中一个纳税人的孩子患有严重的疾病,医疗费用相当昂贵,因此该纳税人不得不将收入的很大一部分用来支付孩子的医疗费用。结果,他的生活品质要远远低于另一个同等收入、但没有类似负担的纳税人。这"公平"么?大多数人——以及所有的政客——都会说不公平;接着就必须为这种医疗费用提供某种税收例外政策。

但是,细想一下这种例外税收政策的设立对税法复杂性而言意味着什么。这意味着必须撰写明确的法规来对何种医疗费用可以适用例外政策做出具体规定,而纳税人必须充分掌握这些法规,然后收集记录、计算费用总和、计算税额,最后在申报表里额外注明情况。如果国家税务局官员对医疗税收减免提出异议,那么所有上诉过程中可能被牵涉其中的人都需要承担更多的工作。该模式同样适用于对任何一条简单税收原则所做出的例外规定。

讽刺的是,特殊情况的不断积累——每一个特例都声称试图将税收制度变得更公平——恰恰带来了事与愿违的结果:现有的税制被普遍认为,不公平!所有的特殊规定——所谓的漏洞——导致了这样一种情况,即一个富有的人很可能只会缴纳很少的税甚至完全不纳税。这个人可以将他的资产用于国会不想对其征税的社会建设性事项:捐助交响乐团,出于保护性目的的土地改造,投资当地学校的债券,等等。但是,大多数人都认为,一个富有的人有可能完全不纳税是一种再明显不过的"不公平"。20世纪70年代,针对该问题的政治抗议达到了沸点。

通过《1978年税收法案》,国会的反应给了那些相信国会有能力简化税收制度的人们一个令人心寒的教训。如果立法者按照逻辑进行推理,他们应该看到,造成富人有可能逃避税收的根源恰恰在于立法者写进税法的免税条款。对此他们应该做的是消除一些免税条例,比如,首先撤销州和地方债券的利息收入可以免税的规定。然而,立法者们并没有这么做。相反,他们选择了完全相反的做法,也就是创造了另一层的税收复杂性,来实现税制的"公平"。这就是替代性最低税收要求。在填完了所有的相关表格和纳税申报表之后,纳税人现在被迫进行另一套繁重的计算,而这种计算可能导致在现行税法计算结果的基础上,承担额外的税收义务。

对"公平性"的偏好解释了为什么不同的税收制度——相比之下可能没那么复杂——始终在华盛顿被拒绝。比如,一些改革者认为,用一个统一的全国销售税来替代所得税,能够解决复杂性的问题。原则上说,可能会实现。但是就实践而言,最不可能发生的情况就是这种税被采用——因为它有着显而易见的不公平性。首先,它会是一种倒退,即允许富人赚取并保留大量的免税收入。此外,当人们看到各种社会刚性支出——食品、医疗处方、大学教科书、污染控制设备——都被征收了高额销售税,很容易导致高度的政治压力从而使得各个领域接连产生税收豁免——这就把改革者本该极力避免的复杂性又带回了税收制度。

现代税收制度的未来

本章对于税收复杂性原因的探究表明,税收复杂性问题早已根深蒂固,靠简单的改革是解决不了的。从根源上说,税收复杂性源于强大的意愿,即,想要将税收制度人性化、希望通过人性化手段解决避税问题,以及希望让税收变得"公平"。随之而来的,便是将税收制度推向毁灭的边缘,在此过程中一定会看到更多复杂性的增加,它们使得税制变得更为繁冗,令它蒙羞。说崩溃迫在眉睫可能有所夸大,但是一些侵蚀和恶化肯定会发生。

有关现代政府的思想以及政府的开支计划似乎并没有把这种可能性纳入考量。从旁观角度看,福利国家看上去是完善和安全的。它已经存在了很多年,因而现在很多知识分子、政客和公众都理所当然地认为情况会继续保持下去。像美国社会保障局这样的政府机构,对50年甚至100年后预计征收到的税收收入进行了估算。这些估计反映出一种对持续性的奇特信心,毕竟当下这个世界的所有事情,从宗教和婚姻到全球气候,都在经历着重大的变化。这种对税收保持不变的信心,在被忽视的、正与税收制度形成对抗的强大趋势方面,显得格外幼稚。

说到底,为政府的社会改良项目提供资金的这个制度到底是怎样的?它不是由一群高尚的社会改革者运用理性与伦理原则新近发明的制度安排。它是由历史的暴君传给我们的压迫性计划。税收作为一种剥削制度得以开发。部落征服部落,国家征服国家,而为了享用战利品,压迫者发明了税收制度。他们没有将被征服的人变为奴隶,付出高昂的费用和生命的代价用船将他们运走,而是允许这些人继续在他们自己的土地上工作。这种情况下,他们会比奴隶更有效率。征服者则用武力和武力威胁来榨取这个过程中所创造出来的财富。可以说,税收是一种就地奴役(slavery-in-place)制度。

这确实是一个自相矛盾的发现,即一个背景如此声名狼藉的制度成为了现代福利国家的基础。这就好像是发现了在中世纪刑讯室里所搭建的一所日间护理中心。这样的制度安排可能一时有效,但是敏感的现代价值观和古代技术的残酷暴力之间一定会形成日趋严重的紧张关系。税收也是如此。通过武力和武力威胁榨取资金不再适用于现代价值观。伦理上说,它与我们厌恶暴力的观念相冲突。文化上说,它与人们应该自由选择目标和愿望的原则相矛盾。政治上说,它与更仁慈、更温和的政府发展趋势相违背。

当然,没有人愿意面对这个残酷的事实,因为税收已经变得对现代社会和经济安排都至关重要。整个社会还没有做好准备来对税收的道德和文化责任进行一场公开的辩论。但是我们拒绝谈论这些义务并不会使这些义务消失。不利于税收的历史趋势仍在继续,走的是一条迂回而意想不到的路径:税收复杂性。我们的现代价值观迫使我们把税收变得更加繁重和复杂,而这种复杂性又使税收变得越来越不切实际,越来越受到贬低。

本章的分析认为,对于政治家们未能消除税收复杂性这件事不应该过分沮丧或者视为警报。相反,这是一个充满希望的迹象,因为税收复杂性在我们国家的演进中起着积极的作用。这是历史在用它的方式告诉我们,我们目前拥有的为公共目的而筹集资金的制度是错误的,这迫使我们必须去寻找另一种更好的方式。

参考文献

Doernberg, Richard L. (1988) The Market for Tax Reform: Public Pain for Private Gain. *Tax Notes*, November 28, 1988, pp. 965—969.

Lewis, Charles and Bill Allison. (2001)*The Cheating of America: How Tax Avoidance and Evasion by the Super Rich Are Costing the Country Billions—and What You Can Do About It*. New York, NY.: William Morrow imprint of Harper Collins.

Little, Arthur D. (1988)*Development of Methodology for Estimating the Taxpayer Paperwork Burden*, Washington, D. C.: Internal Revenue Service.

Payne, James L. (1993)*Costly Returns; The Burdens of the U. S. Tax System*. San Francisco: ICS Press.

Raby, William L. and Victor H. Tidwell. (1986)*Introduction to Federal Taxation*, 1987 edition. Englewood Cliffs, N. J.: Prentice-Hall.

Tax-Code Tennination Act Debate. (1998) Congressional Record, June 17, 1988 (House), H4543—H4677.

10 地价税与法治

弗雷德·福德怀雷
(Fred Foldvary)

地价税(SVT)是以不动产土地价值或从这些场地(不包括土地上增值物的价值与租金,如建筑物)获得的租金为基础形成的公共收入。本章首先考察地价税的经济学计算方法,并将这种方法的经济效应与其他种类的税收进行比较。其次,本章深入探究法律规章的伦理和政治本质,分析比较地价税与其他税收在治理上的不同效用。最后,本章探究地价税是如何推动形成更加分散的治理体系,以及提供更符合受影响民众需求的社区服务的其他宪法规定。

地价税的要素

"场地"是指特定区域下的一个三维度空间。"场地租金"在这里被定义为当场地通过竞标方式进行租赁时,出价最高的承租人将定期支付的金额。(从技术上讲,一场有效的竞标会,为避免最高出价者失望,租金应以第二高出价为准。但实际上,考虑到最高出价和土地的最佳使用,租金通常按照附近地区的市场价格进行估计。)而地价税包括向当地政府管理机构支付场地租金的一部分。梅森·加夫尼(Mason Gaffney, 1964:18)称之为"基于土地容量的从价税"。

一块场地的市场价值是对所有三个生产要素的回报:土地、劳动力和资本。经济上的"土地"包括所有的自然资源和自然机会。资本货物指的是用于生产更多商品或提供长期服务的资本货物。一些提升场地的措施,例如改进土地水平、用固体物质代替水、在场地表面之上建造建筑物、游泳池、栅栏等，并非真正地改善土地，因为严格意义上讲，经济用地不包括这样的改变。

梅森·加夫尼（Mason Gaffney，1994）进一步指出了空间土地与资本货物之间的几个区别。空间土地不可再生，永久不变且可循环利用，供给固定并且为不可移动空间。场地不像资本货物一样可以周转，也就是说，空间土地不会折旧（depreciate），因此也就不需要维护。

场地产生的市场租金既取决于自然因素（例如气候、海湾与河流，以及地下的矿产资源等地貌特征）对于用户的价值，也取决于周边市政基础设施（例如街道和城市安全保障服务等）的价值。后者的价值是对资本货物和劳动力的一种回报，包括通过清洁树木或用固化物代水进行的土地改良，还包括已承认和登记不动产所有权的价值。

尼古拉斯·泰德曼（Tideman，1994）区分出三种价值回报：(1) 自然因素的价值；(2) 归属于公共服务的价值；(3) 归属于私人活动的价值。詹姆斯·布坎南（Buchanan，1989）将政府服务的产值称作"社会租金"，是在宪法阶段个人可能会同意由集体共同使用的某一部分。

小块场地（如一个典型城市中房子或商店所属的场地）的价值，不会受到场地改良措施的影响，即场地上的任何建筑物都不影响场地价值，但周边社区以及城市居民商品消费和服务却会对其有显著影响。正如加夫尼（Gaffney，1964：18）所说，"场地－潜力税（site-capacity tax）会随着环境改善、恶化而上升或下降，但是当个人土地所有者对环境挑战做出回应时，场地－潜力税会处于冻结状态"。

一块场地在地理位置和范围上都是固定的。不同于劳动力和货物资本，每一块场地都有独一无二且不可变动的位置，尤其是在长期经营及事前准备的过程中（即建筑物选址时，一栋建筑物只有一个选择）。与劳动力和资本不同，空间不能通过进口来增加供给。与资本货物不同，地面空间的供应不能在某些管辖区的边界线内扩大。那些生地，由于没有改良缺乏价格弹性，这就意味着价格上升或下降并不会改变场地的数量。改良措施当然可能会增加一些具有特定用途的土地数量，但并不会增加限度范围内的整体空间。可供出售的土地供给需求一旦增加，将会有更多的土地所有者以更高的价格出售土地，

10　地价税与法治

但是他们也仅仅只能出售几块固定供给的整体区域。固定的空间数量需要区别于和少量可供出售的易变空间数量。就像公司股票的股份总额是固定的,但公司会随股票价格提高而出售股份。

一般来说,一项资产的市场价格建立在与其他资产现行回报率相关的回报率以及与其他主导回报率相关的风险之上。假设不考虑风险,实际利率(减去通货膨胀率后)反映当前的资产回报率。长期资产价格计算的一般公式是预期回报除以利率。或者可以这样表示:(1) $p = r/i$,p 是价格,r 是年回报,i 是实际利率,如果将 r 和 i 预设为常量,回报率则等于利率乘以资产的本金或资产价格。如果将 r 和 i 预设为变量,就需要分别计算每年的贴现率并且增加项数。因此(1)是不考虑预期变化后的简化公式,但是这种简化并未改变本质关系。

以场地为例,收益是指扣除费用后的净租金。假设要对一块场地征收财产税或者对其进行估价,也要从租金中支付。房地产税中,税率 t 是基于房地产价格 p 而言的,例如,税率 t 是 3%,房地产市场价格 p 是 400 000 美元,则每年需要支付税费 12 000 美元。

由于租金不仅用于支付常规的资产价值收益,也要用于支付财产税,因此场地的市场价格是通过利率和税率来计算的。利率和税率相加作为分母:(1) $p=r/(i+t)$,其中 t 是 p 的税率。例如,假设一块地的市场租金是每年 10 000 美元,且不征收任何税,当利率为 5% 时,计算得出的土地资本价值为 $10 000/0.05=$200 000。然而如果在该价格上征收 15% 的税费时,需要用 15% 加上 5% 即得到分母值 20% 或者是 0.2,市场价格就会下降为 $10 000/0.2=$50 000。这是因为租金的 3/4 都用来支付税费,剩余 1/4 用来支付常规的资产收益,最终纳税价格占无税价格的 1/4。(2)中所示关系使我们能够确定租赁征税的比例或百分比。鉴于税率 t 基于 p,那么将部分或一定比例的支付租金作为估值或税费,即(3) $x = t/(i+t)$,x 相当于已支付租金的征税比例。如果利率是 5%,税率是 15%,那么租金的征税比例是 15/20 或 75%。

针对制造品在市场价格之上征税,例如一般营业税或者增值税,是因为这些商品的生产成本无法降低。对工资征税会增加雇佣劳动力的成本从而减少

189

工人的净工资。相比之下，对没有生产成本的资源征税就会降低价格。因为土地没有生产成本，也没有任何机会成本（因为场地没有多余的选择），因此征税时，场地价值就由收取的租金总额进行估值。所得税和营业税在一定程度上也减少了租金，使得场地价值估值更低。

在上文的(2)中，当 t 增加时，p 下降。计算场地价值变化的公式是(4) $c = i/(i+t)$。其中 c 是场地价值的比例或者百分比变化，即税前价格的一部分构成了税后的价格。例如，如果一块土地不交税时市场价值是 100 000 美元，租金 5 000 美元，利率为 5%，税率为 20%，那么最终价格则为 5 000/0.25＝\$20 000，价格变化为 0.05/(0.05＋.20)＝0.05/0.25＝20%，税后价格是税前价格的 1/5。

因此可以看出如果市场租金不变，地价税的负担不落在租户上；但如果场地贬值，地价税就得完全由土地所有者来承担。然而，这一负担也只有在过渡时期才由土地所有者来承担。新的买家除非受到税收变化的影响，否则不会有真正的税收负担，因为土地过低的价格抵消了需要在租金上支付的税收。支付租金税收的费用相当于避免了抵押支付而节省下来的费用（或者是在没有债务情况下资金的机会成本）。

为了实施地价税，场地价值需要进行评估或者对其增值另行评估。为保险起见，这种区分十分必要。一些公司为防止骗保会专门提供火灾或地震保险以避免承保所有财产值，只给那些会被破坏的财产值（即增值部分）承保。专业评估和评估者拥有一定的技巧进行价值分割。有时他们获得附近空地出售的数据，或者土地及其增值部分分别以不同名头进行租赁的情况。评估员也会估计出来建筑物的替代价格以及老建筑减去折旧后的价格。估税员还会扣除那些恒定的改良值，例如平整地面、灌水，或者清除树木和岩石，剩下的就是场地价格。

评估员会使用地图（现在通常是在计算机上）来显示附近地区的场地价格。他们会推断并且排除极个别的评估与估价差异，从而使相似区域的场地估值相近。评估应该公开记录（如今可以通过互联网访问）。当物权持有人认为，与邻居相比，自己遭受了不公平待遇，或者认为评估对土地的估值过高时，可以对评估进行上诉。合理的上诉程序最终到达陪审团那里，是实施地价税重要的组成部分。这个过程完全不同于个人所得税、销售税或者增值税,后者涉及大量的记录留存和税务审计,由于这些记录并不公开,很难避免其中的歧视。

地价税是否足以资助所有的政府服务?在最佳的数量情况下,一件公共产品产生的总租金有可能大于其总成本。关于纽约市地铁影响的相关案例表明,土地所有者能够支付地铁成本费并且获得盈利。另外一个例子是,横跨哈德逊河的乔治·华盛顿大桥使得新泽西州增加的场地价值是大桥成本的6倍(Tucker,1958:11)。

场地租金的价值总额远高于我们的一般认知。梅森·加夫尼(Gaffney,1970)估计场地价值已经超过房地产价值总额的一半。美国经济分析局估计房地产总价值1986年为10.8万亿美元(Miles,1990)。这意味着美国土地场地价值1986年超过房地产总值5万亿美元,其中包括矿产(石油、煤炭、矿产、水)土地、电磁频谱、航空公司航线和卫星轨道的租金收益。事实上,由于税收、法规、过度诉讼以及其他减少利润的实施成本,如今场地价值大部分已经被负资本化了。

也有人认为政府不应该将太多公共资金花费在那些并非由真正使用者支付的服务上(对有益服务进行收费,而不是变相地征收消费税),或者那些不会产生收益高于成本的服务上。许多政府支出用于转移性支出而不是提供公共产品,而许多转移性支出则是政治压力集团寻求无益于公众的补贴所导致的结果。如果要求征收除了用户使用费及土地租金以外的额外资金,那其他资金来源还可以收取国有企业的盈利,以及在交通拥堵和环境污染等负外部性上征收税费(当这些成本没有通过协商或侵权诉讼而得到补偿时),这样就没有对如创业、劳动力、投资和商品销售等有益活动征税的经济必要了。

比较经济效应

税收的"超额负担"是指除了向政府上交的资金之外强加给纳税人和社会的成本。例如,商品本身价格再加上销售税后会使所购商品的价格更高。在竞争性市场中,卖方一般有且只有一个标准利润,一旦这个利润降低了,企业将会离开这个行业。因此，税收不能集中在较低的利润上，生产者和销售者也不能因为被征税就降低他们的成本，因为通常他们早已尝试过将成本最小化。

一般销售税是添加在商品价格之上的，因此税额会提升供给曲线。需求曲线通常是向下倾斜，供给改变会将需求曲线沿着更高价格但是更低数量的方向移动。价格增加会导致需求量降低。

超额税收负担不仅仅局限于纳税人。设想一个店主本来想在周日正常营业，但因为税后利润太低最终决定歇业。这样，本来已经受雇的工人失去了工作机会，而打算在此购物的顾客也不再有购物机会，他们徒增的外出成本以及方便性的缺失成为由于税收而造成的一部分社会浪费。这种消耗量上的减少是一种社会浪费，因为资源未分配给最需要的消费者。正如理查德·瓦格纳（Wagner,1980）指出的那样，浪费是"一个经济体满足人们需要的能力减弱"。当价格接近于经济学上的边际成本时，买家愿意购买的数量会增多，但税收的介入阻止他们这么做。这是一种"消费者剩余"的损失，即消费者为得到商品，其能够支付的购买价格低于他们愿意支付的价格之所有差额。

这同样也是一种生产者剩余的损失，即销售产品数量减少而使得在边际生产成本之上销售的产品收益也会降低。经济学家将这种消费者及生产者剩余损失称之为"无谓损失"，因为这是一种没有相应获利的纯粹损失。这种浪费由于是对生产活动征收全部税收而产生，包括营业税、所得税、增值税和其他税或者所谓的从事商业活动的"费用"。例如，曾有计算表明美国企业所得税的超额税收负担累计超过企业收入的一半（Congressional Budget Office, 1996）。美国总的超额税收负担预计超过 1 万亿美元（Tideman and Plassmann,1998）。

超额税收负担源于为适应价格变动而产生的数量弹性变化或响应，即源于生产量及购买量的减少。如果弹性变化或响应很低，超额税收负担同样会降低。由于土地供应缺乏弹性，地表面积总量不会由于场地租金的改变而扩大或缩小，这样场地租金的税收无谓损失就算存在也会很低。事实上，甚至可以通过开发场地租金收入来获取超额收益。因为如果有一些小地段没有有效使用，物权持有人要么通过提高土地生产力来支付对场地的征税，要么将土地卖给采用同样手段的人。市中心的空地和地面停车场地很快会被变成写字楼、酒店、公寓,即增加了改良措施的供给,这样的密集填充将减少在城市边缘从事建设的需求。

如果用地价税来根除所得、增值、销售和其他消费税,就会消除抑制经济生产与增长的障碍和负担。正在进行的研究《2000年世界经济自由》(Gwartney et al.,2000)提供了经验依据:经济自由度较大的国家与经济自由度较小的国家相比,人均收入更高,经济增长更快。正如研究中所强调的,税收是衡量经济自由度的关键因素,尤其是边际税率,或者针对额外收入增加的税费。地价税将使边际税率降至零,最终成为刺激生产的供给侧政策。

当政府把从劳动者身上征税获得的资金用于公共工程时,事实上就是在隐形补助土地所有者,而征收地价税也可以消除这一点。如上所述,在高租金与高地价中,城市建设工程逐渐被资本化。当场地所有者不向这些工程投资时,实际上,政府会强行把从工资收入、利润收入及其他非出租性收入中获得的资金转化到场地租金上。消费者和工人为公共工程支付了双倍代价:首先支付高租金,然后还要支付税收。在涉及到社会最佳投机行为(例如建筑时机的决定)时,地价税是中性的(Feder,1996:44),而附加于劳动力和资本的税收则扭曲了土地价值的资本化。

地价税有利于抑制非生产性政府债务的扩张。理查德·瓦格纳(Wagner,1986:209)指出:"当财产包括税基时,债务摊销的责任在于财产所有者与他们的所有权份额成比例……因此,选择的债务会资本化为财产价值。"瓦格纳补充说,这不同于个人的债务选择。然而,当政府债务与增加场地租金的生产性投资无关时,土地所有者有理由反对预算赤字,因为它是从未来的而不是当下的租金中产生,未来的租金将包括不能用收益来冲抵的利息。

这些影响会导致所得税、销售税和生产性资产税在道德层面和经济层面造成负担。这不仅仅是资源浪费,更是对再分配资源的浪费,税收因此成了通过超额负担和再分配负担这两种负担来打击工人和企业的主导工具。相较而言,用作公共财政的场地租金几乎没有超额负担,也避免了对土地所有者的补贴。场地所有者可因此将城市建设工程带来的增值偿还给政府。地价税意味着符合最有益于市场繁荣和最为公平的公共条款。城市的扩张可以定义为在纯粹的自由市场中,可利用的土地量要大于实际的土地量。当前城市政策补助的城市扩张，首先是支持分区和减少城市用地密度的多种限制性政策，其次是用税收来补贴开发城市边缘地带（以城市中心为代价）。新发展需要更多的市政基础设施、学校和其他服务，大部分费用主要来自税收而不是场地租金。

政策干预引发的扩张增加了城市生活成本和企业成本，降低了良好的生活标准和投资的盈利水平。因为运输成本相对较低，推动城市边界向外扩张也增加了市中心的租金。人口密度的人为降低也降低了公共交通的使用，包括私人供应的交通运输例如小型公共汽车等会常常受到法律限制，结果则是加重交通拥堵。即使在郊区之间来往的通勤车能够减轻拥堵和上下班时间，全球各地城市仍面临着街道与高速公路的拥堵问题，这就降低了城市生活基本的流动性。

地价税不仅让城市的紧密度更加以市场为基础，也促进了城市公共交通的发展。小型公共汽车和出租车以更灵活的价格和更个性化的服务，成为城市交通中有价值的元素；大规模的铁路和公交系统通常具有高固定成本和低边际成本。这些交通方式的有效资助（且不说哪种交通方式会更加有效）仅向使用者收取边际成本，甚至提供免费服务，就像酒店电梯和百货商场的自动扶梯一样。资本货物的固定成本和开销将由那些由于运输服务提高的土地租金来支付。于是，地价税产生了能够使公共交通有效运营的自然密度并且提供了融资方法（Vickrey, 1977）。

法　治

地价税和法治之间的关系要求，不仅要对公共财政类型进行分析，也要对法治本身的性质进行调查。"法治"不仅指强加给大众的行政法规，也意味着政策制定要遵循法律而非政府官员意志这一更强力的原则。法治同时也涵盖一个更严格的原则，即法律本身是稳定的，不会因为政府官员的突发奇想而随意改变。

一个组织型社会的最高法律构成其宪法，其他所有法律都必须遵循最高级别的法律框架。任何社会都会有宪法，或者以书面形式明确表达或者隐含在习俗和权威中。隐含在法治中的稳定和制约意味着宪法本身比其运作规律更为稳定,因此修正宪法性法规的必要条件较为多,例如要求绝对多数制,甚至范围更广的批准条件,比如要求得到选民或其他级别政府的同意。

法治本身不是目的,而是成就更伟大事业的一种手段。法律可能会在诸如以下政体中产生,奴隶制合法的政体、禁止私营企业的政体,或者压制言论自由等的政体类。大多数人可能会有这样的常规认识,即法律不仅具有稳定性,法律在内容上规定了公正、自由,为繁荣提供了基础。的确,法治的目的是维护那些为了实现自由与公正而颁布的宪法条款,因此在实践中这一目的不能被追求权力的官员腐蚀或回避。

接下来的问题便是这类自由公正的原则自身是否是随意的,或者他们是否建立在一个稳定,甚至是永恒的基础之上。如果自由是纯粹的"社会建构",以至于它仅仅只是特定社会偏爱的一种功能,那么法律就会随着政治风气的潮涨潮落和不正确的经济主张而不断地改变。为了应对不断变化的经济状况、政党的胜利或者政客的影响,税率也会时升时降。美国实施连续的减税模式后,随之而来的是税率的增加以及联邦、州和地方税收一时间混乱繁杂。除了政治阻力最小时可以从明确的资金流中汲取税收外,税收实践中似乎没有一致的规则。

究其深层次的意义,法治意味着大多数人希望法治基础能够提供真正公平的诉求,这要求宪法本身应基于道德原则,超越人们的突发奇想。长期以来人们对于公平越来越重要的诉求,必须战胜短期从政府获利的诱惑,或者尝试找出长期危害人们自由和财产(如贫困或犯罪等紧迫性问题)的补救措施。

如果法治的基础并非简单地来自公众任意的偏好,那么它能从哪里获得?自然法哲学家约翰·洛克(Locke,1690[1947]:123)提出:"自然状态有一个自然法则来管理它,它责成每个人;理性,也就是自然法,教导有意遵从理性的全人类:既然人们都是平等、独立的,任何人都不得侵害他人的生命、健康、自由和财产……"

如果除政府法规之外,在"自然状态"中有一个自然法则,那么它必须是人性中固有的,而不是来自于文化的或者是个人的观点。洛克上述观点指出,人类的平等和独立是人性的前提。独立,在生物学意义上指每个人都拥有属于自己的思想和身体,意味着价值观对于每个个体来说是主观的而不是内在于不同事物中或者作为整体的社会中。道德平等赋予这些价值观以平等的地位，也意味着自然界不存在关于主人－奴隶关系的内在依据。人"生来平等"的道德平等观念，连同每个个体对自身财产的独立判断，为限制政府权力的宪法约束提供了基本的道德基础。

从洛克前提引申出来的自然法的普遍伦理，提出三个基本的道德规范(Foldvary,1980)：

(1)让他人受益的行为是道德善行。

(2)对他人进行强迫、攻击性伤害的行为是道德恶行。

(3)其他行为从道德上而言则是中性的。

自然法或者普遍伦理意味着自然权利的存在，它不过是伦理规范的另一种表达方式。正确是纠正错误，有权利做某事或有权拥有 X 就意味着用盗窃来否认 X 是错误的。因此，拥有财产的权利就意味着其他人偷窃这一财物在道德上是错误的。

自由宪法，以正义为普遍原则而非基于任何文化规范，禁止并惩罚普遍伦理规定的恶行，将规定为中性或者善行的行为留给人们自愿选择。此外，禁止对他人强制性伤害意味着自我所有权原则，即一个人从事真诚和善的实践活动时不会受到法律限制，即不会对诚实和善的人类行为进行武断的惩罚。如果一个人正当拥有其身体、时间和生命，逻辑上可以理解为这个人完全拥有他自己的劳动力、工资收入以及劳动所得。

根据上述分析，自然法废除了对工资、商品和交换行为的随意征税，也就是说对财产股份或流动性收入的征税仅仅是因为它们的自然存在或者是因为政府"需要"资金。因此，如果法治基于自然和永恒的道德原则，公共财政就必须找到其他来源。这种来源是存在的，即一种通过契约约束，在道德上自愿提供集体物资的方式。除了自愿交换行为外，不能随意从那些将巨大成本强加给他人的人类行为中获得补偿。最后，排除人类行为所带来的价值，既然自我所有权原则没有延伸到自然资源的获益上，利用由自然机会和自然资源而获取租金并不违反人们对工资的合法权益。

19 世纪的经济学家和社会学家亨利·乔治(Henry George,1879[1975]：561)提出，经济原则和道德原则是和谐一致的："社会法规的运行符合道德法则。"从最基本意义上而言，地价税通过提供让个人主权正当化的规则来实施法治，同时也提供了不受社会和政治反复无常事件影响的独立性。

法律和政府的比较影响

地价税的效应不仅在理论上成立，更多存在于实行过程中。虽然这些作用几乎都是片面性的，需要与其他税收结合使用，然而实证案例为比较分析提供了数据。

许多国家和地方对扣除改善设施（improvements）后的场地价值征税，其中包括澳大利亚、新西兰、南非和宾夕法尼亚的一些城市（Cord，1979；Chandler，1982；Andelson，2000）。宾夕法尼亚州的一些城市在征收房产税时可能会对土地和改良设施采用不同的税率。采取这种税收的城市相较周围同等规模的城市而言，对建筑物低税率征税带动了显著的经济增长（Saunders，1999）。在19世纪后期的日本，对地租征收全国性税收是使经济快速增长的重要因素（Chandler，1982；Harrison，1983）。在其他国家和地区，例如中国香港，从场地租赁中获得了可观的税收收入。[关于世界范围内土地增值税实施情况的调查，见 Andelson（2000）。]

最充分实施地价税的地方是胶州（现在的胶县），该地属于青岛市，1898—1914是德国强占强租的胶州湾。当时的钦差大臣威廉·路德维希·施拉迈尔，是德国土地改革运动的一分子，规定按地价征收6%的地价税（Silagi，1984；Peterson and Hsiao，2000）。提到这一案例就不能不提中国革命领袖人物孙中山。孙中山提出了土地改革以及征收地价税，于1930年将其写入宪法，但在国民党去台湾之前当时仅有个别城市予以实施，1950年才在其施政范围内普遍实施（Chandler，1982）。

上述实证案例都较为符合理论预期，由此我们才可能形成一套有关地价财政完整实施的效果理论。为保障地价税充分实施，相关宪法中应包括下列要素：

（1）不对劳动力、生产资料（produced goods）、交换行为、利润、增值或人头征税，就这点而言，就不会出现下列（4）中所示的负外部效应。

(2)任何土地所有权持有者(包括政府的、宗教的、非营利的所有者),若要将土地在当前使用中实现最高效、最有益,就应根据相关社区基于场地市场价值的标准进行估价。任何场地估价都需有公开记录,同时土地所有者有权将评估结果上诉至较为公正的委员会甚至最终由陪审团进行评判,当且仅当对他们的估征被证明合理有效时,土地所有者才应支付相关的法律费用。

(3)对场地的改善,包括建筑物和地面的准备,都排除在征税范围之外。由开发者、公民协会、企业等私人提供城市工程和服务带来增值时,政府不得对其征税或评估。

(4)对他人造成严重负面外部性(污染及拥堵)时,如不能通过谈判、仲裁或民事法律诉讼进行补偿,则应给相关社区缴纳应由自己承担的成本。

(5)社区内土地所有权持有者可以组成志愿者协会来提供公共产品和服务,并应该从来自场地租金的税费中扣除为服务而缴纳的款项(否则就由政府提供公共产品和服务)。这些达成共识的社区可以拥有他们选择的任何内部支付方式。

这一宪法对政治和法治的影响,现在可以同另一宪法进行比较,后者是对除任何负面外部影响外的生产活动征税。在实践中,所得税和销售税都是有选择性地征收的,带有对某些所得和某些商品的免税,以及相差很大的税率。众所周知,政府税收政策的效果不仅体现在财政收入上,而且影响着人们的行为表现,甚至可能产生意料之外的结果,如对已婚夫妇征收的税比对两个总收入相同的单身人士征收的税要高,这会导致婚姻惩罚。

对所有明确资金流的征税也存在高度不一致,税率不断变化,使企业很难制定长期项目计划,未来的税率也是不确定的。迄今为止,还没有一个税收义务的期货市场,能够让企业像对冲货币和商品价值变化一样对冲未来的税收风险。

时间及场地的差异也增加了地价税的不确定性以及企业的高成本问题,但是相较其他税收而言,这一问题也没那么严重。场地税的收入评估是基于市场价格的,对场地租金的征税不可能大于租金本身,以市场基础为上限的规定限制了这一税收来源。理想状态下,土地租金的比例是稳定的,税率甚至可以列入宪法章程。

世界上不存在十全十美的人类制度，但是我们可以通过制度设计将腐败和特权出现的概率降至最低。由于土地固有的公共性和固定性特点，所以这些制度对地价税来说是较为可行的。土地无法被隐藏或者是脱离管辖。评估记录应予公开，且通常是在评估当天。因此很容易去比较对某个人的评估与其邻居之间的差异。如上文提到的，当一块土地的估值高于邻近的相似土地时，允许他在诉讼过程中对评估提出质疑，或者允许一群土地所有者可以对过高的评估进行质疑。较高的上诉比率也许就是一个公共信号，预示着评估判定过高。

无论地价税如何促进了一个更为彻底的税收法治的实施，而要想实现真正的经同意的治理并同时制定出避免独裁的共同条款，其作用远远不够。在可行的情况下，根据上文提到的第五条宪法原则，居民和土地所有权持有者也应有权利选择替代常规的政府服务。人们可以组建基层政府或者合约联盟来提供例如街道和照明维护、垃圾分类回收、学校及公园等服务。这类为街道提供服务的私人场所早已在圣路易斯的居住协会中存在（Foldvary，1994）。致力于替代政府服务和税收的宪法规定，可以从政府管辖权中取消一些服务项，允许私人或地方规章制度与筹资方案取而代之，这将缩小政府低效、腐败及偏颇治理的范围。

斯宾塞·麦卡勒姆（Spencer MacCallum，1965，58）指出，在我们与政府的关系中，当代社会"患上了精神分裂症"，即"同一机构既提供社会所需的公共服务，也通过税收实施'蚕食社会'的公共伤害行为"。政府角色变得含糊不清，它所提供的良性服务对社会却是一种威胁。"现代社会发展的困境是持续的经济增长需要共同体服务予以保障，但这些共同体服务除了通过统治技巧外没有其他方式可以获取，但统治技巧反过来又通过剥夺所有权而存在……"这一观点类似于文森特·奥斯特罗姆（1984）的主张：公共财政涉及"浮士德式的交易"，即政府需向公众提供其所需的社会服务，为了这种善行就必须使用暴力（一种恶行）来强制征税以获取足够财政收入。

麦卡勒姆（MacCallum，1970）提出了一种摆脱这种困境的方法，通过将治理与市场相结合，由业主社区作为解决公共产品双重困境（搭便车和寻求负担转移）的工具。麦卡勒姆主要关注的是单一所有者的业主、公民组织，例如公寓和住宅协会也会通过提供中介合同的方式来克服这一精神分裂症;这是因为,如果不能明确从社区公共产品的租金收益中获得资金,这些组织也能发挥作用(Foldvary,1994)。

公共产品的合约融资意味着社区成员的一致同意。克努特·维克塞尔(Wicksell 1896[1958])曾试图将政府每一项开支与其融资相关联来实现这种一致性。尽管对于大组织来说,这种一致性在运营决策制定上并不现实,但它可以在宪法层面予以实现,通过对社区基础制度的最初认可和后续变更以及加入或离开某一社区的选择权来实现一致性。不管怎样,当治理权力下放时,双方能达成协商一致的规定总是最好的。

戈登·塔洛克(Tullock,1994)对权力下放的分析总结到:权力下放治理的两个主要好处是,地方治理在适应不同地方状况时具有一定灵活性;居民在治理过程中有更大的控制力。

地价税应服从地方公共财政,因为场地在征税时不会流失,也不会将边际成本强加在持有者的行为活动上。相比之下,当利润、销售、投资和劳动力被征税时,企业和投资者就会逃离。基于租金收益的公共财政是自下而上进行治理的一种理想方式,我(Foldvary,1999)曾在别处将这种治理称为"蜂窝式"(cellular)。

在蜂窝式民主治理中,治理的基本单位是一个数百人的小型邻里社区(基层组织)。居民选举成立委员会,并可以通过请愿或特别选举的方式,在任意时间对委员会成员进行罢免。相对于那种需要成千上万的选民为候选人投票的大型民主选举而言,这种小规模的投票是不需要大众媒体的竞选活动,因此几乎不需要什么竞选资金。当这样的小型邻里社区选举时,亲自与选民联系和沟通非常容易。在大型民主选举中及多重代表制的情况下,政党可能会进行暗箱操作,试图影响投票结果,特殊利益集团可能会尝试贿赂或影响候选人和议员。但在人口总量较小、地方权力有限,且只有地方议会监督的情况下,那些滥用权职的议会成员更容易被监督和罢免。

许多邻里委员会可能组成更高层的组织,然后从一级委员会选出代表到二级委员会,同样可以在任何时间对其罢免。二级委员会对一级基层组织进行协调并以更有效的配给对公共产品再分配,以减轻外溢效应。二级委员为

10 地价税与法治

收入而向一级委员会,而非直接向人民征税。个体和公司仅向一级委员会纳税,而为避免财政偏斜,地价的评估则由各级委员会选举出的评审委员会决定。

接着一些二级委员会从委员会成员中选出下一个更高层的三级委员会。需要特别说明的是,三级委员会成员会经历三重选举,也就是说他代表了一、二、三级各层选民。如果他在第一级组织中被撤职,那就会自动撤销他在所有更高级组织中的职位。

权力同公共税收收入一样从底层流向高层。此外,这样的组织是自愿形成的,低级委员会可以脱离上级委员会,加入其他组织。将小群体投票,自下而上的选举与资助,脱离高级组织以及代表任意撤职等机制相结合,"寻租"或特权的机会以及特殊利益集团的寻租行为、政府官员利用职位之便的违法行为会受到相当程度的限制。

与政府行政分支及联邦机构这样的民主性宪法组织机构相比,小群体的投票更容易纠正大众民主的弊端,因为负担转移行为的根本原因在于大众投票。

现代政府规模巨大,越来越大的人口规模创造了越来越多的选民群体,而这些选民的投票动机理所当然越来越理性地无知,因为每张选票占选票总数的分量也越来越轻。更多的财富被用作集体收益从而更好地激励人们,每一个项目的成本稀疏地分散给那些认为抵抗成本要大于转移成本的选民和消费者。

对竞选资金进行限制针对的只是它的效果,这一机能障碍就像一条大河会掀翻对它加以限制的筑坝尝试一样。如果基本症结在于大众民主的内在激励,那么就必须通过消除这一症结予以补救,而这意味着相反的政治架构,即每个选民只为一个代表机构投票的小群体投票模式。对这种宪法机构给予补助的政府财政资金来自于地价税,这是由于,除非税率统一,否则大部分地方性收入和销售税都将居民和企业排除在外,只有对生活和工作在不同地区的人以及涉及多个司法管辖区的企业设定统一的、规定的税率之后,对他们征税才更有效。

从销售税和收入税转向以地价为基础的税收,将会激励人们下放权力而不是加强税收集中。如果采用集权式税制，地方政府必须寻求上级政府的转移支付以和"收入共享"或者"匹配拨款"，且通常带有"附加条件"以控制支出。实行地价税后，税收在当地得以有效征收，地方需求使其可以保有资金，而不是从上级政府寻求限制性拨款。此外，自下而上的投票可以使官方对民众需求做出更多回应。

分权治理，即使不像蜂窝式民主(cellular democracy)那样全面，也能产生更多效益和选择，因为居民想要选择所需的特殊的混合性公共产品时，分权治理更具有灵活性。社区在集体财产供给上的重要竞争模型是蒂布特模型(Tiebout,1956)，在这种模式中，消费者选民用脚投票，根据地方集体财产来选择那些最能满足他们偏好的社区。社区之间的这种竞争提供了除地价公共财政收入外的第二个效率来源。

社区间竞争的相关概念是由弗里德里希·哈耶克(Hayek,1985[1978])在论述竞争时将它作为发现过程提出来的。我们如何确定商品的稀缺性以及商品的社会价值？正如哈耶克所言，这些都是通过竞争，通过在竞争性市场中对商品进行竞标和出价而得以发现。在那些通过租赁为集体财产提供资金来源的社区分权治理中，出现两种类型的效率：在边际成本等于所带来的边际租金的社区内部，对产品进行最有效供给；在不同的竞争性社团间，对一批商品进行边际选择。某个社区可能会运用有效的技术方式来提供商品，提供商品选择，但是随后第二个社区可能会提出更优化的商品，考虑到第一个社区的成员会转移到第二个社区这一事实，第一个社区由此会改善其产品供给。

外部效应通常被认为是市场的一个问题，因为强加成本和从其他人那里获得无偿利益而扭曲了价格。布坎南和格茨(Buchanan and Goetz,1972)发现，如果社区是私有的，同时竞争使外部性价值平等，那么外部效应的内在化就有可能发生。"税收份额必须与地方个人收入中的区位租金组成的规模有关。"(1972:35)。"如果所有有价值的'空间'都为私人所有，如果所有权的拥有者单位间的竞争在任何方面都有效，那么分配效率才可能会出现。"(1972:40)许多区域的外部效益被资本化为地租，当租金用于公共财政时，也就消除了外部效应，因为财政补偿消除了外部性。

要防止剥削场地价值(site exploitation)，社区之间的竞争是必要的但是并不足够,也就是说,将公共收入转为支出,受惠的可能是政府官员而不是公众,这相当于是浪费性支出。腐败和低效支出会资本化为更低的土地价值,由此缴纳的税费无法被相应的利益冲抵。民主可能会有助于居民在退出这一选择之外还拥有一个"发声选择",但是政治本身并不能消除场地价值剥削;这是因为,在民主国家中,某个党派甚至可能诱使政府以别人的利益为代价来实现自己的利益。除了退出和发声这两个选择,效率和公平急需契约选择。

宪法规定保护公众免受包括自由条款在内的机会主义剥削,如此政府就不得限制或强加成本给诚实善良的人类行为,其中包括言论、集会以及创业。宪法也可能将政府分为不同的分支和层级,并进行相应选举。对于例如酒店或房地产综合体、城镇共同所有制等业主社区的非民主化治理中,契约可以详细列出租期、费用及评估等相关条款。当业主拥有土地所有权,而场地承租人拥有改善设施的权力时,这一点就更为关键。

布伦南与布坎南(Brennan and Buchanan,1977)提出,政治官僚化过程使得税收收入在宪法约束内最大化。有人补充提出,只有当宪法规定将地价税作为主要税基时,这样的最大化才是有益的。政府税收收入最大化,意味着土地租金最大化。由于生产性公共工程提高了租金而浪费性支出降低了租金,因而在寻求利益最大化时,这样的资本化行为才能够产生有效治理。

布伦南与布坎南(Brennan and Buchanan,1977)也指出税收收入最大化与税基弹性呈负相关关系。因此像土地一样缺乏弹性的税基,也会产生更多与税基大小密切相关的财政收入。地租税中不存在"拉弗曲线"。对土地租金和显著负外部效应的税基加以限制,为致力于追求权力的利维坦政府施加了上限。在场地地租税下,政府寻求负担转移就变成了两种意义上的寻租行为:并不基于生产性贡献的经济租金意义上的回报;场地价值意义上的回报。寻租行为就这样白白地减少了相当于税收流的收益流。为了限制这样的寻租行为,土地所有者就会有意识地自发组织起来。与现今不同的是,土地所有者自身不能从征税于劳动力和资本的回报过程中寻租。

当场地所有者寻求地价税税率最小化时,政府税收收入减少也缩减了产生租金的生产性公共工程的资金来源。政治平衡可能会因此保持税率不至于太低以至于重要的公共工程缺乏资金。而土地所有者将会成为由此产生的土地价值的剩余索取者。地价税的支出与收入之间存在着固有的维克赛尔连接。

不受政府支配的公共服务包括以下几个相互关联的链条。地价税提供了具有经济效率和适合地方治理的公共产品。在尝试将特殊利益集团寻求负担转移的影响最小化的过程中,分散投票和治理提供了政治架构以保证治理能对公众需求有回应能力。契约性社区在自愿条款和竞争之下,可以确保更多的同意、更高的效率。从基于正义的宪法规则这一最基本的意义上说,基于租金收益的公共财政完善了法治最基本的意义,即宪法规则以正义原则为基础;同时也为社会提供了解决方法,使得经济增长与社会繁荣符合人们的期望。

参考文献

Anderson, Robert V., ed. (2000) "Land-Value Taxation Around the World," 3rd ed. Annual supplement of Volume 59, *American Journal of Economics and Sociology*. Malden, MA.: Blackwell Publishers.

Brennan, Geoffrey and Buchanan, James. (1997) "Towards a Tax Constitution for Leviathan" *Journal of Public Economics* 8: pp. 255—273. Rpt. *The Theory of Public Choice II* (Buchanan and Tollison 1984, pp. 71—89).

Buchanan, James M. (1984) "Constitutional Restrictions on the Power of Government." In Buchanan, James and Tollison, Robert (eds.) *The Theory of Public Choice II*, pp. 439—452. Ann Arbor, MI.: University of Michigan Press.

Buchanan, James M. (1989) "Coercive Taxation in Constitutional Contract." In Tollison, Robert and Vanberg, Viktor (eds.) *Explorations into Constitutional Economics*. College Station, TX.: Texas A&M University Press: pp. 309—328.

Buchanan, James M. and Goetz, Charles J. (1972). "Efficiency Limits of Fiscal Mobility." *Journal of Public Economics* I: 25—43. Rpt. *Explorations into Constitutional Economics* (Tollison and Vanberg 1989, pp. 246—263).

Chandler, Tertius (1982). *The Tax We Need*. Berkeley CA.: The Gutenberg Press.

Congressional Budget Office (1996). "The Incidence of the Corporate Income Tax." CBO Paper (March).

Cord, Steven (1979). "Catalyst! How a Reform of the Property Tax Can Revitalize Our Cities and Counter Inflation and Recession." Indiana, P A.: Henry George Foundation of America.

Feder, Kris (1996). "Geo-economics." In Foldvary, Fred (ed.) *Beyond Neoclassical Economics: Heterdox Approaches to Economic Theory*, pp. 41—60. Aldershot, UK: Edward Elgar Publishing.

Foldvary, Fred E. (1980). *The Soul of Liberty*. San Francisco, CA.: The Gutenberg Press.

Foldvary, Fred E. (1994). *Public Goods and Private Communities*. Aldershot, UK: Edward Elgar Publishing.

Foldvary, Fred E. (1999), "Recalculating Consent." Buchanan Festschrist http://www.gmu.edu/jbc/fest/files/foldvary.htm.

Gaffney, Mason (1964). *Containment Policies for Urban Sprawl*. Lawrence, KS.: University of Kansas Publications, Governmental Research Series No. 27.

Gaffney, Mason (1970). "Adequacy of Land as a Tax Base." In *The Assessment of Land Value*. Daniel Holland (ed.) Madison, WI: University of Wisconsin Press.

Gaffney, Mason (1994). "Land as a Distinctive Factor of Production." *In Land and Taxation*, pp. 39—102. N. Tideman (ed.) London, UK.: Shepeard-Walwyn.

George, Henry (1879[1975]). *Progress and Poverty*. New York, NY.: Robert Schalkenbach.

Gwartney, James, Lawson, Robert, and Dexter, Samida (eds.). (2000) *Economic Freedom of the World* 2000. Vancouver, B.C., Canada: The Fraser Institute.

Harrison, Fred (1983). *The Power in the Land*. New York, NY.: Universe Books.

Hayek, Friedrich A. (1978[1985]). "Competition as a Discovery Procedure." In *Studies in Philosophy, Politics, Economics, and the History of Ideas*. Chicago, IL.: University of Chicago Press, pp. 179—90.

Locke, John (1690[1947]). *Two Treatises of Government*. New York, NY.: Hafuer Press.

MacCallum, Spencer (1965). "The Social Nature of Ownership." *Modern Age* 9, No. 1 (Winter 1964—65), pp. 49—61.

MacCallum, Spencer (1970). *The Art of Community*. Menlo Park, NJ.: Institute for Humane Studies.

Miles, Mike (1990). "What is the Value of All U.S. Real Estate?"*Real Estate Review* 20, No. 2 (Summer), pp. 69—75.

Ostrum, Vincent (1984). "Why Governments Fail: An Inquiry into the Use of Instruments of Evil to do Good." In Buchanan, James M. and Tollison, Robert D. (eds.). *The Theory of Public Choice II*. Ann Arbor, MI.: University of Michigan Press, pp. 422—435.

Peterson, V. G. and Tseng Hsiao (2000). "Kiao-chau." *In Land-Value Taxation Around the World*, Robert Andelson (ed.). Balden, MA.: Blackwell Publishers.

Saunders, Vernon I. (1999). "In Defense of the Two-Rate Property Tax."*In Land-Value Taxation: The Equitable and Efficient Source of Public Finance*. New York, NY.: M. E. Sharpe. pp. 269—276.

Silagi, Michael (1984). "Land Reform in Kiaochow, China: From 1898 To 1914 the Menace of Disastrous Land Speculation was Averted by Taxation."*American Journal of Economics and Sociology* 43, No. 2 (April), pp. 167—177.

Tideman, T. Nicolaus (1994). "The Economics of Efficient Taxes on Land." *In Land and Taxation*. Tideman, T. Nicolaus (ed.). London, UK.: Shepheard-Walwyn, pp. 103—140.

Tideman, T. Nicolaus and Plassmann, Florenz (1998). "Taxed Out of Work and Wealth: The Costs of Taxing Labor and Capital." *In The Losses of Nations*. Fred Harrison (ed.). London, UK.: Othila Press, pp. 126—174.

Tiebout, Charles M. (1956). "A Pure Theory of Local Expenditures." *Journal of Political Economy* 64, pp. 416—424.

Tucker, Gilbert M. (1958). *The Self-Supporting City*. New York, NY.: Schalkenbach Foundation.

Tullock, Gordon (1994). *The New Federalist*. Vancouver, B. C., Canada: Fraser Institute.

Vickrey, William (1977). "The City as a Finn."*Economics of Public Services*. Fedstein, extra Martin and Inman, Robert (eds.). pp. 334—343. Rpt. William Vickrey (1994). *Public Economics*, pp. 339—349. Cambridge, UK.: Cambridge University Press.

Wagner, Richard E. (1980). "Boom and Bust: The Political Economy of Economic Disorder." *Journal of Libertarian Studies* 4, No. (Winter) pp. 1—37. Rpt. The *Theory of Public Choice II*. (Buchanan and Tollison 1984) pp. 238—272.

Wagner, Richard E. (1986). "Liability Rules, Fiscal Institutions, and the Debt." In

Deficits. Buchanan, James M., Rowley, CharlesK., Tollison, Robert D. (eds.). New York, NY.: Basil Blackwell.

Wicksell, Knut (1958). "A New Principle of Just Taxation."*In Classics in the Theory of Public Finance*. Musgrave, R. A. and Peacock, Alan T. (eds.). London, UK.: Macmillan & Co.

11　分区、精明增长和管制性税收

塞缪尔·R. 斯特利
(Samuel R. Staley)

导　言

　　关于城市扩张和精明增长的争论,让土地使用规划成为美国公共讨论的前沿问题。全国各地的立法机构正在考虑制定新的法律,从根本上改变城市和农村土地发展的性质和特征。在有些地方,如佛罗里达州和俄勒冈州,颁布的这些法律明确规定是自上而下的——州政府制定目标和目的,要求地方政府牵头实施。事实上,佛罗里达州的法律(1985年颁布)明确阐释,增长管理应通过鼓励更高密度、混合使用、大众交通来积极塑造国家城市形态(Audirac, Shermyen and Smith 1990; Holcombe,1994)。最近,威斯康星州颁布了精明增长立法案,其中包括设计模型分区条例,以作为所有大城市控制城市无序扩张必须采取的一种方式。

　　虽然国家定期通过新的规划理论和实验行动,然而,在当代精明增长运动中,几乎没有体现出长久的力量和可见度。事实上,目前的分区改革(zoning reforms)浪潮已经被过去经济和政治上的成功塑造,它的根本性质与以前的规划改革已然不同。美国历史上从来没有规划,特别是分区得到广泛接受,也没有公民愿意使用地方政府的杠杆来实现规划目标。

　　本章从公共财政和经济学的角度来研究国家和地方层面的精明增长规划改革。更具体地说,它使用税收的经济学视角来了解支撑精明增长举措背后的政治动机以及实施一些新的增长控制浪潮的潜在影响。事实证明分区和精明增长就是地方政府可以把财富从一个群体(通常政治上强大)重新分配到另一个群体(政治上较弱)的简单选择,尽管在公共辩论中会使用完全不同的理论依据。精明增长已经成为地方和区域政府在城市和地区中重新分配财富的管制性机制,他们已不再使用20世纪那种方式,即利用税收直接为社会项目创造收入,以使某些群体(如穷人、老人等)受益。事实上,在许多方面,就其性质和影响来说,21世纪的增长-管理运动显然有很多不同,它是丰裕社会中运用政府来实现目标和个人利益最大化的新产物。

原则上,政府行动可以通过鼓励有效且生产性地利用资源、确保私有财产权来增强共同体的福利。不幸的是,精明增长运动的许多工具和建议可能具有相反效果——造成不确定性,使私有财产权不够稳定。然而,采取了这么多增长控制措施,其结果并没有在公开辩论中得到充分审查。在某种程度上,这是因为规划改革的修辞重点在于政府潜在的合法职能——保护财产权、减少溢出效应和保障公共产品——尽管这些工具基本上是再分配的(在效果上或者很多时候在意图上)。

分区和精明增长

精明增长情况下,公民和公共官员使用城市规划者的工具以避免传统税收形式来提供公共产品和服务。增长管理倡导利用土地使用管制而非购买土地用作公园、保留空地或用于娱乐设施,以防止将空地都开发为都市用途。换句话说,他们使用管制过程来提供的产品和服务,是私人市场往往不愿通过正常的、受消费者驱动的市场交易来提供的。在其他情况下,利益集团可以利用土地使用管制来保护自己免受潜在地威胁他们盈利能力的行业变动。例如,面临全球竞争市场的农民,会使用发展控制来保护关键资产——土地——免受非农业用途(如住房或商业发展)的竞争。在每一种情况下,增长控制的管制框架都被用于将财富从一个群体转移到另一个群体,这种行为有时被称为"寻租"(Tullock,1967;Mueller,1989)。

毫不奇怪,分区已经成为通过增长管理对财富进行再分配的首选工具。

作为美国最普遍的规划工具,分区的好处是它在各州以及地方政治中具有广泛接受度,为民众所熟悉。事实上,尽管土地利用和市场管制存在固有的集中方式,但分区得到了两党的支持。保守派和自由派人士在他们认为符合自己利益的时候就会使用它,或用于防止邻近的地产发展或试图制定他们所在社区的集中规划蓝图。具有讽刺意味的是,在共和党总统任期内,分区和规划已经在国家层面得到了一些最强有力的支持。

● 《标准城市规划实施法》(SCPEA)于1928年在美国商务部和未来总统赫伯特·胡佛的主持下颁布。

● 艾森豪威尔政府期间,1954年的《住房法案》创造了城市更新计划的基本特征,并要求这些项目成为城市整体规划的一部分。法案的第1章第701节为规划提供了联邦资金,为规划者创造了"大量的就业机会",并催生了"美国一个主要的城市发展私人咨询行业"(Gerckens,1979:47)。

● 尼克松执政期间,美国住房和城市发展部的项目得到了大幅扩充,包括充分实施示范城市计划以及进行大规模公共住房补贴。事实上,1968年至1973年期间,与过去二十年相比,更多公共住房单位得到了资助或补贴(Feldman and Florida,1990:41)。

在地方层面上,分区已成为业主选择的规划工具,以期保护自己免受来自社区的滋扰或市场条件的变化。对于规范土地开发的溢出效应来说,分区也已演变成一个繁琐和笨重的机制,并已将集中的土地使用控制规范作为美国发展管制的基石。

然而,精明增长的现代浪潮,在区域划分和土地利用管制—集中的土地利用规划上叠加了一项新功能,以实现未来的乌托邦愿景。这一点或许可以通过协调规划法(CPA)做最好的说明,该协议是2001年由密歇根州立法机构引入的规划改革提案。它利用公众对城市扩张的关注作为自己的避雷针,要求城市和城镇采取全面的规划以符合长达20年的愿景,包括:社区应该是什么样子? 它该如何运作? 住房应该什么样子? 商家会坐落在哪里? 在这方面,协调规划法遵循了加利福尼亚州、夏威夷州、俄勒冈州、佛罗里达州和华盛顿州等州政府倡导的模式。

但是,倡导者完全忽视了扩大发展条例范围会进一步地使土地开发进程政治化并带来再分配的后果。在密歇根州以及其他州,对土地开发额外的政治控制可能会产生新的激励措施,以便鼓励使用管制来作为一种财富机制,这种机制通过立法决策过程把财富从受惠少的群体重新分配到受惠更多的群体。因此,这种机制作为保护财产权和在发展中创造确定性方式的作用被削弱。此外,在大多数情况下,再分配会远离未来和低收入居民,走向现有房主和富裕的利益集团。了解这一过程如何运作并非一目了然,但是税收、管制和财富分配经济学等带来的更好基础,有助于阐明这些问题,并让我们更好地理解增长管理对政策过程的影响。

管制、税收和寻租

从经济学家的角度来看,管制有几个目的。在经典教科书案例中,管制试图在私人市场中纠错或改正预知的错误,通过生产必要的商品和服务的方法提高社会福利(Holcombe,1996:117—118)。某些情况下,私人当事方可能没有动机将其行为的全部社会成本纳入行动当中。例如,精明增长运动中,许多人认为房地产业主(主要是农民)需要更加严格的管制,因为当"社会最优"的用途是将其土地作为空地时,他们却出售土地用于住房建设。这已经成为城市增长边界、农业分区和防止发展的大型最小地块规模的主要理由(Staley,Edgens and Mildner,1999)。政府可能发动管制行为的第二个原因是,私人当事方可能没有足够的信息做出"正确"选择,而若不充分了解交易的成本和收益的话,结果就可能不是高效的或者是社会最佳的。

在讨论对新开发项目的公共补贴时,信息的质量和完整性尤为重要。例如,如果地方政府将水管、下水道和其他基础设施建设延伸到已开发的住房中,而提供这些服务的全部成本却不会纳入房子的市场价格。这样,购房者不会完全了解到,是现有居民在为带有基础设施的新住房支付成本。于是,房子的市场价格将低于包括基础设施在内全部成本的情况就会出现。所以,购房者若面临全部成本,可能购买的房子或地块就要小得多。不过,这些问题已在其他地方得以阐述,并非本章讨论范围。本章重点讨论管制和税收的再分配性质。关于基础设施定价和成本的更完整的讨论,请参看斯特利、埃根斯和米尔德内尔的研究(Staley, Edgens and Mildner,1999)。

除了这些"工具性"功能之外,管制更重要的作用可能是保护财产权。法律通过在更广泛的社会环境中为个人行动创造界限和问责制度来规范人类行为。法律编纂了民间社会的规则,为社会和经济秩序奠定了基础。它们成为市场经济的重要要素,因为它们为自愿交易提供了制度框架——为合同和合同执行提供了基础。土地开发过程中,法律制定了博弈的合法规则,使市场有效且高效(effective and efficient)。与法律一样,管制对私人行为施加了有约束力的限制,以防止人们做某些事情,例如为了住房建设出卖农田,或在特定的土地上建造过多的房屋。地方政府是否"拥有"私有财产,取决于该财产是否被视为具有法律效力的公共目的。原则上,分区是对财产所有者的合法限制,因为它防止他们以削弱公共利益的方式使用私人财产。总的来说,法院已经非常广泛地界定了公共目的,但是原则保持不变:可以对私人行为进行规范,只要这么做服务于总体福利。

如果规划和分区减少与土地开发相关的交易成本,并在审批过程中创造确定性,那就可以通过更有效和更高效的土地开发来提高社区福利(Staley,2001c; Lai,1997)。事实上,在区域范围内实行分区通常是通过将类似地块(如果不使用)适用同样的开发规则和约束(Lai,1996)来实现这一功能。但是,管制的一般目的,特别是土地利用管制,并不局限于这些功能。它的另外一个功能是,再分配性质使其在政治上受欢迎且具有持久性。事实上,这种再分配性质可能是目前精明增长倡议受欢迎的最突出原因,因为城市边缘空地的保护,通常是用更广泛的土地使用管制来遏制城市无序扩张的理由(Staley,2001d)。

税收与管制

税收的目的既是功能性的,也是政治性的。从功能上来说,税收提高了政府服务和项目的财政收入。当然,这些项目的目的是给个人提供不能通过私人市场单独消费的商品和服务。典型案例就是国防,但是服务的全部范围都可以适用于此法案——为低收入家庭补贴住房、为穷人提供退休收入、为老年人提供医疗保健等。关于谁可以获得政府行动的利益、谁来买单等问题的决定,从根本上讲是政治问题,不是经济问题。简而言之,从政治上讲,税收是从一个群体中提取财富,重新分配给另一个群体,代表着财富转移。管制可以而且的确能达到同样目的(Peltzman,1976;Stigler,1971)。

从概念上来看,税收的再分配要素是没有争议的,至少在学术界如此。税收是获取财政收入以支付公共服务的主要形式,通常意味着财富从一个群体转移到另一个群体。事实上,税收的定义要求税收在法律和功能上与特定商品及服务的费用分离。事实上,这对于一系列公共服务都是有意义的。举例来说,由用户付费用将破坏向贫困家庭提供住房补贴的目的。[①] 任何社会福利计划的目的都是利用强制性的征税权力将财富从较高收入家庭转移到较贫穷的家庭,以提高那些不太富裕的人的生活质量(例如为那些在私人市场上买不起房子的人提供房子或公寓)。

然而,税收和用户付费往往不受欢迎。许多情况下,它们太过沉重以至于无法实现一些政策目标。这在土地利用领域尤其明显(正如下一节所指出的),但它强调了管制是使用公共政策转移财富的替代途径。不幸的是,管制的再分配的性质不像直接税收那么直观或明显。一些分配本质上是保护性的,其目的(如果不起作用)是保护财产权、公民自由和公共福利。例如,刑法用于确保公民人身安全,免受他人侵犯和欺诈行为(例如,攻击、抢劫、谋杀等)之害。当没有犯罪发生但是某人的行为对他人造成负面影响时,民法用于解决人们(或企业)之间的纠纷。如果可以显示有形损害发生,通常造成损害者要赔偿受害者,这个问题会通过民事法庭诉讼解决。如果这些保护性质在土地开发过程中产生确定性和一致性,或通过确保缓解或补偿发展的溢出效应来保护财产权,就可以提高社区的福利,特别是在土地利用方面。如果业主同意出售他的土地,并且在合同上签字承诺以具体数额出售资产,那么一旦他反

---

① 政府有其他增加收入的形式。例如,资助政府服务的最直接方式是用户付费。用户付费是由服务(比如自来水、下水道)使用者按照提供服务的成本进行直接支付的费用。用户使用费也意味着财富的转移,但与税收不同,转移是自愿的,就像在杂货店购买食物是自愿的一样。对供应商的数量可能有限制(公用事业通常受垄断保护),但产品或服务的使用量却是由消费者所决定的。因此,通过选择他们将使用多少产品,消费者自行决定他们的多少财富将支付给服务提供商,这就像在私人市场购买诸如汽车、杂货或服装等商品和服务一样。此外,用户使用费与成本直接相关,理想情况下,它们应该完全相互抵消。

悔或者预期的买主发觉有重大、有形损害时,买房者就可以起诉该业主。违约不一定违反法律,但它可能通过侵权制度(民事法庭)追回损害赔偿。这实际上是一种保护功能,为交换和完善合同提供了基础。

法律制度的目的之一是提供确定性和特殊性,并创造一个环境,可以基于对未来的合理期望做决定。如果有人违反了法律,那他们很有可能会被抓住并通过惩罚或赔偿追究责任。通过执法的震慑效应及对犯罪者不能再次犯下相同罪行的知识,让公民的安全得到加强。同样,土地使用规制的保护性质可以提高社区福利,这需要通过防止社区中一些群体的行为不公平地给社区中的其他人造成负担来实现。例如,可以通过滞留和置留池以更充分地调节从某些地产流出和流向其他物业(或河流、湖泊或支流)的水流,来帮助缓解雨水径流的溢出效应。

保护财产权和提供合同的可问责性,从根本上不同于利用管制重新分配财富。保护产权和确保合同的完整是一个积极的博弈,合同双方会基于对现有责任和义务的期望,促进对未来的投资,从而使双方都会在合同或交换中受益。事实上,传统规划原则上试图通过确定未来土地利用和发展模式实现这一点(Staley,2001c;Lai,1997)。然而,在实践中,规划是一种政治运动(Staley,2001b)。规划决定需要通过立法程序批准,专业规划者可以影响但不能决定土地使用政策。立法过程的开放性质为土地开发者带来不确定性,只要这些决定是通过选举过程(直接或间接)做出的,那就是不可回避的。然后,政治可以将规划过程转化为零和博弈(一方获胜取决于他人的损失),因为利益集团是在争取现有蛋糕的份额。在没有达成目标或社会福利共识的情况下,政治制度被用来将财富从一个不太受惠的群体转移到另一个政治上更强大的群体时,社会福利将会减少。因此,土地使用决策的制度设置,激励那些着眼于短期政治利益的行为。通常,民选和任命的官员,甚至专业规划者,都可以利用发展控制相对神秘的技术性质,从土地所有者和地产开发商中提取"租金"。开发商担心未来受到报复,可能不愿意在法律上挑战市议会,因此屈服于目前对该项目的限制或由私人掏钱来提供实际上是公共物品的产品和服务(例如,自行车道或道路拓宽)。

事实上,管制过程可以创造一个系统,在此系统中这种政治活动普遍常见。由于管制可以用于防止进入市场，公司可以游说民选及任命的公职人员创建一个非竞争性市场，限制市场进入、推高竞争开放条件下形成的价格。对特殊利益集团和公司游说政府限制竞争来说，这些来自管制保护垄断（或寡头垄断）的潜在租金提供了强烈的动机(Mueller,1989:235—244)。经济学家在各种企业和特殊利益集团的游说努力中发现了寻租行为的证据，包括管制公用事业和国际贸易等行为。消费者和公民还可以使用政治过程来增加管制，并获得通过竞争性市场（例如，补贴电力）无法获得的利益。事实上，如果一个聪明的政治家相信限制私人市场会使他的选民受益，那他就可以很好地确认其中的政治利益(Peltzman,1976)。

精明增长、管制和财富再分配

相比于保护产权、减轻损害以及恢复损失（财务的或其他的），分区和其他形式的土地使用控制越来越多地被用于促进达成公共政策目标。实际上，即使在联邦和大多数州宪法的"警察权力"（国家、州和地方政府管理私人活动的权力）下大多数增长管理是合理的，它们在本质上可能还是再分配性的，而不是保护性的。在土地使用问题上对地方政府的司法遵从，为寻租创造了机会。因此，将政治注入到土地开发过程中，是精明增长(Staley,2001b)可能推崇的一种趋势，有可能将管制重点从保护产权和提供合法的公共产品转向寻租行为。

在法律上，如果规划和分区将条例与具体分区规则以及总体规划政策目标联系起来，那它们就是警察权力的合法使用。只要财产具有一定的经济价值（字面上，值大于零），而规划明确地以促进社会福利和社会利益为目的，那么地方政府就可以自由地支配发展规律。因此，地方政府的增长控制可以延缓新的开发，只要不是永久地或者达到永久效果地在未来某个日期阻止发展。对地方规划的这种司法支持，使许多社区能够制定、实施详细的土地使用计划，该计划（原则上）能够勾画出未来社区的发展。

在现实中，这些计划很少能成功。许多智能增长倡导者以为政治过程能有效、高效地工作，而且他们不切实际地预测未来的人口和经济发展趋势，这一切在实践中最终让计划在批准后立即作废(Staley and Scarlett,1998)。趋势和预测充满不确定性,综合计划很少能以系统或有条理的方式更新,而且因为地方规划委员会和市议会要适应市场现实,分区地图经常会临时修改。即使不是临时性变化,规划过程和分区地块往往不考虑实际市场趋势、需求或社区内不断变化的需要,就低效地锁定土地禁止使用。尽管他们在口头上也说社区如何发展,但全面规划并不是一个有机过程;它在很大程度上是在一个静态的"封闭系统"框架内运作的,土地用途是在现有地图中确定的,而这是一个抽象的、长期的社区"愿景"。城市发展的大多数现实——新居民,不断变化的社区价值观、民选官员的流动、不断变化的市场条件——被忽略,从而损害了规划过程的完整性。

规划理念与计划实施在现实中的不一致,为寻租提供了独特的机会。如果需要修改分区地图和综合计划以适应不断变化的市场条件或社区演变,特殊利益集团就可以将使用开发控制过程作为一种方式从政治较弱的团体(例如未来居民,收入居民,利基市场)中寻租。事实上,一些更受欢迎的精明增长建议就是通过土地使用管制程序,给予这种寻求租金的活动机会。

城市增长边界

城市增长边界是城市地区周围由政治建立的界线,将一些土地禁止开发(Staley,Edgens and Mildner,1999),其效果是增加界线内土地价值、让界线外土地难以发展。例如,建立波特兰的第一年,俄勒冈州区域增长边界内的土地价值是界外土地价值的4倍(Knaap,1985)。这样,财富就从界外农村土地所有者转移到界内城市土地所有者。

在空地上大规模推动填充式住房(infill housing)的尝试,也具有再分配效应。由于城市地区地价较高,拆迁和翻新的成本通常高于从头开始的建筑,建筑商难以实现项目的规模经济(Staley,Edgens and Mildner,1999)。此外,越高的密度使建造价格越昂贵,因为高层建筑需要不同的设计和工程标准。佛罗里达州立大学经济学家兰达尔·G. 霍尔库姆(Randall G. Holcombe)估计,一栋4～7层的中层公寓建筑,每平方英尺的成本将比1～4层的低层公寓建筑高出26%(Holcombe,2000:34—35)。毫不奇怪,在依靠填充和高密度住房满足住房需求的社区,住房生产率较低。对俄勒冈州波特兰市住房开发的分析发现,依靠现有房产的填充或重新开发的社区,住房总体生产率(overall rates of housing production)低于依赖新住房的社区(Conder,1999)。公共政策明确依靠填充增加住房供应可能鼓励房价上涨,实际上将财富从第一次购房者和租房者转移到现有居民和业主身上。

最小地块规模要求(Minimum Lot-Size Requirements)

许多社区试图通过在农村地区采用每家每户10或20英亩的最小地块规模来管理增长或渐慢发展。这具有减缓整体住房生产和保护空地的效果,但也反映了通过管制进行财富转移的过程,财富从有意出售土地用于发展的现有土地所有者(通常是农民),转移到希望保护当前生活方式的财产所有者手中。

最小地块规模规则可能是最广泛使用的农田保护分区技术(Daniels and Bowers,1997:117—118)。事实上,规划委员会成员明确询问高级顾问(consultants)最小地块规模的面积应该多大,以减缓其发展。管制过程可以在对政府财务影响最小的情况下有效阻止其开发,因为它不会被合法地视为"第五修正案"并因此要求赔偿土地所有者。总之,他们可以在经济上以便宜的方式来保持大片土地作为空地。

政治利益是显而易见的。2000年11月,俄亥俄州选民批准了一项2亿美元的债券项目,为购买农田和空地的开发权和保护地地役权(conservation easements)提供资金。该项目被推广为遏制城市扩张和减轻城市化导致农田损失的一种方式。然而,即使得到全部资助,创制该项目每年也只能保护约15 000英亩农田(The Buckeye Institute,2001)。十多年的时间里,该项目可能只保护了全州2%的农田,这显然不足以遏制城市的扩张。如果该州政府想复制新泽西州的项目,全面资助保护现有农田一半的计划,那么俄亥俄立法机构将必须批准超过150亿美元的资金(不包括债券利息)。这种资金水平显然超出了大多数政治家的意愿,特别是那些明显且公开地惠及已富裕人口(大多数郊区)的人。

依靠投票箱分区(Ballot-Box Zoning)

精明增长政策中另一个越来越受欢迎的特征,就是扩大公众对土地使用管制的参与。在加利福尼亚州,一系列名为节约空地和农业资源(SOAR)的增长管理计划,导致几十个城市和县采用限制性增长控制方法。大多数节约空地和农业资源创制计划让公民投票和行动广泛参与其中,大多数这样的努力都被推广为一种合理的规划形式。例如,在旧金山湾区,公共规划活动家(CAPP)支持将10个或更多单位的房屋开发付诸公开投票的创制行动,认为这些提议的目的是提高其质量,而非阻碍其增长(Staley,2001c)。其中最广为宣扬的案例之一是加利福尼亚州文图拉县,它围绕该县10个城市中每个城市建立增长边界,任何增长边界的扩张,或将农业用地改划为城市用途,都必须通过民众投票批准。同样,塞拉俱乐部在投票箱上支持草根公民行动主义,认为这是动员"选民关注"城市蔓延的一种方式。投票箱分区实质上为公民在土地使用决策中提供了更多的发出"声音"机会,这意味着更多的公众参与土地开发过程,将事实上提高土地开发的效率并使社会福利最大化。

不幸的是,投票箱计划在现实中与原本的希望并不一致。根据对俄亥俄州63个城市的依靠投票箱分区分析发现,公民发起的关于特定地区改划请求投票,不管社群是不是投票赞成或反对,对住房单元增长都具有一致的负面影响(Staley,2001c)。对重新划分区域问题进行公众投票的社区,每1 000人口经历了每年19.4至28.7之间住房许可的"增长惩罚"。对于一个有5万人口的城市,这意味着近1 000个建筑许可证的处罚,也表明通过广泛的公众参与计划实施的细节会引起规划过程的不确定性,可能对建筑活动和增长有重大影响。① 公民投票进行土地使用决策的事实似乎更是一个给开发商的信号,告诉他们,与通过更为常规的立法或行政程序解决土地使用决策的城市相比,

---

① 重要的是,这将是最大的影响。其他的包括收入和人口增长在内的因素导致建筑许可增长达到更高水平,从而抵消了这些影响。因此,建筑许可的净增长仍可能是正的。

自己的项目将面临更高的不确定性和延迟。

就加利福尼亚文图拉县和其10个城市的综合计划和修正案(重新分区)的另一项研究发现,开发项目的批准密度比计划容量低45%(Fulton,Williams,Jones,2001)。同样,在俄勒冈州,增长边界内的实际密度比当地综合计划允许的水平低33%~75%(Howe,1993:70)。在波特兰,密度比当地土地利用计划允许的密度低1/3(Howe 1993)。综而言之,这一证据表明,规划目标通常与发展现实不一致,增加了寻求利用发展审批程序来满足狭隘私人目标的租金范围。事实上,文图拉县的证据表明,实际发展密度低于计划密度的一个原因是,在前申请程序中出现了"击倒"(knock down)现象(Fulton,Williamson and Jones,2001)。计划者意识到计划专员不会批准高密度项目,因此他们建议降低总体密度,以确保被董事会和市议会接受(Seigan,1990)。

对规划的启示

对于了解规划改革的动力、对住房市场的影响及其分配效应来说,以上这些启示非常重要。即使支持更具限制性增长管理政策和发展控制的人,也认为他们的目的是更有效地管理增长,但结效果可能是减缓(甚至停止)增长。历史上,城市区域划分在有投票权地区的城市中会被更快地采用,这表明保护现有土地使用不受市场压力的冲击具有政治重要性,地理上有针对性的利益不受妨害减缓影响(Clingermayer,1993)。事实上,较高的住房拥有率是一个城市是否全面采用分区条例的重要因素,这表明许多政治家可以利用分区来保护现有土地用途,通过限制来自其他用途的竞争使其免受竞争激烈的土地市场的影响,并借此提高自己在选票箱中的人气(Clingermayer,1993)。因此,利用政治制度,反增长的特殊利益集团利用管制过程,通过土地开发过程向未来居民和现有财产所有者的财富征税。管制因此成为再分配性税收的一种形式。

简而言之,所谓的精明增长是在地方层面上兴起管理增长的传统智慧,它代表了一系列增长控制政策,主要侧重于将财富从一个群体重新分配到另一个群体。目前的规划改革环境与以往不同,主要是因为:(1)社区现代规划被普及和接受;(2)当地居民愿意使用政治过程来实现狭隘的政治目标;(3)在州和地方层级不受约束的司法环境中,制定、颁布和实施增长控制。

然而,到目前为止,分析已经相对抽象了。但在发展控制过程中,财富从一个群体重新分配到另一个群体可能会产生重大、具体的影响。下一节将通过中西部城市历史保护工作的一个例子,说明这些影响是如何在房地产市场中表现出来的。

历史保护案例

城市和城镇越来越多地使用历史保护条例和历史保护地区来保护文化设施和地标。事实上,在当前精明增长的环境中,这是让人欢欣鼓舞的,因为老建筑和地标被用来创造一种独特的地方感。历史保护也已经流行,因为它强调维持和重新开发城市核心,以此降低城市边缘的住房需求。实际上,历史保护主义者主要集中在市区,促进保留作为一种工具来保护住宅和商业特定邻里特征。在一定程度上,这些条例可以保护或产生公共利益,或者创造发展管制中的确定性,甚至可以提高社区福利。

但是,正如前面各节所言,历史保护条例可以被视为更广泛运动的一部分,即使用管制程序从私人开发商那里获得让步(concessions),这样的让步包括让私人开发商提供公园、娱乐区、学校和公共设施以及其他设施(Ross and Thorpe,1992)。通过强行索要获取公共设施,也被称作"挂钩"(linkages),这在经济发展规划文献中被视为积极的(Nelson, Frank and Nichols, 1992),因为它代表了一种机制,可以用于缓解市场失灵、维护社区和城市审美品质。

在历史保护的情况下,地方条例允许市议会、规划委员会或者理事会任命的审查委员会对私有财产进行严格的发展控制。所做的指定,可以通过全区域法规应用于整个社区或者单个建筑物。遵守历史保护条例的建筑物要改进、装修或拆除,需要通过更严格的审查程序。在此讨论中更重要的是,历史街区条例允许公共机构授权变更私人财产处置权,而不用承担经济责任。例如,历史保护条例通常会管制新建和改建建筑物的颜色、外墙、建筑细节以及结构特点等。

然而,历史保护条例是在公开的政治环境中实施的,其政策目标和标准可以随着审查委员会和市议会成员身份的改变而改变。因为历史保护条例允许政府机构在几乎没有成本的情况下,严格控制发展和建筑装修,在实施中可能出现潜在的政治和经济不平等情况。因此,他们还对管制税的动态发展提供了重要见解。在新的发展情况下,这些成本可以通过法律强制执行转移给未来居民。以下分析基于俄亥俄州一个富裕郊区城市的案例,内容是指定一块30英亩未开发土地上的一座19世纪的农舍为历史性地标。

背景和语境

俄亥俄州森特维尔市位于代顿以南的一条增长走廊的中心,由4个县和近100万居民人口组成。森特维尔市在20世纪60年代和70年代受益于中心城市的外迁,在20世纪70年代和80年代受益于制造业的分散化。快速增长推动使这个城市的人口从1960年的不足5 000人增加到1990年的20 000多人。不足为奇的是,超过一半51.3%的土地,是在原居住地基础上发展起来的。

森特维尔市商业基地正在以高于俄亥俄州其他城市平均水平的速度增长,但其中只有不到15%的城市用于工业或商业地产。这个城市通过归并实现扩张,城市边界内有36%的土地闲置或用于农业。该市清楚设计分区编码和发展一审批程序,以保护社区住宅特色。森特维尔市的家庭收入中位数明显高于国家平均水平,是相对较为富裕的,其贫困率处于州最低水平。

该市还采用了大量的加快规划和分区申请的工具。在申请提交时,市政府工作人员被分配为案例管理人员,同时鼓励申请人自愿地向工作人员和规划委员会预先申请会面。规划过程的这些特点,有助于确保应用过程与综合计划、社区关注、员工态度、规划委员会成员和市议会所体现的总体发展水平一致。因此,实际上只有成功率很高的申请才会在规划委员会面前举行公开听证。

历史保护的财政影响估计

1998年，俄亥俄州的森特维尔市议会以5∶2的投票结果，将位于其边界内30.6英亩可开发黄金空地上的奥普代克农舍指定为历史地标。① 这个农舍分别在1814年、1827年、1851年、1863年进行过改建，拥有一系列主人。K&S企业在1983年创建森特维尔市华盛顿乡村地标基金会之前购买了该地产。事实上，这一建筑的历史意义，是在K&S企业申请房屋、仓库和其他附属建筑物的拆迁许可证时才成为影响因子，这些建筑的情况处于严重恶化状态。基金会与维多利亚·威廉姆森（Eleazer Williamson）[于1851年购买这座房屋的约瑟夫·威廉姆森（Joseph C. Williamson）的曾曾孙]一起争取维护农舍、谷仓和其他附属建筑物。在4月份的会议上，理事会指定农舍成为一个历史性地标，并明确要拆迁其他建筑物。承担维护和改造农舍的一方是业主，而不是基金会、城市或威廉姆森家族。

土地和翻新费用

梅耶尔公司，是全国性"大箱子"（big box）的零售商，提出要从K&S企业以每亩10万美元的价格，即300万美元购买该房产，但这要取决于能拆迁房屋和建筑物。（拆迁申请触发当地居民纷纷去查询农舍的历史意义。）鉴于该物业靠近主要交通干线、无障碍住宅和商业用途，300万美元可能是这块土地市场的最小估计值。与当地土地开发商的讨论表明，此物业可能价值接近每英亩约13万美元，即400万美元，以用于更加深度的商业开发。因此，由于房地产价值一直是该地区发展成本的25%，完全开发的房地产市场价值从下限

---

① 该物业位于威尔明顿派克和725号国道两条主要交通要道的交汇处。东区以一条双车道公路为界，将空置房产与20世纪60年代在邻近城市建造的一个古老的单户住宅区分开。它的北面是一个加油站。在十字路口以北更远的地方，是一条2英里长的商业带，由一家汽车经销商、"仓储式"杂货店和零售店、十几家餐馆以及特色零售店组成。西面和南面是在半英亩土地上开发的单户住宅小区。该物业被划分为商业规划开发单元，需要全面的场地规划批复。该地块也是该市最后一块未开发的大片土地。

1 200万美元(每英亩39.2万美元)到2 000万美元(每英亩65.4万美元)范围内变化。

业主估计,经过翻新修复后的屋舍带有铺设好的车道至少需要一英亩。农舍靠近物业中心,打破了这种发展的标准交通流量模式。任何进一步的开发都需要"创意"设计才能最好地重新配置土地利用和企业优化。在目前市场价格基础上,用于农舍用地不是可行的商业用途,因此业主愿意补贴房屋租户,或者租户搬出后就可以空置。由于该物业划为商业计划单位,允许从事零售购物,于是被房屋占用的那块土地的市场潜力进一步地减弱。

由这位业主聘请的顾问估计,为了商业目的,将房屋改造成符合标准的样子并翻新谷仓将花费大约60万美元。将电风扇房升级到标准的费用在85 000美元到100 000美元之间。然而,业主(也是开发商)估计,增加建筑物的便利设施以使其"宜居"——室内管道、额外的浴室、延伸水道和下水道以及铺设车道——将使总成本超过20万美元。

商业开发影响

地方规划条例的总体影响包括,把土地退出市场的收入影响归结于政府对历史的保护和对业主要求的翻新成本(以使农舍达到宜居条件)。总预算影响在592 000美元到694 000美元之间,下限估计是基于每英亩10万美元的市场价格,上限估计是基于每英亩13万美元的市场价格。

指定为历史建筑降低了项目的预期收入,因为建筑所在土地不能用于市场的商业目的,对项目的财务影响预计相当于每英亩市场价格的4.4%至5.1%(表11.1)。预计对市场价格的平均影响是每英亩20 000美元到30 202美元之间。[①]

[①] 重要的是,这些计算可能低估了开发者的真实成本。法律和咨询费没有包括在内,也不包括将项目推迟到指定为历史建筑问题得到解决之后的费用。有关这一指定为历史建筑的争议给该项目至少延长了6个月的时间,如果业主对城市的决定提出上诉,或者试图从森特维尔的建筑审查委员会获得另一份拆除许可证,该项目可能会再推迟一年。

表 11.1　　　　　　　商业开发对戴克农舍房地产规划的影响

	最低预估	最高预估
开发潜力	$120 000	$20 000 000
收入影响(不包括农舍)	$392 000	$694 000
修订后的收入估算	$11 608 000	$19 306 000
总管制影响	$592 000	$894 000
对市场价格平均影响	$20 000	$30 202
占市值百分比(每英亩)	5.1%	4.4%

资料来源:作者根据森特维尔市提供的信息及访问开发商后进行的估算。

住宅开发影响

尽管需要将土地重新划分为有规划的地段建设(PUD),但该地产可以用于住宅而不是商业用途。事实上,这种用途将与相邻的土地用途更加兼容,因为该物业的三面都是单户住宅用途(尽管由于该物业位于主要道路沿线,效率较低)。对住宅开发影响的分析也提供了一个替代视角,通过这种视角可以看出规划决策和历史保护的影响。

基于森特维尔的分区编码,单户住宅开发项目每英亩最多需要2个住房单元。这可以通过在半英亩地段标准下分区开发地产,或者使用集群开发选项(它允许开发人员专门开发空地用以交换更高密度)。不管开发商选择哪一种,整个项目的地产不能超过平均每英亩2个单位。

鉴于城市的分区要求,该物业可以建造60座房屋。近期新建住房市场表明,新建3~4间卧室的房屋价格从20万美元至25万美元不等,房屋面积约2 000至2 500平方英尺。如果这些房屋每间售出25万美元,那么该项开发的预期收入就是1 500万美元(表11.2)。

表 11.2　　　　　　　奥普代克农舍物业的住宅开发潜力

可开发面积	30.6英亩
房屋数量(1/2英亩)	60

续表

平均房价		$250 000
总预期收入		$1 500 万
平均地块成本		$50 000

资料来源：作者根据与森特维尔中心计划署和当地土地开发商的访谈的估计。

减少两座房子后，住房项目的预期总收入也将下降 50 万美元到 1 450 万美元（表 11.3）。由于业主仍然需要修复房屋并将土地贡献（dedicate）给农舍，因此这项管制决定的财政净影响是 90 万美元（使用下限估计为 10 万美元）。该地区对房屋的影响将为每单位 15 517 美元，占房屋价格的 6.2%。

表 11.3　奥普代克农舍房地产规划管制的开发影响

农舍		
	农舍装修	$100 000
	农舍改良	$100 000
	土地贡献（1 英亩）	$200 000
开发影响		
	住宅单位减少	2
	收入减少	$500 000
净收入影响		
	修订后的收入估算	$14 500 000
	总管制影响	$900 000
	每个住房单位的平均成本	$15 517

资料来源：作者根据森特维尔市提供的信息及访问开发商后进行的估算。

作为管制税的历史保护

通过使用管制自由裁量权将建筑物指定为历史地标，森特维尔市实际上通过立法规定给私人房地产开发商增加的额外费用介于 60 万至 90 万美元之间。这些费用分摊为：住宅开发每英亩 15 517 美元，商业开发高达每英亩 3 万美元。这些费用是由开发商还是未来的业主承担，是一个经验问题，取决于房地产市场中的力量(Dresch and Sheffrin,1997)。

由于私有财产所有者负责建筑和房地产翻新和修复,成本将由开发商(在低迷的市场中)或未来的居民(在繁荣的房屋市场中)承担,城市和现有居民不会承担管制负担。以住宅为例,58个未来家庭的小社区将为整个城市支付90万美元的设施费用。如果保存历史悠久的农舍成本在整个城市分担,这个成本评估相当于每个房屋单位97.5美元。由于未来居民今天不参与投票,法院也不要求为这种部分征收做补偿,这些不平等现象就隐含在现行的规划政策中。① 简而言之,寻租行为使用管制过程将财富从当前和未来的业主转移到社会总体的特殊利益者,财富转移价值近100万美元。

精明增长、分区和管制税

本章认为,分区和开发控制可以被视为管制税。从经济学角度来看,税收是一种机制,被政府用来提高收益以生产通常不会在公开市场上交易的商品和服务。税收作为政府的一种手段,迫使公民为生产更广泛消费的商品或服务提供资金。

管制可以采用同样的方法:通过限制一些社会成员的土地开发过程,将财富重新分配给其他成员或群体。管制可以用来保护社区利益,但许多传统的精明增长技术有利于寻租行为。作为精明增长的一部分,当代的许多提案捆绑在一起——城市增长边界、大地块分区、依靠投票箱分区,都可以这样来分析。市民不愿意在公开市场上购买特定商品(例如,空地),就可以采取土地使用规划来迫使业主向社会提供更广泛的公共服务而无须赔偿。总而言之,通过防止人们分割和开发土地,规划委员会和市议会允许政治上有影响力的群体受益于空地保护,而成本由受到管制的业主承担负担。这在城市增长边界的例子中最为明显,但这一过程也可以通过农业分区、依靠投票箱分区和其他土地使用控制的间接影响看到。

---

① 一个更公平的方法是:(1)让城市购买房产和房子,并使用政府一般收入基金进行翻新,或者(2)让一个私人基金会,如森特维尔—华盛顿镇地标基金会,筹集私人资金购买和翻新农舍。如果这两个集团都不愿意使用或筹集资源来购买和保护农舍,它的公共目的从一开始就值得怀疑。

11 分区、精明增长和管制性税收

可以用俄亥俄州一个发展迅速的郊区社区进行历史保护的事例,来证明财富转移的财政影响。在该案例研究中,历史保护的管制负担范围从每英亩15 000美元到30 000美元不等。即使主要受益者是历史性保护社区,但几乎所有费用都将由未来居民或商业租户承担。

分区和开发条例的再分配性质本身并不是取消它们的理由。当地社区可以很好地决定如何确保管制集体利益,而且某些情况下这样做是非常必要的。然而,民选官员、公民和规划者仍应认识到管制的再分配性质所引发的政治影响。

参考文献

Audirac, Ivonne, Shennyen, Anne H., and Smith, Marc T.. (1990)"Ideal Urban Fonn and Visions of the Good Life: Florida's Growth Management Dilemma."*Journal of the American Planning Association* 54: pp. 470—82.

Clingennayer, James. (1993)"Distributive Politics, Ward Representation, and the Spread of Zoning."*Public Choice* 77: pp. 725—738.

Conder, Sonny. (1990)*Residential Refill Study*. Growth Management Services Department Technical Report, Portland Metro, February 10.

The Dark Side of the American Dream. College Park, Maryland: Sierra Club, n. d.

Daniels, Tom and Bowers, Deborah. (1997)*Holding Our Ground*. Washington, D. C.: Island Press.

Dresch, Marla and Sheffiin, Steven. (1997)*Who Pays for Development Fees and Exactions*? San Francisco: Public Policy Institute of California.

Feldman, Marshall M. A. and Florida, Richard A.. (1990)"Economic Restructuring and The Changing Role of the State in U. S. Housing." In Vliet, Willem and Weesep, Jan van, (eds.),*Government and Housing: Developments in Seven Counties*, Newbury Park, California: Sage Publications.

Fulton, William, Williamson, Chris, and Jones, Jeff. (2001)*Smart Growth and the Ballot Box: The Impact of SOAR on Plan Implementation in Ventura County*, California. Los Angeles: Reason Public Policy Institute, November.

Gerckens, Laurence Conway. (1979)"Historical Development of American City Planning."In So, Frank S., Stollman, Israel, Beal, Frank, and Arnold, David S. (eds), *The*

Practice of Local Government Planning,. Washington, D. C. : International City Management Association, pp. 21—57.

Gyourko, Joseph. (1991)"Impact Fees, Exclusionary Zoning, and the Density of New Development. "*Journal of Urban Economics* 30: pp. 242—56.

Holcombe, Randall G. (1994) Florida's Growth Management Experiment. Tallahassee, FL: James Madison Institute, December.

Holcombe, Randall G. (1996)*Public Finance: Government Revenues and Expenditures in the United States Economy*. New York: West Publishing Company.

Holcombe, Randall G. ,(2000)*Land Use Planning for the 21st Century*. Washington, D. C. : Joint Economic Committee.

Howe, Deborah A. (1993)"Growth Management in Oregon. " In Stein, Jay M. (ed.), *Growth Management: The Planning Challenge of the 1990s*, Newbury Park, California: Sage Publications, pp. 61—75.

Lai, Lawrence W. e. (1996)*Zoning and Property Rights: A Hong Kong Case Study*. Hong Kong: Hong Kong University Press.

Lai, Lawrence W. C. (1997)"Property Rights Justifications for Planning and a Theory of Zoning. "In Diaman, D. and Massam, B. H. (eds.), *Progress in Planning: Recent Research on Urban and Regional Planning*,. Oxford, England: Pergamon Press. pp. 161—246.

Mueller, Dennis C. (1989) *Public Choice II*. New York, NY. : Cambridge University Press.

Nelson, Arthur C. , Frank, James E. , and Nicholas, James C. (1992), "Positive Influence of Impact-Fee in Urban Planning and Development."*Journal of Urban Planning and Development* 18: pp. 59—64.

Peltzman, Sam. (1976)"Toward a More General Theory of Regulation. " *Journal of Law and Economics* 19: pp. 211—40.

Ross, Dennis H. and Thorpe, Scott Ian. (1992)"Impact Fees: Practical Guide for Calculation and Implementation. " *Journal of Urban Planning and Development* 18: pp. 106—118.

Seigan, Bernard (1990),"Land-Use Regulation Should Preserve Only Vital and Pressing Government Interests. " In Cooper, John W. (ed.) *Private Property Rights, Land-Use Policy and Growth Management*, Tallahassee, FL. : Montpelier Books, pp. 17—37.

Staley, Sam. (1992)*Drug Policy and the Decline of American Cities*. New Brunswick, NJ: Transaction Publishers.

Staley, Samuel R. (2001a)"The Political Economy of Land Conversion on the Urban Fringe," In Anderson, Terry L. and Yandle, Bruce (eds.)*Agriculture and the Environment: Searching for Greener Pastures*, pp. 65—80. Palo Alto, California: Hoover Institution Press.

Staley, Samuel R. (.200Ib) Markets, Smart Growth, and the Limits of Policy. In Holcombe,

Randall G. , and Staley, Samuel R. (eds.)*Smarter Growth: Market—Based Strategies for Land-Use Planning in the 21st Century City,*. Westport, CT: Greenwood Press, 2001. pp. 203—219

Staley, Samuel R. (200Ic) "Ballot-Box Zoning, Transactions Costs and Urban Growth."*Journal of the American Planning Association* 67: pp. 25—37.

Staley, Samuel R. , Edgens, Jefferson G. , and Mildner, Gerard C. S .. (1999)*A Line in the Land: Urban Growth Boundaries and the Future of Growth Management*, Policy Study No. 263. Los Angeles, California: Reason Public Policy Institute.

Staley, Samuel R. and Scarlett, Lynn. (1998)"Market-Oriented Planning: Principles and Tools for the 21st Century."*Planning and Markets I*: electronic journal http://www-pam. usc. edu.

Stigler, George J. (1971)"The Theory of Economic Regulation,"*Bell Journal of Economics and Management Science* 2: 1—21.

Tullock, Gordon. (1967)"The Welfare Costs of Tariffs, Monopolies, and Theft."*Western Economic Journal* 5: pp. 224—232.

Wagner, Richard E. (1988)"Morals, Interest, and Constitutional Order: A Public Choice Perspective."*Oregon Law Review* 67: pp. 73—92.

Weitz, Jerry and Moore, Terry. (1998)"Development Inside Urban-Growth Boundaries: Oregon's Empirical Evidence of Continuous Urban Form."*Journal of the American Planning Association* 64.

12 新兴产权、指令－控制管制及对环境税的漠视

布鲁斯·延德尔
(Bruce Yandle)

导 言

  本章主要讨论美国及其他各国管制机构用以管理环境质量所采用的经济工具引发的相关困惑。政治－经济目前的难题在于，对于提高效率的排放税、排污费和在法治基础上界定产权来说，明显和普遍的是，那种"指令－控制"管制表现得成本更高、效果更差。布坎南和图洛克（Buchanan and Tullock, 1975）解释了为什么污染者更喜欢在全国层面实施增强型卡特尔（为垄断市场而形成的行业联盟）、指令－控制的管制，而不是税收和排污费用，但是这种情况只是部分地解释了对普通法所保护的财产权存在的明显漠视。无论如何，仅污染者的偏好本身还无法解释全国性的政治行为，环保主义的政治意义远超过产业本身想要的。

  在1990年，格雷夫（Greve, 1990）解释为什么全国环境组织更偏爱公民诉讼的执行特征，而这只有由中央政府提供的指令－控制管制才具备。[①] 将格雷夫与布坎南和图洛克结合起来看，我们就得到一个双重卡特尔的故事，可以发现污染者和纯粹的环保者寻求实施的是类似的政治行为，是又一个贩卖私酒者与浸信会的故事（Yandle, 1983, 1999a）。当"理性的无知"被添加到政治

[①] 对格里夫的洞察力的阐述，见巴奈特和特雷尔（Barnett and Terrel, 2001）。

12　新兴产权、指令－控制管制及对环境税的漠视

配方中时,就为指令－控制管制的优势提供了强有力的理论支持。

尽管这个理论解释了为什么指令－控制管制在控制污染方面具有优势,但是我们仍然在寻找一种解释,用于回答:为什么环境税只在某些特定产品和活动上适用?为什么没有实施一种宽税基的环境税会成为多年来政治辩论的议题?为了加强对环境控制的讨论,我们必须面对这样一个事实:最古老的环境保护方式,即在法治基础上界定财产权,似乎在回应环境保护需求的政治洗牌中已彻底遗失。

实际上,任何形式的环境保护规则,无论是税收、指令－控制管制、私有产权等,都是某种形式的产权体现。讨论工具选择就是在讨论产权的演变过程。因此,本章首先讨论环境财产权的演变,围绕私有产权(习惯法)和管制性产权(指令与控制)之间的政治选择展开讨论;然后详细阐释格雷夫的诉讼管制理论,这当然也适用于并方便布坎南－图洛克运用指令－控制管制来解释污染者的行为偏好;最后一个部分主要讨论重拾环境税的兴趣以及用环境税取代指令－控制体制的潜在可能性,然后以简短思考作为本章总结。

环境产权的变迁

建构一系列环境产权的进程,始于产权并不明确的公共土地,止于一系列可能会在政治市场或者私有市场进行交易的特定权利包(Yandle and Morriss,2001)。在这一过程中,成本和收益驱动资源权利出现。正如德姆塞茨(Demsetz,1964,1967)所说,当界定、捍卫以及设计产权的相对利益使人类共同体中的企业家开始圈住公地(enclose the commons)或建立相关规则来分配有价值的环境资源时,就会采取一步一步的措施来确立产权地位。每种产权地位——共同体的、公共的、私有的(common, public, private)——都为经济分析提供了一个有趣的背景,但只有完全可转让的私有产权,才能通过专业化和贸易收益带来市场和财富的创造。

图 12.1 中的示意图展示了高度程式化的财产权演化过程。正如图中箭头所指,某种特定资源在一定时期会被视为一种公用品(a commons),然后被视为共同财产(common property),后来又被视为公共财产(public proper-

231

ty),交易成本、社会习俗和传统都会影响产权结果。那么,当资源的相对稀缺状况支配着变化时,一种可能被视为私有财产的资源就可能不再受到之前的保护,可能再次成为公用品并由捕获法(the law of capture)决定所有权。政府和政治显然在产权决策中发挥重要的作用(Libecap,1989),毕竟产权界定了财富以及财富控制者。在财富产权悬而未决的情况下,不难理解的是,政治家们会有兴趣协助确立有利于特殊利益集团的产权,即在政治上决定原属于公用品的权利。但更多的情况下,政治家们正在改变的是现有产权的安排,而不是对之前尚未批准和尚未被占有的资源首次确定权利。尽管如此,重新分配租金时,在政治上仍有利可图。

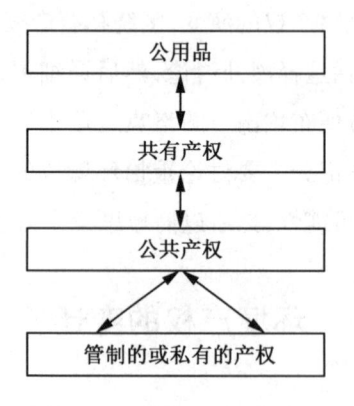

```
┌─────────────┐
│   公用品    │
└──────┬──────┘
       ↕
┌─────────────┐
│  共有产权   │
└──────┬──────┘
       ↕
┌─────────────┐
│  公共产权   │
└──────┬──────┘
       ↕
┌─────────────────┐
│ 管制的或私有的产权 │
└─────────────────┘
```

图 12.1 产权的演化过程

大多数环境资源有足够长的时间来走完产权确立的全部步骤。一个多世纪以来,有关妨害(nuisance)的普通法对空气和水质权利做出了规定,但却忽视了有害污染物、噪音甚至光照的危害。就图 12.1 而言,早在联邦政府参与环境管制之前,美国环境资源的某些方面就已从公用品转为私有财产。从最简单意义上来说,普通法理论认为一般业主和产权所有者有权免受因他人采取可能的行为来改变产权所有者使用空气、水和光的权益而受到伤害。在普通法中,环境权是可以转让的,权利所有者可以与另一方签订合同接受一定程度的污染、噪音、热量和阴影(Brubaker,1998;Meiners and Yandle,1999;Yandle 1999b)。当个体权利所有者被另一方所采取的行动伤害时,权利所有者可以以妨碍私人安宁行为为名起诉另一方。普通法的补救方法是支付赔偿

12 新兴产权、指令－控制管制及对环境税的漠视

金和发布禁令。当有多方受到危害时,普通法为妨碍公众安宁提供了补救措施,首席检察官和公设辩护律师将会作为受害方的利益代表发起起诉。普通法也为私人物品和公共物品提供保护。

在联邦政府接管环境资源管理前,普通法几乎不是保护环境资产唯一的甚或主要的产权保护措施。在1970年前的美国联邦体系中,如果你查找环境权利保护,会发现许多相关普通法、城市管理条例、州法律、地区性协议、私人信托、协会和其他形式的保护措施。在某些情况下,基础产权是公开的;也就是说,市议会管理和分配这一权利;另外一些情况下,这些权利为特定的印第安部落和社区成员共同拥有;其他情况下,这些权利是私人和普通法来控制保护行为。

当社会和政治力量的结合将环境决策转移到联邦政府层面时,已演变了一个多世纪的制度结构被突然搁置,然后受到重塑。随着环保主义的全面发展,联邦政治家开始采取行动重新定义权利,主要的环境法规将自然环境的每个要素都划归为国家。尽管先前就已经存在的体制仍然对产出结果施加压力和影响,但联邦法律和法规在本质上占有优势。政治家有权将私人财产权转变为国家管理机构的财产权,将各州的公共财产转变为联邦的公共财产。就图12.1而言,政治关注的重点是在产权演变过程中将权利界定为私人的还是管理者的这一分歧。从政治寻租者的角度来看,应该考虑的是可以被选择为管理环境产权工具有什么相对优点。

普通法进程没有什么可以提供给政治寻租者。基于对私有财产权的保护,普通法是一个分权的、由法官管理的过程。普通法所采取的行动仅限于法庭内各方,不得超出受损害的原告以及造成伤害的被告范围。普通法不仅在政治上缺乏吸引力,对于希望在国内任何地方都能找到统一和可预见规则的工业企业也没有吸引力。工业主义者几乎没有兴趣维持普通法的地位。寻求强有力联邦控制的环保主义者也希望有所改变。他们希望有自上而下、严格且统一的标准。在寻求以指令和控制管制为基础,将私人财产权转变为管控者权利方面,政治家们并非唯一的一方。当然,这些考虑都是以寻租为中介的政治家的动机。

双重环境卡特尔

即使那些宣称"指令与控制"的管制有效率的人（他们主导了美国大部分环境政策）也承认,政府强制性输出的限制会导致管制上出现卡特尔现象。正如人们多次提到的,基本卡特尔垄断联盟的故事取决于这样一个事实：联邦管制以技术为基础,基于投入而非环境的结果。该管制适用于一个行业中的所有公司（无论该公司处于什么位置）,并且通常要求新企业实行比旧企业更高成本的控制(Buchanan and Tullock, 1967)。也就是说,一旦环境保护局最终确定一系列排放指南,那么所有现存公司都会面临着同样的环境约束,新公司则会在系统中接受更加严格的限制。任何对相关工业产品需求的增长都会为污染者的利益提供可预期的前景。显然,在污染受到税收限制、基于环境使用而缴费、排放许可限额实行交易的地方,不会产生同样的结果。当然,不可想象的是,全行业都通过全国普通法法庭起诉,从而获得可以应用于全行业的统一裁决。当说到由管制诱发的寻租行为时,"指令与控制"的时代就来临了。

没有哪个卡特尔比其执行机制更好,这就是卡特尔故事的第二个切入点。正如这里所概括的那样,污染者卡特尔联盟的故事有赖于联邦管制机构的守卫,他们严格限制新的污染者进入,现有污染者也是按照规则排队。除此之外,守门人（卡特尔管理者）还必须发现一种方式来监督成千上万的污染者,确保这些污染者遵照其限制性许可。由于产出受限制导致价格更高,卡特尔成员作弊就成为一种自然趋势。管制者必须寻找一种低成本方式来维持卡特尔的存在。实际上,联邦政府将大多数主要环保法规委托给各州执行。对卡特尔管理者更加为难的是,有令人信服的实证性证据表明,各州的执法严格程度变数很大(Helland, 1998)。由于资源有限,各州执法力度有别,所以在联邦主要法规中规定由私人来执行环境法是合理的。当然,布坎南－图洛克所说的卡特尔成员仍然面临执法方面的问题。

尽管行业卡特尔的故事现在已经成为管制知识的一个标准部分,但环境保护组织引发的卡特尔化故事在很大程度上仍然没有定论。卡特尔最先由迈克尔·格雷夫(Greve, 1990)提出,然后被巴奈特和特雷尔(Barnett and Ter-

12 新兴产权、指令—控制管制及对环境税的漠视

rell,2001)进一步扩展。这种卡特尔故事的前景依赖于"指令与控制"管制,再加上美国环境管制的特殊执行特征。在公民诉讼的规定下,私人和组织根据法律成为执法的代表。由于无法在执法工作中获利,普通公民事实上就加入了公共代理人的行列来执行法律。以技术为基础的"指令与控制"管制主要关注投入、许可和报告,环境组织和任何其他关注合规性的组织可以随时检查定期提交给各州和联邦管制者的单个工厂报告。私人团体可随时阅读所需报告,并确认哪些公司没能合理地报告,或者对哪些公司污染超标和其他许可证违规行为作出报告。

有证据在手,私人当事人可以起诉污染者,起诉成功的话会返还个人法律行为的花费作为补偿。当然只是返还花费并不是其吸引力所在,被证明有罪的污染者还要向美国国库支付罚款。法规明确表示,私人不能通过执行环境保护的法律行为获取个人利益;然而对环保组织来说还有另外一个回报,这就为卡特尔的存在埋下了种子:提起环境保护诉讼的环保组织可以完全收回其诉讼费用,并且可以因保护环境的目的而获得根据法院指令提供的补助金,这些补助金甚至超过污染者支付的罚款。法院指令的奖励并不能为提出环保诉讼的环保组织带来直接利益,但却为原告所支持,因为这样他们所支持的组织就可以得到补助金。

由个人提起的许可违规诉讼大多是原告获胜,这就使得通过诉讼进行有利可图的管制更加具有吸引力。当得知起诉意向正在进行时,受影响的污染者会有强大的动机对案件进行庭外和解。精心设计的处理方法实现了卡特尔执行法律时的几个重要功效。污染者解决问题的机会成本,体现在法官在案件中提出的预期罚款价值、双方当事人的诉讼费用以及环境保护补助金等方面。鉴于污染者一般会败诉,他们可能会用接近这一机会成本数额来解决问题。需要支付处理费用的公司可能会打破卡特尔的产出限制,提起诉讼的环保组织就有助于执行卡特尔联盟的管制。此外,由污染者承担的信贷计划(the credit program)设计的目的即是奖励好的环境保护组织、惩罚坏的环境保护组织。努力监督违规者的环保组织可以获得法庭给予的收益,而那些支持经济激励、产权或一些分散的替代联邦"指令与控制"管制的组织,就被排除

在慷慨的诉讼好处分享之外。①

造私酒者与浸信会发起救赎

双重卡特尔成功运转得以加强的原因是,一些看似不同的利益集团在努力朝着同一个目标努力工作。当然,这正是故事中造私酒者/浸信会(B&B)双方引人注目的地方。B&B理论得名源于这样一个事实,即非法酒商和某些宗教组织成员(浸信会)都支持——如果不能有选择地禁止酒精饮料消费,那至少应该限制酒精饮料消费。很明显,法律规定周日酒吧不营业为造私酒者扩大了市场。顺便一提,几乎没有一个州或地方法律法规制定过关于禁止成年人周日饮用酒精的相关条例。对消费的限制将破坏B&B联盟。

B&B的故事为斯提格勒(Stigler,1971)与皮尔兹曼(Peltzman,1976)颇有启发的特殊利益理论提供了一个小小的注脚。② 这一故事解释了为什么支持公共利益的人,可能让管制服务于特殊利益需求。这一注脚说明修辞术在政治世界中非常重要,但被精心修饰的道德激励和未被修饰的竞选运动都无法单独做到这一点,需要的是同时采纳两者。

1977年"清洁空气法案"是要求以技术为基础的净化条例,是浸信会提供管制效益的一个典型案例(Ackerman and Hassler,1981)。该法规要求所有新建的燃煤电力公司,无论是否燃烧脏煤,都要安装昂贵的净气器。与美国东部高硫煤生产相关的特殊利益集团,像大多数环保组织一样,为该法规举行了庆祝活动。但是西部低硫煤无组织的矿工,和高度分散、理性无知的电力消费者却没有理由来为此庆祝。

20世纪90年代早期开始的保护北方斑点鸮的重大努力,是环保"浸信会"通过法庭手段为"造私酒者"谋取福利的一个具体事例。经过一系列法庭裁决和管制行动,在太平洋西北地区数百万英亩的联邦森林土地和斑点鸮栖

---

① 格雷夫(Greve,1990)报告说,1983年对同意令的审查表明,相当于支付给美国财政部罚款的大约400%的金额是支付给环境组织的年费。此外,被定罪的污染者所需的信贷项目价值达数百万美元,远远超过罚款的价值。他的报告分析了1983年至1986年间在康涅狄格州提起的30起执法行动,结果显示这些案件因支付超过150万美元而得到解决。参见 Greve(1990:259)。

② 关于与环境法规相关的文献综述,请参阅延德尔(Yandel,2001)。

息地,对樵夫的斧头实施限制。

《华尔街日报》(1992年)解释了韦耶尔黑用户公司(Weyerhaeuser Corporation)如何雇用野生动物生物学家来寻找斑点鸮栖息地,但那些都不在韦耶尔黑用户公司自己的林地内。

韦耶尔黑用户公司说,它已经在32万英亩土地上限制采伐以遵守联邦政府和州政府保护鸟类的规则。另一方面,对太平洋西北部超过500万英亩的联邦林地限制采伐来保护斑点鸮已经大大超出伐木者的可达范围,这导致木材价格达到新高。

这个故事表明,韦耶尔黑用户公司的"斑点鸮驱动利润"使公司在第一季度盈利达到8 660万美元,比前一年同期增长了81%。环保人士庆祝斑点鸮栖息地得到扩大保护,而韦耶尔黑用户公司和其他木制品公司的拥有者则庆祝自己得到了非正常的利润回报。

关于B&B的最新案例是环保主义者与北卡罗莱纳州养猪农民之间的斗争。北卡罗莱纳州是全国第二大猪肉生产地,它强制暂停建设新的大型养猪场;其他主要猪肉生产州也实施了类似限制。全国最大的猪肉生产者、北卡罗莱纳州斯密斯菲尔德食品公司的首席执行官约瑟夫·卢特尔三世(Joseph W. Luter III)表示他欢迎实行这一限制,说"没有人可以复制我们所做的事情"。事实证明,北卡罗莱纳州的规定与美国环境保护局(EPA)为限制动物饲养制定更为严格的标准并行不悖。环保署的建议来自于1999年自然资源保护委员会对该机构提起的公民诉讼。[1]

使执法有利于政治

私人和公共执法结合,使指令与控制管制成为形成和维护产业环境卡特尔的工具。进入卡特尔行业的障碍,为卡特尔化产业提供了租金,由解决问题和发起诉讼产生的费用则为共同维护卡特尔产业的那些环保组织给予了奖励。尽管产生的租金可能在获得租金的过程中被消散,但是最初产生租金的

---

[1] 见自然资源保护委员会、有限公司等诉雷利公司案[*Natural Resources Defense Council, Inc., et al. v. Reilly* Civ. No. 89—2980 (RCL)(D. D. C.)]。

规则会在社会结构中被资本化。由此所产生的共生关系导致了高成本的环境保护，并且减少了商品和服务的生产。就像大多数生物学上的共生关系一样，任何一方都没有办法直接控制另一方。双方当事人都是寻租者。工业污染者希望避免普通法下产生的诉讼和环境税，但同时又在使用污染控制来阻止其他竞争者进入行业内部。环保组织在控制打破产出限制的卡特尔成员数量上扮演重要角色。然而，环保诉讼者无法完美地从那些经历了意外排放事故或者仅仅没有保存好相关记录的公司里，辨识出那些故意打破卡特尔的污染者。换句话说，通过诉讼的管制并不比其他管制更加精准。所有形式的管制都是粗糙的。

不幸的是，诉讼程序比单纯地缺乏方向更糟糕。公民诉讼对执法过程有较明显的偏见；环保组织在寻求诉讼产生的收益时，一般不会以造成水源污染的农民和市民为目标，而是针对那些有较大动机寻求法庭外解决、资产丰厚的工业企业。正如阿什福德和卡尔黛特所说（Ashford and Caldart, 2001:113），随着这种不幸偏见的发展，粗糙的个人诉讼程序会使环保局（EPA）和其他环保机构想要采取的任何其他措施都显得前景暗淡。

通过诉讼实现管制

这里并没有较好的庭外解决和私人诉讼数据。然而，环保局执行各项法规的活动步骤，可以根据环保局和检察官的行动轨迹进行推断。马克·科恩（Cohen, 1992）表示，在20世纪70年代的十年间，只有25起环境刑事案件被起诉。可是，"从1982年到1995年4月之间，该机构接到的指控大约有443家公司和1 068个个体，被确定有罪的有334家公司和740个个体"。①正如在表12.1所显示，联邦采取行动的轨迹也可以从美国环保局提交给美国司法部的刑事案件中看出来。需要注意的是，违反环保局（EPA）的管制规定可能导致民事处罚、刑事诉讼以及监禁刑罚。这里的数据反映的是更严肃的指控。

---

① Susan F. Mandiberg and Susan L. Smith, *Crimes Against the Environment*. Charlottesville, VA: Michie, 1997:3.

12　新兴产权、指令—控制管制及对环境税的漠视

表 12.1　　　　　　　　　向司法部提交的刑事案件

财务年度	刑事诉讼	每月被判刑数	被告数量
1987	41	456	66
1988	59	278	97
1989	60	325	95
1990	65	745	100
1991	81	963	104
1992	107	1 135	150
1993	140	892	161
1994	220	1 188	250
1995	256	888	245
1996	262	1 116	221
1997	278	2 351	322
1998	266	2 076	350

数据来源：Nicholas C. Yost, The State of Environmental Law Enforcement: A Speech Presented at the American Bar Association's 1998 Annual Meeting, ELR News & Analysis, 28(December 1998) 12: 10711—10720, at 10717.

正如所预料的一样，表 12.1 中的数据受联邦环境法规变化影响。比如，1996 年《环境犯罪与执法条例》通过后，这一轨迹的活跃度与判决时间长度有了持续性增长。1996 年法律增强现有法规的效力，为司法部调查和审判环境犯罪提供了额外的资源。① 同样需要注意的是在 1996 年法律之前，环保局（EPA）与联邦调查局（FBI）、国税局（IRS）、证券交易委员会（SEC）、职业安全

---

①　1990 年的《污染起诉法案》授权将环境保护局人员的数量从 1990 年的 50 人大幅增加到 1996 年的 200 人。从 1989 年到 1991 年，环境保护局共收取了大约 2 亿美元的罚款和罚金。1992 年，环境保护局通过了一个里程碑，在民事和刑事处罚中征收了超过 1.35 亿美元。将这些数字与 1989 年之前整整 15 年所收的 1.66 亿美元罚款和罚金总额进行对比，就能最好地说明这些数字的重要性。自 1988 年以来的法院判决表明，定罪不再需要证明知道非法行为（参见 Edward Stead, Michael M. McKinney, and Jean Gamer Stead Institutionalizing Environmental Performance in U. S. Industry: Is it happening and what if it does not? Business Strategy and the Environment, 7 (1998): 261—270 at 263)。

与健康管理局(OSHA)达成了共享调查数据的协议。[1] 因此工业企业和工业家在受到环保组织起诉的时候,更有理由寻求庭外解决。

弗兰克·克罗斯(Frank Cross,1999)报道的关于州和联邦法院环境公害诉讼的数据,是间接了解诉讼管制的另一途径。克罗斯搜集了原告涉及普通法里妨碍诉讼的法案数量。这些案件远远超过了传统的普通法诉讼,既包括公民的诉讼行为,也包括管制机构的诉讼,两者都会被提交到联邦法院。表12.2中的数据显示了联邦法院诉讼在1970年以后的爆炸性增长和主要环境法规的通过。

表 12.2   环境公害诉讼报告

年份	州	联邦
1945—1950	145	18
1955—1960	207	31
1965—1970	228	31
1975—1980	378	149
1985—1990	447	324
1990—1995	610	504

数据来源:Cross(1999:970)。

从数据角度可以看到,真实 GDP 从 1945 年到 1995 年增长了 4.5 倍,这超过了州法庭环境损害案件数量增加的倍数。同样需要注意的是,同期联邦法院的案件数量增加了 28 倍。这些数据可能间接反映了环保诉讼组织达成庭外和解的速度。

恢复对环境税收的兴趣

从 20 世纪 60 年代开始,当环保事业开始在美国和其他发达国家出现时,经济学家希望对污染进行规范处理,他们不断主张通过税收进行管制,但并没

---

[1] Sandee Blabolil, Ines Cho, and Scott Haenni, et al. "Environmental Crimes"(Twelfth Survey of White Collar Crime), *American Criminal Law Review* 34 (Winter 1997) 2: 491—554, at 510.

有成功。关于这一问题的论述可以追溯到庇古,现代经济学家认为实施环境税和对污染进行收费可以将边际社会成本转换为边际私人成本,从而有利于引导社会开展有效的经济行为。这个带有迷惑性的简单概念要求公共权威机构确认污染者违背他人意愿将成本强加给他人,并在边际污染单位中对污染者征收与其强加给他人的成本对等的税收。根据这一理论,由于感受到污染行为带来的痛苦,原来执迷不悟的污染者会减少污染行为以避免缴纳税款。因此世界就会变得越来越干净,那些购买带来污染的产品的人,也不再能够逃避支付自己消费这种商品的机会成本。

由于被这一税收构想的力量征服,很少有现代环保税收倡导者注意到,庇古本人曾公开认错并反对使用庇古税(Pigou,1932:332)。庇古认识到,计算最优的环保税实际上是不可行的,即使计算出来了也没有立法机构愿意为追求效率而去做这件事,收入再分配的动机驱动着政治进程而非对效率的追求。换句话说,庇古先生认为庇古税从理论上讲是好的但实际上并不可行。不过,倡导通过税收进行管制的现代经济学家仍然相信,它是最好的理论也是最好的实践。尽管欧共体官方实施了"污染者付费"政策,污染税仍然没有被系统应用来实现最优空气和水质量。尽管如此,对环境税的呼吁依然成为了呼吁环保政策的一个重要部分。

双重福利的研究

从十多年前开始,庇古税在历来都给劳工强加沉重税负的欧洲国家出现了新变化(Bosquet,2000,Patterson,2000)。面对结构性高失业率(它看起来影响了甚至是最有益的经济活动水平),政策分析人士开始热衷于用环保税取代劳动力税的想法。他们认为,这样做完全可以获得双重红利。污染趋势将得到抑制,面临较低税收的工人更倾向于扩大劳动时间。水质会更加清洁,失业率也会降低。就是说,实际上可以设计一个税收的替代方案,将总税收维持在相同水平而扩大国民产出。这一想法就像永动机和无休止的免费午餐一样,在谈论双重红利的气氛下,提倡环保税也变得越来越频繁、强烈。[①]

可能理论上听起来很好,但实际中从环保税上获取双重福利,前景暗淡。主要有三个根本原因导致这一结果。第一,正如庇古在关于环保税的文献里提到的(Pigou,1932:332)。

"我们不能期望任何政府当局可以实现,或甚至是全心全意地追求这一目标。政府当局同样容易遭受无知、各方压力、牟取私利的个人腐败等诸多因素影响。如果将呼声大的选民组织起来进行投票,就可能很轻易地超越全体、成为主宰。"

换句话说,寻求效率的政治家会被寻租的同胞所嘲笑。环保税改革并不是一个政治上可行的选择。

第二,即使在政治上不重要,仍然不明确的是,哪怕受最聪明经济学家帮助的最精明的政治家也无法计算出一个合适的、可以抵消对工资和资本征税的环保税。对博思凯(Bosqet,2000)56项研究里的139项模拟环境税进行回顾,可以得到的结论是,理论上的确可以通过对CO_2征税来冲抵就业税,以促进就业增长。[②] 第一个环保税理论上的红利相当确定。然而,我们发现第二重红利是暂定的,在实际应用中,需要深刻理解环保税对物价的影响、对受影响产品的需求以及由此产生的对劳动力的需求。

第三,完全采用环保税作为保护环境的主要工具,意味着"指令与控制"管制将会被遗弃。就产权变化而言,税收意味着环境的公有制,而"指令与控制"管制将管制性财产权给予了污染者,并且一旦给予便难以剥夺。工业长期习惯于在零边际成本的环境下发展,想要它们为现在被视为财产权的活动支付环境税,将需要很长一段时间的努力与斗争。换句话说,追求双重红利可能是危险的、令人失望的,就像寻找圣杯的过程一样。

据报道,2000年初,有8个国家明确加入到这项探索中。这些国家包括

[①] 例如,苏珊·李(Lee,2001)给出了一个关于双重红利可能性的流行讨论,这在国会预算办公室的一项研究中讨论过。此外,参见罗哈斯(Rojas,2002)更多美国相关讨论的双红利论点。关于1990年政治讨论的例子,见帕特森(Patterson,2000:139)。当时,众议员史塔克宣读了经济学家在筹款委员会听证会上所做的双红利报告。后来,在1996年,众议员史塔克说:"我正在准备立法,以进入下一步,逐步增加对导致全球变暖和环境退化的污染物的征税。从这些税收中筹集的资金可以用来为降低工薪税和所得税提供资金。"(Patterson,2000:140)

[②] 另一项调查和评论涉及设计税收的复杂性,可能提供双重红利的前景,见 Metcalf(2001)。

北欧国家丹麦、芬兰、挪威、瑞典,以及德国、意大利、荷兰和英国。① 丹麦预计将从碳、二氧化硫、汽车和汽油税中获得税收总额的 6%,个人所得税和社会保障税将同时减少。另一侧,英国实施的垃圾填埋税占税收总量的 0.1%,与提高垃圾填埋税并驾齐驱的是降低社会保障税。② 现在还无法确定那 8 个国家中哪一个国家已经产生了双重红利,也无法确定本应在任何情况下征收的税收现在正作为双重红利战略的一部分而可以庆祝。

环境税收的明显案例

环境税收同时也是反映北欧国家自上而下控制经济情况的另一个案例。尽管这些国家广泛应用税收来反对"指令与控制"的管制方式,但需要注意的是这些国家都是严重依赖出口市场获取主要收入的小国。环保监督上的卡特尔化并不太显著,没有相应的诉讼传统来推动产业行业的卡特尔化。在卡特尔化不可行的地方,我们也无法期待看到卡特尔化。或许这就是为什么关于双重红利和环保税问题的高谈阔论,远超过所采取的实际行动。如果广泛采取环保税的做法,那么"指令与控制"管制就必须为其挪位。按照这一思路,帕特森(Patterson,2000)指出,美国联邦政府已经对有可能打上环保标签的商品征税,如消耗臭氧层的化学品、汽油、高耗油汽车、重型器械轮胎、化学、石油燃料和煤炭。但是没有任何一个可以取代环保局对同一行业的管制。环保税已经广泛应用于美国近 50 个州,这也是一个事实。这些税收项目包括对燃料、橡胶轮胎、电池、垃圾填埋和废物排放征税。同样的,没有任何一个能够替代卡特尔形成中的"指令－控制"管制。

---

① 参见博斯凯特(Bosket 2000,21)的数据和关于此处八个国家的环境税的讨论。另见欧洲环境署(European Environmen tAgency 2001)。

② 帕特森(Patterson 2000,127)指出,英国在 1980 年代没有环境税。到 1995 年,英国以环境的名义对汽油、水、污水、固体废物和"雇主支付的通勤费用"征税,这种转变的理由是基于对更多税收的需求,并为满足《京都议定书》的要求做准备,以及解决直接管制效率低下等问题。没有任何一种税收取代了"指令－控制"管制。

结 论

　　管理环境质量的管制工具的政治经济学，是对产权、产权如何形成以及谁在这一过程中获得财富的研究。多年以来，从事环保控制规范研究的经济学家一直被两大问题所困扰：终止传统普通法所保护的环境资源权利；以高成本技术为基础的"指令与控制"管制地位上升，并在广泛的行业和地区实施统一标准。同样困扰效率研究理论家的是，对环境税和环境资源分配费用的使用缺乏兴趣。当布坎南和图洛克描述了管制方面租金的形成，并显示联邦管理者怎样产生污染者利润时，这一明显的难题已经得到了部分解决。格雷夫展示了为什么同样的"指令－控制"管制者会变成租金的制造者和环保组织的卡特尔力量。当这两种理论结合在一起时，它所描述的双重卡特尔显然能够抵御来自效率追求者的政治竞争。

　　尽管指令－控制管制有持久性优势，工业化世界里推动环境税的动力仍然会浮出水面。一些倡导者部分地受老旧且颇受怀疑的庇古税逻辑驱动，仍然坚信政治家能够为整体经济设计，将认识到的外部性转化为内在的税收。其他倡导者只是单纯寻找可能资助他们偏好的政府项目的其他收入来源。近来，有第三股势力加入到这两股力量中，他们希望通过减少为劳工福利所征的劳动与资本税收，增加向污染征收能增强效率的税收，这样可以形成一种双重红利。当然完成这一壮举需要艰巨的社会工程。但是在寻求更大的中央政府的人心目中，希望是永恒的。

　　支持"指令－控制"管制的理论预测，征收环保税将仅限于生产者卡特尔不能形成的那些消费品和产品。这就意味着我们应该在自治市、州和拥有开放经济的小国寻求一套广泛的环保税。

　　在美国，只要公民仍然通过诉讼为环保组织创造资金，产出限制的管制仍然在创造污染者的利益，那么逻辑上就不可能将"指令－控制"管制从环保控制的主要形式上剔除出去。对私人财产权和普通法保护的环境资产从接近死亡到重新发展，无论是环保人士还是主要的产业都必须从财富的共同来源中脱离出来。这当然可能发生，不过只是在"指令与控制"对工业带来的负担大于利润,且"指令与控制"产生的环境结果不再满足环保团体的需求时,这种情况才会发生。

参考文献

Ackerman, Bruce A. and Hassler, William T. (1981), *Clean Coal/Dirty Air*, New Haven, CT: Yale University Press.

Adler, Jonathan. (1996), "Green Politics and Dirty Profits," *Regulation* (1996): pp. 26—34.

Ashford, Nicholas A. and Caldart, Charles C. (2001), "Negotiated Environmental and Occupational Health and Safety Agreements in the United States: Lessons for Policy," *Journal of Cleaner Production* 9 (April): pp. 99—120.

Barnett, Andy H. and Terrell, Timothy D. (2001), "Economic Observations on Citizen-Suit Provisions of Environmental Legislation," *Duke Environmental Law & Policy Forum* (12): pp. 1—30.

Blaboli, Sandee, Cho, Ines, and Haenni, Scott, et at. (1997), "Environmental Crimes: Twelfth Survey of White Collar Crime," *American Criminal Law Review* 34, (Winter) 2: pp. 491—554.

Bosquet, Benoit. (2000), "Environmental Tax Reform: Does it Work? A Survey of the Empirical Evidence," *Ecological Economics* 34: pp. 19—32.

Brubaker, Elizabeth. (1998), "The Common Law and the Environment: The Canadian Experience," Peter J. Hill and Roger E. Meiners (eds.) *Who Owns the Environment?* Lanham, MD: Rowman & Littlefield Publishers, pp. 87—152.

Buchanan, James M. and Tullock, Gordon (1967), "Polluters' Profit and Political Response," *American Economic Review* (65): pp. 139—147.

Cohen, Mark A. (1992), "Criminal Law: Environmental Crime and Punishment: Legal/Economic Theory and Empirical Evidence on Enforcement of Federal Environmental Statutes," *Journal of Criminal Law & Criminology* 82 (Winter): pp. 1054—1098.

Cross, Frank B. (1999), "Common Law and the Conceit of Modem Environmental Policy," *George Mason Law Review* 7 (Summer): pp. 965—982.

Demsetz, Harold. (1964), "The Exchange and Enforcement of Property Rights," *Journal of Law & Economics* 7 (October): pp. 7—26.

Demsetz, Harold. (1967), "Toward a Theory of Property Rights," *American Economic Review* 57(2): pp. 347—359.

European Environment Agency. (2001), Environmental Taxes: Implementation and Effectiveness. http://org.eea.eu.int:80/documents/issuerep/EnvTaxes/default.htm.

Greve, Michael S. (1990), "The Private Enforcement of Environmental Law," *Tulane Law Review*(65): pp. 339—382.

Helland, Eric. (1998), "The Revealed Preference of State EP As: Stringency, Enforcement, and Substitution," *Journal of Environmental Economics and Management* 35: pp. 242—261.

Kilman, Scott (2001)"Smithfield Foods CEO Welcomes Backlash Over Its Hog Fanns,"*The Wall Street Journal*(August 31): p. B4.

Lee, Susan (2000)"How Much is the Right to Pollute Worth?", *The Wall Street Journal* (August 1): p. A15.

Libecap, Gary (1989), *Contracting for Property Rights*. Cambridge, MA.: Cambridge University Press.

Mandiberg, Susan F. and Smith, Susan L. (1997), *Crimes Against the Environment*. Charlottesville, VA: Michie.

Meiners, Roger E. and Yandle, Bruce (1999), "Common Law and the Conceit of Modem Environmental Policy,"*George Mason Law Review* 7 (Summer) pp. 923—963.

Metcalf, Gilbert E. (2001), "Market-Based Environmental-Policy Instruments," *NBER Reporter*(Summer): pp. 12—15.

"Owls, of all things, Help Weyerhaeuser Cash in on Timber," (1992), *The Wall Street Journal*, (June 14): p. AI.

Patterson, Charles D. (2000),"Environmental Taxes and Subsidies: What is the Appropriate Fiscal Policy for Dealing with Modern Environmental Problems?"*William and Mary Environmental Law and Policy Review* 24(Winter): pp. 121—159.

Peltzman, Sam. (1976),"Toward a More General Theory of Regulation,"*Journal of Law & Economics*(August): pp. 211—240.

Pigou, A. C. (1920), *Economics of Welfare*. London: Macmillan.

Pigou, A. C. (1932), *Economics of Welfare*. 4th ed. London: Macmillan.

Rojas, Warren. (2000)"Clean Air vs. Clean Wallets: The Emissions Tax Debate Continues," *Tax Notes*(December 4): pp. 1206—1207.

Stead, Edward, McKinney, Michael M. , and Stead, Jean Gamer (1998), "Institutionalizing Environmental Performance in U. S. Industry: Is it happening and what if it does not?"*Business Strategy and the Environment* 7: pp. 261—270.

Stigler, George J. (1971), "The Economic Theory of Regulation,"*Bell Journal* (Spring): pp. 3—21.

Yandle, Bruce. (1983),"Bootleggers and Baptists: The Education of a Regulatory Economist," *Regulation*. (May/June): pp. 12—16.

Yandle, Bruce. (1999a),"Bootleggers and Baptists in Retrospect,"*Regulation*, 22 (1999):pp. 5—7.

Yandle, Bruce. (1999b),"Grasping for the Heavens: 3-D Property Rights and the Global Commons,"*Duke Environmental Law Forum*, 10(Fall): pp. 13—44.

Yandle, Bruce. (2001),"Public Choice and the Environment,"William F. Shughart II and Laura Razzolini, (eds.)*The Elgar Companion to Public Choice*. London: Edward Elgar Publishing, Inc. : pp. 590—610.

Yandle, Bruce and. Morriss, Andy P. (2001), "The Technologies of Property Rights: Choice among Alternative Solutions to the Tragedy of the Commons,"*Ecology Law Quarterly*(28): pp. 123—168.

Yost, Nicholas C. (1998), "The State of Environmental Law Enforcement," A Speech Presented at the American Bar Association's 1998 Annual Meeting, *ELR News & Analysis*, 28(December) 12: pp. 10711—10720.

译丛主编后记

财政活动兼有经济和政治二重属性,因而从现代财政学诞生之日起,"财政学是介于经济学与政治学之间的学科"这样的说法就不绝于耳。正因为如此,财政研究至少有两种范式:一种是经济学研究范式,在这种范式下财政学向公共经济学发展;另一种是政治学研究范式,从政治学视角探讨国家与社会间的财政行为。这两种研究范式各有侧重,互为补充。但是检索国内相关文献可以发现,我国财政学者遵循政治学范式的研究并不多见,绝大多数财政研究仍自觉或不自觉地将自己界定在经济学学科内,而政治学者大多也不把研究财政现象视为分内行为。究其原因,可能主要源于在当前行政主导下的学科分界中,财政学被分到了应用经济学之下。本丛书主编之所以不揣浅陋地提出"财政政治学"这一名称,并将其作为译丛名,是想尝试着对当前这样的学科体系进行纠偏,将财政学的经济学研究范式和政治学研究范式结合起来,从而以"财政政治学"为名,倡导研究财政活动的政治属性。编者认为,这样做有以下几个方面的积极意义。

1. 寻求当前财政研究的理论基础

在我国学科体系中,财政学被归入应用经济学之下,学术上就自然产生了要以经济理论作为财政研究基础的要求。不过,由于当前经济学越来越把自己固化为形式特征明显的数学,若以经济理论为基础就容易导致财政学忽视那些难以数学化的研究领域,这样就会让目前大量的财政研究失去理论基础。在现实中已经出现并会反复出现的现象是,探讨财政行为的理论、制度与历史的论著,不断被人质疑是否属于经济学研究,一篇研究预算制度及其现实运行的博士论文,经常被答辩委员怀疑是否可授予经济学学位。因此,要解释当前的财政现象、推动财政研究,就不得不去寻找财政的政治理论基础。

2. 培养治国者

财政因国家治理需要而不断地变革,国家因财政治理而得以成长。中共十八届三中全会指出:"财政是国家治理的基础和重要支柱,科学的财税体制是优化资源配置、维护市场统一、促进社会公平、实现国家长治久安的制度保障。"财政在国家治理中的作用,被提到空前的高度。因此,财政专业培养的学生,不仅要学会财政领域中的经济知识,也必须学到相应的政治知识,方能成为合格的治国者。财政活动是一种极其重要的国务活动,涉及治国方略;从事财政活动的人有不少是重要的政治家,应该得到综合的培养。这一理由,也是当前众多财经类大学财政专业不能被合并到经济学院的原因之所在。

3. 促进政治发展

18—19世纪,在普鲁士国家兴起及德国统一过程中,活跃的财政学派与良好的财政当局,曾经发挥了巨大的历史作用。而在当今中国,在大的制度构架稳定的前提下,通过财政改革推动政治发展,也一再为学者们所重视。财政专业的学者,自然也应该参与到这样的理论研究和实践活动中。事实上已有不少学者参与到诸如提高财政透明、促进财税法制改革等活动中,并事实上成为推动中国政治发展进程的力量。

因此,"财政政治学"作为学科提出,可以纠正当前财政研究局限于经济学路径造成的偏颇。包含"财政政治学"在内的财政学,将不仅是一门运用经济学方法理解现实财政活动的学科,也会是一门经邦济世的政策科学,更是推动财政学发展、为财政活动提供指引,并推动中国政治发展的重要学科。

"财政政治学"虽然尚不是我国学术界的正式名称,但在西方国家的教学和研究活动中却有广泛相似的内容。在这些国家中,有不少政治学者研究财政问题,同样有许多财政学者从政治视角分析财政现象,进而形成了内容非常丰富的文献。当然,由于这些国家并没有中国这样行政主导下的严格学科分界,因而不需要有相对独立的"财政政治学"的提法。相关研究,略显随意地分布在以"税收政治学"、"预算政治学""财政社会学"为名称的教材或论著中,当然"财政政治学"(Fiscal Politics)的说法也不少见。

中国近现代学术进步的历程表明,译介图书是广开风气、发展学术的不二法门。因此,要在中国构建财政政治学学科,就要在坚持以"我"为主研究中国财政政治问题的同时，大量地翻译西方学者在此领域的相关论著，以便为国内学者从政治维度研究财政问题提供借鉴。本译丛主编选择了这一领域内的68部英文和日文著作，陆续予以翻译和出版。在文本的选择上，大致分为理论基础、现实制度与历史研究等几个方面。

　　本译丛的译者，主要为上海财经大学的教师以及该校已毕业并在外校从事教学的财政学博士，另外还邀请了其他院校的部分教师参与。在翻译稿酬低廉、译作科研分值低下的今天，我们这样一批人只是凭借着对学术的热爱和略略纠偏财政研究取向的希望，投身到这一译丛中。希望我们的微薄努力，能够成为促进财政学和政治学学科发展、推动中国政治进步的涓涓细流。

　　在本译丛的出版过程中，胡怡建老师主持的上海财经大学公共政策与治理研究院、上海财经大学公共经济与管理学院的领导与教师都给予了大力的支持与热情的鼓励。上海财经大学出版社的总编黄磊、编辑刘兵在版权引进、图书编辑过程中也付出了辛勤的劳动。在此一并致谢！

刘守刚　上海财经大学公共经济与管理学院
2023年7月

"财政政治学译丛"书目

1. 《财政理论史上的经典文献》
   理查德·A.马斯格雷夫,艾伦·T.皮考克 编　刘守刚,王晓丹 译
2. 《君主专制政体下的财政极限——17世纪上半叶法国的直接税制》
   詹姆斯·B.柯林斯 著　沈国华 译
3. 《欧洲财政国家的兴起 1200—1815》
   理查德·邦尼 编　沈国华 译
4. 《税收公正与民间正义》
   史蒂文·M.谢福林 著　杨海燕 译
5. 《国家的财政危机》
   詹姆斯·奥康纳 著　沈国华 译
6. 《发展中国家的税收与国家构建》
   黛博拉·布罗蒂加姆,奥德黑格尔·菲耶尔斯塔德,米克·摩尔 编　卢军坪,毛道根 译
7. 《税收哲人——英美税收思想史二百年》(附录:税收国家的危机 熊彼特 著)
   哈罗德·格罗夫斯 著　唐纳德·柯伦 编　刘守刚,刘雪梅 译
8. 《经济系统与国家财政——现代欧洲财政国家的起源:13—18世纪》
   理查德·邦尼 编　沈国华 译
9. 《为自由国家而纳税:19世纪欧洲公共财政的兴起》
   何塞·路易斯·卡多佐,佩德罗·莱恩 编　徐静,黄文鑫,曹璐 译　王瑞民 校译
10. 《预算国家的危机》
    大岛通义 著　徐一睿 译
11. 《信任利维坦:英国的税收政治学(1799—1914)》
    马丁·唐顿 著　魏陆 译
12. 《英国百年财政挤压政治——财政紧缩·施政纲领·官僚政治》
    克里斯托夫·胡德,罗扎娜·西玛兹 著　沈国华 译
13. 《财政学的本质》
    山田太门 著　宋健敏 译
14. 《危机、革命与自维持型增长——1130—1830年的欧洲财政史》
    W.M.奥姆罗德,玛格丽特·邦尼,理查德·邦尼 编　沈国华 译
15. 《战争、收入与国家构建——为美国国家发展筹资》
    谢尔登·D.波拉克 著　李婉 译
16. 《控制公共资金——发展中国家的财政机制》
    A.普列姆昌德 著　王晓丹 译
17. 《市场与制度的政治经济学》
    金子胜 著　徐一睿 译
18. 《政治转型与公共财政——欧洲1650—1913年》
    马克·丁塞科 著　汪志杰,倪霓 译
19. 《赤字、债务与民主》
    理查德·E.瓦格纳 著　刘志广 译
20. 《比较历史分析方法的进展》
    詹姆斯·马汉尼,凯瑟琳·瑟伦 编　秦传安 译
21. 《政治对市场》
    戈斯塔·埃斯平-安德森 著　沈国华 译
22. 《荷兰财政金融史》
    马基林·哈特,乔斯特·琼克,扬·卢滕·范赞登 编　郑海洋 译　王文剑 校译
23. 《税收的全球争论》
    霍尔格·内林,佛罗莱恩·舒伊 编　赵海益,任晓辉 译
24. 《福利国家的兴衰》
    阿斯乔恩·瓦尔 著　唐瑶 译　童光辉 校译
25. 《战争、葡萄酒与关税:1689—1900年间英法贸易的政治经济学》
    约翰V.C.奈 著　邱琳 译
26. 《汉密尔顿悖论》
    乔纳森·A.罗登 著　何华武 译
27. 《公共经济学历史研究》
    吉尔伯特·法卡雷罗,理查德·斯特恩 编　沈国华 译
28. 《新财政社会学——比较与历史视野下的税收》
    艾萨克·威廉·马丁·阿杰·K.梅罗特拉 莫妮卡·普拉萨德 编,刘长喜 等译,刘守刚 校
29. 《公债的世界》
    尼古拉·贝瑞尔,尼古拉·德拉朗德 编　沈国华 译
30. 《西方世界的税收与支出史》
    卡洛琳·韦伯,阿伦·威尔达夫斯基 著　朱积慧,苟燕楠,任晓辉 译
31. 《西方社会中的财政(第三卷)——税收与支出的基础》
    理查德·A.马斯格雷夫 编　王晓丹,王瑞民,刘雪梅 译　刘守刚 统校
32. 《社会科学中的比较历史分析》
    詹姆斯·马汉尼,迪特里希·鲁施迈耶 编　秦传安 译
33. 《来自地狱的债主——菲利普二世的债务、税收和财政赤字》
    莫里西奥·德莱希曼,汉斯—约阿希姆·沃思 著　李虹筱,齐晨阳 译　施诚,刘兵 校译

34.《金钱、政党与竞选财务改革》
   雷蒙德·J. 拉贾 著 李艳鹤 译
35.《牛津福利国家手册》
   弗兰西斯·G. 卡斯尔斯,斯蒂芬·莱伯弗里德,简·刘易斯,赫伯特·奥宾格,克里斯多弗·皮尔森 编 杨翠迎 译
36.《美国财政宪法——一部兴衰史》
   比尔·怀特 著 马忠玲,张华 译
37.《税收、国家与社会——干预型民主的财政社会学》
   Marc Leroy 著 屈伯文 译
38.《有益品文选》
   威尔弗莱德·维尔·埃克 编 沈国华 译
39.《政治、税收和法治——宪法视角下的征税权》
   唐纳德·P. 瑞切特,理查德·E. 瓦格纳 著 王逸帅 译
40.《西方的税收与立法机构》
   史科特·格尔巴赫 著 杨海燕 译
41.《财政学手册》
   于尔根·G. 巴克豪斯,理查德·E. 瓦格纳 编 何华武,刘志广 译
42.《18 世纪西班牙建立财政军事国家》
   拉斐尔·托雷斯·桑切斯 著 施诚 译
43.《美国现代财政国家的形成和发展——法律、政治和累进税的兴起,1877—1929》
   阿贾耶·梅罗特 著 倪霓,童光辉 译
44.《另类公共经济学手册》
   弗朗西斯科·福特,拉姆·穆达姆比,彼得洛·玛丽亚·纳瓦拉 编 解洪涛 译
45.《财政理论发展的民族要素》
   奥汉·卡亚普 著 杨晓慧 译
46.《联邦税史》
   埃利奥特·布朗利 著 彭骥鸣,彭浪川 译
47.《旧制度法国绝对主义的限制》
   理查德·邦尼 著 熊芳芳 译
48.《债务与赤字:历史视角》
   约翰·马洛尼 编 郭长林 译
49.《布坎南与自由主义政治经济学:理性重构》
   理查德·E. 瓦格纳 著 马珺 译
50.《财政政治学》
   维特·加斯帕,桑吉·古普塔,卡洛斯·穆拉斯特拉格拉纳多斯 编 程红梅,王雪蕊,叶行昆 译
51.《英国财政革命——公共信用发展研究,1688—1756》
   P. G. M. 迪克森 著 张珉璐 译
52.《财产税与税收争议》
   亚瑟·奥沙利文,特里 A. 塞克斯顿,史蒂文·M. 谢福林 著 倪霓 译
53.《税收逃逸的伦理学——理论与实践观点》
   罗伯特·W. 麦基 编 陈国文,陈颖湄 译
54.《税收幻觉——税收、民主与嵌入政治理论》
   菲利普·汉森 著 倪霓,金赣婷 译
55.《美国财政的起源》
   唐纳德·斯塔比尔 著 王文剑 译
56.《国家的兴与衰》
   Martin van Creveld 著 沈国华 译
57.《全球财政国家的兴起(1500—1914)》
   Bartolomé Yun-Casalilla & Patrick K. O'Brien 编 匡小平 译
58.《加拿大的支出政治学》
   Donald Savoie 著 匡小平 译
59.《财政理论家》
   Colin Read 著 王晓丹 译
60.《如何理解英国的国家福利——是社会正义还是社会排斥》
   Brain Lund 著 沈国华 译
61.《债务与赤字:历史视角》
   约翰·马洛尼 编 郭长林 译
62.《英国财政的政治经济学》
   堂目卓生 著 刘守刚 译
63.《日本的财政危机》
   莫里斯·赖特 著 孙世强 译
64.《财政社会学与财政学理论》
   理查德·瓦格纳 著 刘志广 译
65.《作为体系的宏观经济学:超越微观—宏观二分法》
   理查德·瓦格纳 著 刘志广 译
66.《税收遵从与税收风气》
   Benno Torgler 著 闫锐 译
67.《保护士兵与母亲》
   斯考切波 著 何华武 译
68.《国家的理念》
   Peter J. Steinberger 著 秦传安 译